ACCESO GRATIS *a la Lectura en la Nube*

Para visualizar el libro electrónico en la nube de lectura envíe junto a su nombre y apellidos una fotografía del código de barras situado en la contraportada del libro y otra del ticket de compra a la dirección:

ebooktirant@tirant.com

En un máximo de 72 horas laborables le enviaremos el código de acceso con sus instrucciones.

La visualización del libro en **NUBE DE LECTURA** excluye los usos bibliotecarios y públicos que puedan poner el archivo electrónico a disposición de una comunidad de lectores. Se permite tan solo un uso individual y privado.

RECONOCIMIENTO Y PROTECCIÓN INTEGRAL A LAS VÍCTIMAS DEL TERRORISMO EN ESPAÑA

RECONOCIMIENTO Y PROTECCIÓN INTEGRAL A LAS VÍCTIMAS DEL TERRORISMO EN ESPAÑA

Manuel José García Rodríguez

tirant lo blanch
Valencia, 2024

La presente obra ha sido sometida a la revisión de pares ciegos según el protocolo de publicación de la editorial a efectos de ofrecer el rigor y calidad correspondiente tanto en su contenido como en su forma, aplicándose los criterios específicos aprobados por la Comisión Nacional E 016 (BOE num. 286, de 26 de noviembre de 2016).

EDITA: TIRANT LO BLANCH
C/ Artes Gráficas, 14 - 46010 - Valencia
TELFS.: 96/361 00 48 - 50
FAX: 96/369 41 51
Email: tlb@tirant.com
www.tirant.com
Librería virtual: www.tirant.es
DEPÓSITO LEGAL: V-2517-2024
ISBN: 978-84-1056-890-7

Si tiene alguna queja o sugerencia, envíenos un mail a: *atencioncliente@tirant.com*. En caso de no ser atendida su sugerencia, por favor, lea en *www.tirant.net/index.php/empresa/politicas-de-empresa* nuestro procedimiento de quejas.

Responsabilidad Social Corporativa: http://www.tirant.net/Docs/RSCTirant.pdf

"Ante las atrocidades tenemos que tomar partido,
La posición neutral ayuda siempre al opresor, nunca a la víctima,
El silencio estimula al verdugo, nunca al que sufre"

ELIE WIESEL
Premio Nobel de la Paz 1986

Índice

Abreviaturas

AAVT	Asociación Andaluza Víctimas del Terrorismo
AN	Audiencia Nacional
art./s	artículo/s
AVT	Asociación Víctimas del Terrorismo
BOA	Boletín Oficial de Aragón
BOC	Boletín Oficial de Cantabria
BOCG	Boletín Oficial de las Cortes Generales
BOCM	Boletín Oficial de la Comunidad de Madrid
BOCYL	Boletín Oficial de Castilla y León
BOE	Boletín Oficial del Estado
BOJA	Boletín Oficial de la Junta de Andalucía
BON	Boletín Oficial de Navarra
BOPA	Boletín Oficial del Parlamento de Andalucía
BOPV	Boletín Oficial del País Vasco
BOR	Boletín Oficial de La Rioja
BORM	Boletín Oficial de la Región de Murcia
CA	Comunidad Autónoma
CE	Constitución Española
CEDH	Convenio Europeo de Derechos Humanos

CEIVD	Convenio Europeo de Indemnización a Víctimas de Delitos Violentos
CEOL	Agencia de la Unión Europea para la Formación Policial
CIJ	Comisión Internacional de Juristas
COE	Consejo de Europa
COM	Comisión Europea
CP	Código Penal
DA	Disposición Adicional
DF	Disposición Final
DOC	Diario Oficial Unión Europea (Serie C)
DOE	Diario Oficial de Extremadura
DOGV	Diario Oficial de la Generalitat Valenciana
DOL	Diario Oficial Unión Europea (Serie L)
DSPA	Diario de Sesiones del Parlamento de Andalucía
EAA	Estatuto de Autonomía de Andalucía
EELSJ	Espacio Europeo de Libertad, Seguridad y Justicia
ENVR	Red Europea sobre los Derechos de las Víctimas
EOMF	Estatuto Orgánico del Ministerio Fiscal
EPAVT	Plataforma Europea de Apoyo a las Víctimas del Terrorismo
ETA	Euskadi Ta Askatasuna «País Vasco y Libertad»

FD	Fundamento de Derecho
FVT	Fundación Víctimas del Terrorismo
GAL	Grupos Antiterroristas de Liberación
IPREM	Indicador Público de Renta de Efectos Múltiples
IPU	Unión Inter-Parlamentaria
JVP	Juez de Vigilancia Penitenciaria
LAVTA	Ley 10/2010, de 15 de noviembre, de medidas para la asistencia y atención a las víctimas del terrorismo de la CA de Andalucía
LECR	Ley de Enjuiciamiento Criminal
LEVD	Ley 4/2015, de 27 de abril, del Estatuto de la víctima del delito
LO	Ley Orgánica
LOGP	Ley Orgánica General Penitenciaria
LOPJ	Ley Orgánica del Poder Judicial
LPACAP	Ley 39/2015, de 1 de octubre, del Procedimiento Administrativo Común de las Administraciones Públicas
LVT	Ley 29/2011, de 22 de septiembre, de Reconocimiento y Protección Integral a las Víctimas del Terrorismo
OAVD	Oficina de Asistencia a Víctimas de Delitos
OAVT	Oficina de Asistencia a Víctimas del Terrorismo
p./pp	página/s

RD	Real Decreto
Rect.	Rectificación
REFJ	Red Europea de Formación Judicial
REVD	Real Decreto 1109/2015, de 11 de diciembre, que desarrolla Estatuto de la víctima, y regula Oficinas de Asistencia a las Víctimas
RLVT	Real Decreto 671/2013, de 6 de septiembre, que aprueba el Reglamento de la Ley 29/2011, de 22 de septiembre
RP	Reglamento Penitenciario
s./ss	siguiente/s
SAN	Sentencia Audiencia Nacional
SAVA	Servicio de Asistencia a las Víctimas en Andalucía
SMI	Salario mínimo interprofesional
STC	Sentencia del Tribunal Constitucional
STS	Sentencia del Tribunal Supremo
TFUE	Tratado de Funcionamiento de la Unión Europea
TJUE	Tribunal de Justicia de la Unión Europea
TS	Tribunal Supremo
UE	Unión Europea
UNOCT	Oficina de las Naciones Unidas contra el Terrorismo
UNODC	Oficina de las Naciones Unidas contra la Droga y el Delito
Vid.	Véase

Presentación

Han transcurrido casi tres décadas desde aquel año 1995 en que —tras desgastar sueños y zapatos por los caminos de Andalucía— fundamos la Asociación Andaluza Víctimas del Terrorismo (AAVT), naciendo así la primera asociación autonómica de víctimas del terrorismo de España, para unir en una sola familia a esas víctimas olvidadas, y en casi todos los casos, alejadas de los focos mediáticos, que intentaban, en soledad, reconstruir sus vidas. Y ajenos a cualquier tipo de instrumentalización política y a declaraciones o estridencias, dos tareas claves han centrado nuestra labor en estos largos años: defender el bienestar cotidiano de las víctimas andaluzas y sus familias (siempre en solidaridad con las del resto de España), y dar la batalla pública por la deslegitimación social plena del terrorismo, a partir del relato y la memoria de sus víctimas.

Sean estas palabras de sincero agradecimiento en nombre de la Asociación Andaluza Víctimas del Terrorismo, y en el mío propio, a Manuel José García Rodríguez, comprometido profesor de la Universidad Pablo de Olavide, por esta excelente monografía de una evidente voluntad esclarecedora, y a la vez, de investigación sobre la legislación nacional en defensa de las víctimas del terrorismo, internacional y europea. Pues, ciertamente, el terrorismo es un fenómeno del que no escapa región, país y continente alguno, al ser una lacra servidora de intereses siempre ajenos a los de la mayoría de las personas, a las que sin embargo, se les pretende forzar su voluntad de vivir en paz y democracia.

Detrás de los avances en esa respuesta normativa, que ha llevado a España a poseer un conjunto de leyes reconocidas mundialmente por su protección específica a las víctimas del terrorismo, ha habido una labor perseverante y activa del movimiento asociativo. De este modo, ante la situación vivida de terror y amenaza, no han permanecido inoperantes nuestros políticos, hemos de reconocerlo. Siendo que ya en el pasado siglo, por un lado, nace un incipiente movimiento asociativo de defensa de las víctimas, y por otro, nuestra clase política llega al convencimiento que la lucha antiterrorista no lo es solo en el frente policial y judicial, sino que es necesaria también una Justicia —hoy la llaman restaurativa— de apoyo y comprensión para las víctimas del terrorismo, que no lo olvidemos han sido quienes con su sangre y dolor han mantenido firme el pabellón de la democracia en nuestro País.

Así pues, tras varios Decretos Gubernamentales a fin de paliar el daño que el terrorismo venía ocasionando en nuestra sociedad, todo el arco político, en sintonía con el movimiento asociativo de las víctimas, confluyeron en el año 1.999 para sacar adelante la Ley 32/1999, de 8 de Octubre, de Solidaridad con las Víctimas del Terrorismo, dotando a la sociedad española de un primer texto integral para ofrecer soluciones a las víctimas de esta vil lacra que amenazaba la democracia. Pero no será hasta la Ley 29/2011, de 22 de septiembre, de Reconocimiento y Protección Integral a las Víctimas del Terrorismo, cuando se proceda a dar un marco integral de apoyo y solidaridad a las víctimas y un reconocimiento expreso y efectivo a las Asociaciones que tenemos como objetivo su representación y defensa. La cual, ciertamente fue un intento en gran parte conseguido, de igualar a las víctimas, rebajando las diferencias existentes entre aquellas que habían obtenido una sentencia sobre su caso, y las que no la tenían por no haberse podido enjuiciar su atentado en los Tribunales al no conseguirse conocer la identidad de sus autores.

Pero el propósito que más ha centrado nuestros desvelos ha sido, sin duda, la Ley 10/2010, de 15 de noviembre, relativa a la asistencia y atención a las víctimas del terrorismo de la Comunidad Autónoma de Andalucía, ampliamente analizada en esta obra. Participamos activamente en su génesis e impulso, y en el último lustro hemos abogado también por su reforma y mejoramiento. En su momento, esta ley significó un gran avance para las víctimas de la región, pero su aplicación práctica evidenció algunos puntos susceptibles de refuerzo para un apoyo integral a las víctimas del terrorismo en la comunidad autónoma más poblada de España.

Así, hemos visto la realidad de secuelas que alcanzan a toda la familia, no solamente a los familiares de primer grado, sino también a los más pequeños, incluso a los nietos. Porque el daño del terrorismo es muy profundo, sobre todo en las familias más sencillas, carentes de medios, abandonadas durante mucho tiempo, con la consiguiente dificultad para cubrir sus necesidades. Persiguiéndose el objetivo de profundizar en los diferentes tipos de ayudas sociales, con la propuesta de que los beneficios reconocidos a las víctimas se hagan extensivos de forma clara a los familiares directos, junto a otras medidas dirigidas a facilitar su inserción laboral, o el reconocimiento de derechos a herederos y perjudicados que no pudieron acogerse a la norma.

Tantos años de trabajo directo y cotidiano con las víctimas del terrorismo, también en esta esfera legislativa, nos hacen valorar, con particular énfasis, este oportuno y necesario libro del profesor Manuel José García Rodríguez. La vida pone a prueba a las leyes, y las leyes dignifican y fortalecen la vida. Las víctimas del terrorismo —en definitiva, víctimas del primer Derecho Humano, el derecho a la vida—, lo saben muy bien. Por eso, damos la más calurosa bienvenida a este valioso aporte al debate, no solo académico, sino también público y amplio sobre el reconocimiento y la protección integral de las víctimas del terrorismo en España.

JOAQUÍN VIDAL ORTÍZ

Presidente de la Asociación Andaluza Víctimas del Terrorismo

Sevilla, 10 de enero de 2024

Introducción

La cuestión del papel de las víctimas de delitos en el sistema de justicia penal, incluyendo a las del terrorismo, ha sido ampliamente abordada durante las últimas décadas en el contexto del derecho internacional y regional europeo. Ámbitos en los que se han promulgado numerosos instrumentos de diverso alcance jurídico, con el fin de conseguir una mejora sustancial para el reconocimiento de sus derechos, protección y asistencia integral que éstas merecen. Que justifican, por su propia entidad y relevancia, la conveniencia de desarrollar la presente investigación para ordenar e interpretar todas estas normativas, la cual ha sido llevada a cabo en el marco del Grupo Interuniversitario e Interdisciplinario de Investigaciones sobre la Criminalidad (SEJ678) de la Universidad Pablo de Olavide, de Sevilla, que ha contribuido a financiarla. Proponiéndonos con ella el objetivo principal de ayudar a su aplicación por todos aquellos profesionales que, en el desempeño de sus funciones, hayan de entrar en contacto con las víctimas del terrorismo. Sin perjuicio de las ventajas que también puede ofrecer la obra en el ámbito académico, para la formación de aquellas personas que cursando en la actualidad estudios universitarios de grado —Derecho, Criminología, Psicología o Trabajo Social, entre otros—, o programas de postgrado, deben adquirir los conocimientos y capacitación necesaria para desarrollar en un futuro su actividad profesional en ámbitos relacionados con la atención a este colectivo.

De modo que, a partir de este nuevo protagonismo, se ha tomado conciencia de que todas las víctimas, y en particular las del terrorismo como colectivo necesitado de una especial protección, tienen diversas necesidades que deben ser atendidas y satisfechas antes, durante y después de enfrentarse al procedimiento judicial, para conseguir recuperarse de forma íntegra frente a las múltiples y variadas consecuencias derivadas de la acción terrorista. Entre las cuales se encuentran la necesidad de reconocimiento y ser tratadas con respeto y dignidad, ser protegidas y apoyadas, acceder a la justicia y obtener una reparación e indemnización efectiva por los daños y perjuicios sufridos.

Y pese a que hoy por hoy, en el contexto internacional no se ha conseguido aún definir un estatuto jurídico específico justificadamente reclamado para las víctimas del terrorismo, no es menos cierto que se han registrado en él avances importantes en este sentido, en particular en el marco del derecho de la Unión Europea. Entre los que serán examinados de forma detallada en esta obra, los progresos conseguidos a través de la Directiva (UE) 2017/541 del Parlamento Europeo y del Consejo, de 15 de marzo, relativa a la lucha contra el terrorismo y por la que se sustituye la Decisión marco 2002/475/JAI del Consejo y se modifica la Decisión 2005/671/JAI del Consejo (TOL6.022.895), adoptada con base en el art. 82.2 del TFUE (TOL3.711.558), que permite al Parlamento Europeo y al Consejo establecer, con arreglo al procedimiento legislativo ordinario normas mínimas sobre los derechos de las víctimas. Inaugurándose con ella un camino para ofrecer un tratamiento específico a las víctimas de este fenómeno, y articular a su favor un completo y amplio catálogo de derechos procesales y extraprocesales. Siguiendo los pasos ya dados por el legislador comunitario en esta línea para otros colectivos también vulnerables, como las víctimas de la trata de seres humanos, o abusos sexuales a menores, explotación sexual y pornografía infantil.

Lo que a nuestro juicio, tiene un extraordinario valor a la hora de superar los desequilibrios aún existentes en esta materia entre los respectivos derechos internos, y conseguir una deseable armonización entre todos ellos. Pues mediante la citada norma, que será objeto de un amplio análisis en esta obra, se pretende que, por parte de todos los Estados miembros de la UE, se adopten medidas de protección, apoyo y asistencia que respondan a las necesidades específicas de las víctimas del terrorismo. Remitiéndose para ello en primer lugar, a las disposiciones que sobre este particular se encuentran contenidas con carácter general en la Directiva 2012/29/UE, del Parlamento Europeo y del Consejo, de 25 de octubre, por la que se establecen normas mínimas sobre los derechos, el apoyo y la protección de las víctimas de delitos, y por la que se sustituye la Decisión Marco 2001/220/JAI del Consejo (TOL2.671.832). Y en segundo lugar, para regular todo lo relativo a la asistencia que ha de recibir este colectivo para acceder a una adecuada indemnización por los daños y perjuicios sufridos tras el atentado terrorista, con arreglo a las disposiciones de la Directiva 2004/80/CE del Consejo, de 29 de abril, sobre indemnización a las víctimas de delitos (TOL468.344). Desempeñando ambas normas, como tendremos ocasión de comprobar, un papel complementario respecto a las disposiciones específicas para las víctimas del terrorismo contempladas en la Directiva de 2017.

Razón por la cual en el primer capítulo del presente trabajo, tratando de relacionar todas esas normativas, se examinará y comentará con un sentido crítico el actual estatuto jurídico de las víctimas del terrorismo en el marco de la Unión Europea, diseñado a partir de la Directiva (UE) 2017/541 relativa a la lucha contra el terrorismo, sin perjuicio de ocuparnos de sus antecedentes en el contexto internacional de las Naciones Unidas y el Consejo de Europa. Para determinar hasta qué punto esos derechos han sido o no implementados en los respectivos ordenamientos nacionales de los Estados miembros. Para lo cual en este punto, partiremos de las consideraciones formuladas por la Comisión Europea en su Comunicación al Parlamento Europeo, al Consejo, al Comité Económico y Social Europeo y al Comité de las Regiones «Estrategia de la UE sobre los derechos de las víctimas (2020-2025)». Además de las sugerencias plasmadas en el informe emitido el 30 de septiembre de 2020, para evaluar en qué medida los Estados miembros han adoptado las disposiciones necesarias para dar cumplimiento a la Directiva 2017/541, y en el informe de 18 de noviembre de 2021, destinado a concretar el impacto que esta normativa ha tenido entre otros extremos, en el nivel de protección y ayuda facilitada a las víctimas del terrorismo, conforme a lo previsto en su art. 29.

A estos progresos registrados en la normativa internacional y europea, no ha sido ajeno el legislador español, como tendremos ocasión de comprobar en el capítulo dos, tres y cuatro de este trabajo, donde abordamos ampliamente el tratamiento que en el ordenamiento jurídico nacional es dispensado a las víctimas del terrorismo. Un ámbito en el cual, tras una larga evolución normativa en la que como se verá se suceden normas de muy diverso alcance, se promulga la vigente Ley 29/2011, de 22 de septiembre, de reconocimiento y protección integral a las víctimas del terrorismo (TOL2.226.412), posteriormente desarrollada por su reglamento aprobado por el RD 671/2013, de 6 de septiembre (TOL3.914.296). Que considerada como una de las más avanzadas de Europa en esta materia, además de regular amplios derechos para este colectivo con el fin de facilitarle su acceso a la necesaria indemnización y ayuda asistencial por los daños personales y materiales sufridos, contempla también los derechos procesales que tiene reconocidos ante la justicia penal. Asumiéndose en el desarrollo de su articulado, conforme se expresa en su preámbulo, la novedosa idea de considerar a las víctimas del terrorismo como «víctimas de violaciones de derechos humanos». Lo que sin duda alguna refuerza su estatuto jurídico, al vincular sus derechos a los valores consagrados en nuestra Constitución y establecer correlativamente obligaciones jurídicas vinculantes para el Estado con el fin de garantizarles una adecuada compensación y un marco específico en el tratamiento procesal en sus relaciones con la justicia, siendo esta consideración y enfoque el que guiará el desarrollo de esta investigación.

En la cual serán abordadas las sucesivas reformas llevadas a cabo en la norma estatal, la última de las cuales acometida por la Ley 22/2021, de 28 de diciembre, de Presupuestos Generales del Estado para el año 2022 (TOL8.704.719), dada su relevancia, será ampliamente tratada en el capítulo dos. Pues mediante ella se expande el ámbito espacial de la Ley 29/2011, para comprender de un lado, a las personas de nacionalidad española que sean objeto de una acción terrorista en el extranjero, sin más requisitos. Y por otro, en los mismos términos contemplados en la redacción anterior de la norma, a los participantes en operaciones de paz y seguridad que formando parte de los contingentes que España envíe al exterior sufran un atentado.

Si bien, estos progresos y avances no se han ceñido únicamente a la normativa estatal, sino que también ha contagiado la labor de los legisladores autonómicos. De forma que, como veremos en el capítulo tres, y con el fin de complementar a la primera, se han ido promulgando numerosas leyes en los últimos años en once Comunidades Autónomas, para dar respuesta a las necesidades de protección y asistencia a este colectivo en sus respectivos territorios. Habiéndose incluido en la presente edición por su novedad, el comentario de la reciente Ley 5/2023, de 23 de febrero, que modifica la Ley 4/2008 de medidas a favor de las víctimas del terrorismo de la CA de Aragón (TOL9.438.194), y la Ley 1/2023, de 5 de abril, de reconocimiento, homenaje, memoria y dignidad a las víctimas del terrorismo de la CA de Cantabria (TOL9.490.641). Además de haber prestado una especial atención al análisis de la Ley 10/2010, de 15 de noviembre, relativa a la asistencia y atención a las víctimas del terrorismo de la CA de Andalucía (TOL1.983.553).

No obstante, como veremos en el capítulo cuatro, este estatuto jurídico diseñado específicamente por el legislador español para las víctimas del terrorismo, se habrá de completar e interpretar ahora a la luz de las disposiciones del nuevo Estatuto de las víctimas del delito aprobado por la Ley 4/2015, de 27 de abril (TOL4.840.867), y desarrollado por el RD 1109/2015, de 11 de diciembre (TOL5.597.830), que en muchos aspectos es más ambicioso y generoso que el previsto en la Ley 29/2011 a la hora de diseñar la tutela que éstas merecen en el marco del proceso penal. Razón por la cual a través del mismo, tratando de relacionar ambas normativas, se examinará y comentará con un sentido crítico el actual estatuto jurídico de las víctimas del terrorismo en nuestro país, con el propósito de definir el catálogo general de derechos procesales y extraprocesales que éstas tienen reconocidos, y asimismo proponer las buenas prácticas que a partir de ahora habrán de orientar la intervención de todos aquellos profesionales que puedan tener cualquier tipo de contacto con ellas, con el fin de hacer real y efectiva su protección y asistencia integral ante nuestro sistema de justicia penal, además de prevenir el riesgo de que puedan llegar a sufrir una victimización secundaria.

Capítulo I

La protección de las víctimas del terrorismo en el derecho internacional y europeo

1. DESARROLLOS EN EL MARCO DE NACIONES UNIDAS

En el marco de las Naciones Unidas, la protección de las víctimas del terrorismo debemos ubicarla inicialmente en la defensa y asistencia que se pretende garantizar a todas las víctimas del delito con carácter general. La cual fue plasmada a través de la Declaración sobre principios fundamentales de justicia para las víctimas de delitos y abuso de poder, que aprobada por la Resolución 40/34, de la Asamblea General el 29 de noviembre de 1985[1], representa un avance decisivo para el reconocimiento internacional de los derechos de las víctimas en el sistema de justicia penal.

---

1 Vid. Texto completo de esta Declaración, en *Recomendaciones y Decisiones aprobadas por la Asamblea General. Documentos Oficiales: Cuadragésimo período de sesiones*. Suplemento núm. 53 (A/40/53). Naciones Unidas, Nueva York, 1986, pp. 230-231, y una versión anotada y concordada en GARCÍA RODRÍGUEZ, M. J., *Código de los Derechos de las Víctimas,* TAMARIT SUMALLA, J. M., (prol.), (3ª ed.), Instituto Andaluz de Administración Pública, Sevilla, 2019, pp. 39-44, en: http://www.juntadeandalucia.es/institutodeadministracionpublica/publico/libros/derechoVictimas/ [Consulta: 08-01-24].

Hasta el punto de haber sido considerada como la Carta Magna de las víctimas[2], y catalogada como el primer instrumento internacional para articular todos sus derechos[3], al recoger en su texto los más fundamentales y enumerar el conjunto de las medidas que deberían ser adoptadas por todos los Estados partes, en los planos internacional, regional y nacional, para garantizar su respeto universal y efectivo, con el fin de mejorar el acceso de todas las víctimas, incluidas las del terrorismo, a la justicia, al resarcimiento e indemnización, y a una asistencia integral para ayudarlas a superar todos los daños y perjuicios causados por el delito.

1.1. Primeras iniciativas de ámbito general ¿De dónde partimos?

Aunque como se ha anticipado, las primeras iniciativas para la protección de las víctimas del terrorismo en el marco de las Naciones Unidas, debamos situarla dentro de la protección general que se pretende garantizar a todas las víctimas del delito a través de la Declaración de 1985, consideramos que ésta tiene un valor importante a la hora de articular la defensa de sus derechos en este contexto internacional. Pues, aunque la Declaración no tenga un efecto jurídico vinculante, tiene un importante significado simbólico, en la medida que ha contribuido a orientar la política legislativa y práctica jurídica en el ámbito de la jurisdicción nacional de los diferentes Estados

---

2 RODRÍGUEZ MANZANERA, L., *Victimología,* Porrúa, México, 2003, p. 360, y en el mismo sentido WALLER, I., *Derechos para las víctimas del delito. Equilibrar la justicia,* Instituto Nacional de Ciencias Penales (INACIPE), México, 2013, p. 34.

3 BASSIOUNI, M. C., «Internacional Recognition of Victims´ Rights», *Human Rights Law Review,* 6 (2006), p. 247, en: https://academic.oup.com/hrlr/article-abstract/6/2/203/676407 [Consulta: 08-01-24].

miembros[4]. Considerándola como la precursora de otras normas más potentes a nivel mundial, y el paso previo para la futura adopción de una Convención sobre protección de derechos para las víctimas[5].

Un valor que se refuerza a nuestro juicio, en primer lugar, por identificar en su propio texto la necesidad de ofrecer soluciones prácticas a la problemática a la que se enfrentan las víctimas, tras reconocer expresamente que millones de personas en el mundo sufren daños como resultado del delito y abuso de poder. Que sus derechos no son atendidos adecuadamente, y que tanto ellas como sus familiares, testigos y otras personas que puedan prestarles ayuda, están expuestas injustamente a pérdidas, daños y perjuicios, y pueden enfrentarse a serias dificultades con ocasión de su intervención en el procedimiento judicial. Y en segundo lugar, por ofrecernos una definición lo suficientemente amplia de víctima para abarcar las distintas categorías que se incluyen en su campo de aplicación, para definir a partir de ella un completo catálogo de los derechos que deberán tener reconocidos.

De modo que, en relación a ese concepto internacional de víctima que propone, la Declaración de 1985 distingue entre las víctimas del delito y de abuso de poder. Y en cuanto a las primeras, donde situaríamos a las víctimas del terrorismo, diferencia entre las víctimas directas, a las que su párrafo 1 define como aquellas personas que, de forma individual o colectiva,

---

4 JOUTSEN, M., *The role of the victim of crime in European criminal Justice Systems. A crossnational study of the role of the victim,* HEUNI, Helsinki Institute for Crime Prevention and Control, Helsinki, 1987, p. 68.

5 GROENHUIJSEN, M., LETSCHERT, R., «Reflections on the Development and Legal Status of Victims´ Rights Instruments», GROENHUIJSEN, M., LETSCHERT, R. (eds.), *Compilation of International Victims´ Rights Instruments,* Wold Legal Publishers (WLP), Nijmegen, The Nethelands, 2006, p. 8.

hayan sufrido lesión en sus derechos, como consecuencia de un comportamiento constitutivo de delito, según la legislación vigente en los Estados miembros. Y las víctimas indirectas, en las que según su párrafo 2 se incluirían a los familiares o personas a cargo de la víctima directa y a las personas que hayan sufrido daños al asistir a la víctima en peligro o al prevenir su victimización.

Siendo importante destacar, que ese concepto de víctima propuesto restringe esa condición a las personas físicas, e incluye entre los posibles daños que pueden generar dicha victimización, a las lesiones físicas o mentales, el sufrimiento emocional, la pérdida financiera y el menoscabo sustancial de derechos fundamentales, siempre que tales daños sean consecuencia de un hecho que constituya delito en la legislación vigente de los Estados miembros. De modo que, como señala SANZ-DÍEZ DE ULZURRUN, ese concepto quedaría perfilado por los siguientes rasgos[6]: a) Sólo tienen la condición de víctimas las «personas físicas», quedando excluidas las personas jurídicas y el Estado; b) Se exige que la persona «haya sufrido un daño», incluyendo lesiones físicas o mentales, sufrimiento emocional, pérdida financiera o menoscabo sustancial de sus derechos fundamentales, de manera que tratándose de un elenco amplio de derechos podrían incluirse tanto aquellas infracciones que afectan a bienes jurídicos de carácter personal, como las que afectan a intereses patrimoniales; c) El daño debe traer causa en una acción u omisión que viole la legislación penal vigente en los Estados miembros, es decir, debe ser «consecuencia de una infracción penal» dolosa o imprudente;

---

6 SANZ-DÍEZ DE ULZURRUN LLUCH, M., «Normas internacionales relativas a las víctimas de delitos», FERNÁNDEZ DE CASADEVANTE ROMANI, C. (dir.): *Nuevos desarrollos en el Derecho Internacional de los derechos humanos: los derechos de las víctimas,* Aranzadi, Cizur Menor (Navarra), 2014, p. 22.

y d) El sujeto causante del daño puede serlo cualquier persona, con independencia de su cualidad de particular, autoridad o funcionario.

Razón por la cual dicho concepto, que podríamos denominar victimológico, no coincidiría con el concepto jurídico penal de víctima, como titular del bien jurídico lesionado por el delito[7], al excluir a las personas jurídicas, la sociedad o al Estado, que sí pueden tener la condición de sujetos pasivos del delito, e incluir a las víctimas indirectas, que desde el punto de vista jurídico penal, no tienen esta condición y sólo se les considera perjudicados, a los efectos de la responsabilidad civil derivada del delito[8].

No obstante, junto al concepto de víctimas del delito ya referido, la Declaración también alude a las víctimas del abuso de poder, definiéndolas como «aquellas personas que, individual o colectivamente, hayan sufrido daños, inclusive lesiones físicas o mentales, sufrimiento emocional, pérdida financiera o menoscabo sustancial en sus derechos fundamentales» como consecuencia de acciones u omisiones que, aunque no lleguen a constituir violaciones del derecho penal nacional, si violan normas internacionalmente reconocidas relativas a los derechos humanos. Que es considerado como uno de los mayo-

---

7 HERRERA MORENO, M., *La hora de la víctima. Compendio de Victimología,* POLAINO NAVARRETE, M. (pról.), Edersa, Madrid, 1996, p. 332, y BERISTAIN IPIÑA, A., «Nuevo proceso penal desde las víctimas», SAMPEDRO ARRUBLA, J. A./ MESSUTI, A. (coords.): *La Administración de Justicia en los albores del tercer milenio,* Universidad, Buenos Aires, 2001, pp. 21 y 22.

8 TAMARIT SUMALLA, J. M., *La víctima en el Derecho Penal. De la victimo-dogmática a una dogmática de la víctima,* Aranzadi, Pamplona, 1998, pp. 149 y ss., y SANZ-DÍEZ ULZURRUN LLUCH, M., «La víctima ante el Derecho. La regulación de la posición de la víctima en el Derecho internacional, en el Derecho europeo y en el Derecho positivo español», *ADPCP,* Tomo LVII, 2006, pp. 231 y 232.

res aciertos de la Declaración por SUBIJANA ZUNZUNEGUI, sobre todo en aquellos supuestos en que, produciéndose una violación de los convenios internacionales en materia de derechos humanos, los detentadores del poder estatal blindan su impunidad con una legislación que no contempla estos comportamientos como constitutivos de ilícito penal[9].

Llamándose de esta forma la atención sobre la necesidad de atender también a las víctimas ante este tipo de situaciones, pues como advierte NEUMAN, «mientras exista cualquier conculcación de los Derechos humanos, la Victimología deberá ser uno de los soportes que atienda a las víctimas, sean los hechos delictivos o no»[10]. Haciendo posible que, en esta concreta parcela, se pudieran registrar nuevos avances para lograr una tutela efectiva de sus derechos. Entre los que deben ponerse en valor, los Principios y Directrices básicos sobre el derecho de las víctimas de violaciones manifiestas de las normas internacionales de derechos humanos y de violaciones graves del Derecho internacional humanitario a interponer recursos y obtener reparaciones, aprobada por la Resolución 60/147 de la Asamblea General de las Naciones Unidas, de 16 de diciembre de 2005[11].

Asimismo, tras definir el concepto de víctima, la Declaración de 1985 establece los derechos básicos que deberá tener reconocidos en sus relaciones con el sistema de justicia penal, con arreglo a dos principios que habrán de guiar su aplicación,

---

9 SUBIJANA ZUNZUNEGUI, I. J., *El principio de protección de las víctimas en el orden jurídico penal. Del olvido al reconocimiento*, Comares, Granada, 2006, p. 20.

10 NEUMAN, E., *Victimología. El rol de la víctima en los delitos convencionales y no convencionales*, Universidad (3ª ed.), Buenos Aires, 2001, p. 27.

11 Vid. GARCÍA RODRÍGUEZ, M. J., *Código de los Derechos…*, op. cit., pp. 107-112.

el de no discriminación (párrafo 3)[12], y el de reconocimiento con independencia de que se identifique, aprehenda, enjuicie o se condene al autor del delito: 1°) Derecho de acceso a la justicia y a un trato justo durante su participación en el proceso penal; 2°) Resarcimiento por los daños y perjuicios sufridos como consecuencia de su victimización, con la previsión de que, cuando no sea suficiente la indemnización procedente del delincuente u otras fuentes, el Estado pueda asumir esa compensación; y 3°) Asistencia integral, material, médica, psicológica y social, que necesiten tras la comisión del delito. Todos los cuales son considerados como los estándares básicos para tratar a todas las víctimas[13], al constituir las tres líneas básicas de intervención que propugnan las instituciones internacionales y europeas[14].

Sin perjuicio de reconocer también el principio general de ofrecer una particular atención a aquellos colectivos de víctimas con necesidades especiales (párrafo 7). Que a nuestro juicio reviste particular interés, por inspirar la labor normativa de Naciones Unidas durante las últimas décadas, para dar respuesta a las específicas necesidades de protección y asistencia

---

12 Con arreglo a lo dispuesto en ese párrafo 3: «Las disposiciones de la presente Declaración serán aplicables a todas las personas sin distinción alguna, ya sea de raza, color, sexo, edad, idioma, religion, nacionalidad, opinión política o de otra índole, creencias o prácticas culturales, situación económica, nacimiento o situación familiar, origen étnico o social, o impedimento físico».

13 WALLER, I., «Rights of Victims of Crime and Abuse of Power: from Rhetoric to Realisation», BASSIOUNI, M. C. (ed.): *International protection of victims, Nouvelles Études Pénales,* Association Internationale de Droit Pénal, érès, Pau, 1988, p. 127.

14 DE LA CUESTA ARZAMENDI, J. L., «La normativa internacional como respuesta a los procesos de victimización», VARONA MARTÍNEZ, G. (dir.): *Victimología: En busca de un enfoque integrador para repensar la intervención con víctimas,* Aranzadi, Cizur Menor (Navarra), 2018, p. 229.

de aquellas categorías de víctimas más vulnerables, bien por sus características personales o circunstancias especiales que concurran en la victimización padecida, como es evidentemente el caso de la derivada de la acción terrorista. Lo que justifica que, pese a no existir un concepto específico de víctima vulnerable, a todas ellas se les haya podido brindar una atención especial en las normas convencionales y no convencionales que han ido promulgándose en el ordenamiento internacional. Pues todas tienen en común la situación de partida desventajosa que sufren a la hora de ver reconocidos muchos de sus derechos humanos[15].

1.2. La Estrategia Global de Naciones Unidas contra el terrorismo para reforzar el apoyo a sus víctimas

Como se ha podido comprobar en relación al colectivo de víctimas del terrorismo, en el plano general o universal de las Naciones Unidas, todavía no existe ninguna norma internacional que se refiera particularmente a las mismas y contemple sus derechos de una forma específica[16], a diferencia de la atención preferente que éstas han merecido en otros ámbitos regionales como el europeo, como tendremos ocasión de examinar más adelante en este capítulo. Sino que por el contrario, lo único que existe son pronunciamientos de carácter ético o moral, pero no obligaciones jurídicas concretas a cargo de los Estados, encontrándonos ante la paradoja de que habiendo dedi-

---

15 MAYORDOMO RODRIGO, V., «La protección a los colectivos vulnerables en la normativa internacional y española», FERNÁNDEZ DE CASADEVANTE ROMANÍ, C. (dir.): *Nuevos desarrollos en el Derecho Internacional de los derechos humanos: los derechos de las víctimas,* Aranzadi, Cizur Menor (Navarra), 2014, p. 221.

16 FERNÁNDEZ DE CASADEVANTE ROMANI, C., *El Estatuto Jurídico de las Víctimas del Terrorismo en Europa,* Dilex, Madrid, 2013, p. 44.

cado las Naciones Unidas una atención preferente a la lucha contra el terrorismo y a la persecución de sus autores, ésta se ha olvidado de las personas más débiles y más directamente afectadas por el terrorismo, como son las víctimas que éste genera[17]. Si bien puede sostenerse, como apunta FERNÁNDEZ DE CASADEVANTE, que siendo el terrorismo un delito, las víctimas generadas por él son, al mismo tiempo que víctimas del terrorismo, víctimas de delitos, por lo que desde esta perspectiva les será aplicable todo el Derecho Internacional relativo a las víctimas del delito, y, en consecuencia, el catálogo de derechos que conforma su estatuto internacional[18].

Sea como fuere, este tratamiento generalista ofrecido hasta ahora a las víctimas del terrorismo en el contexto internacional, se ha tratado de remediar a través de la Estrategia global de las Naciones Unidas contra el terrorismo aprobada el 8 de septiembre de 2006 (A/RES/60/288)[19]. Caracterizada por ser un instrumento lo suficientemente amplio con el fin de mejorar la coordinación de los esfuerzos nacionales, regionales e internacionales para luchar contra el terrorismo con un enfoque integral, que gira en torno a cuatro pilares: I) Medidas para hacer frente a las condiciones que propician la propagación del terrorismo; II) Medidas para prevenir y combatir el terrorismo; III) Medidas destinadas a aumentar la capacidad de los Estados para prevenir el terrorismo y luchar contra él, y a fortalecer el papel del sistema de las Naciones Unidas a ese respecto; y IV) Medidas para asegurar el respeto de los derechos humanos

---

17 FERNÁNDEZ DE CASADEVANTE ROMANI, C., *El Derecho Internacional de las Víctimas,* Porrúa, México, 2011, pp. 65-70.

18 FERNÁNDEZ DE CASADEVANTE ROMANI, C., «Las víctimas y el Derecho internacional», *Anuario Español de Derecho Internacional,* vol. XXV, 2009, p. 53.

19 NACIONES UNIDAS, *Estrategia Global de las Naciones Unidas contra el Terrorismo,* en: https://www.un.org/counterterrorism/es/un-global-counter-terrorism-strategy [Consulta: 08-01-24].

para todos y el imperio de la ley como base fundamental de la lucha contra el terrorismo. De los cuales, en los conjuntos de medidas I y IV, se hace hincapié en el apoyo específico que han de recibir las víctimas del terrorismo. Pues en el I se aborda «la deshumanización de las víctimas en todas sus formas y manifestaciones», y se alienta a los Estados miembros a estudiar la posibilidad de «establecer sistemas nacionales de asistencia que atiendan a sus necesidades y las de sus familiares» para ayudarles a normalizar sus vidas, mientras que en el IV se destaca «la necesidad de promover y proteger sus derechos».

Debiéndose además poner en valor que dicha Estrategia Global deba ser objeto de un examen y evaluación por parte de la Asamblea General cada dos años, lo que permite que ésta sea un documento en constante evolución y en sintonía con las necesidades que los Estados miembros manifiesten en cada momento sobre esta materia. Pues tras su sexto examen, que tuvo lugar el 26 de junio de 2018 (A/RES/72/284), los acontecimientos acaecidos a nivel internacional, regional y nacional, han permitido demostrar que el apoyo ofrecido a las víctimas del terrorismo a través de ella, va más allá de la solidaridad simbólica y se traduce en un compromiso firme para promover sus derechos y necesidades. Lo que posteriormente se ha confirmado el 8 de abril de 2020, cuando de conformidad a la Resolución de la Asamblea General, sobre fortalecimiento de la cooperación internacional para asistir a las víctimas del terrorismo (A/RES/73/305), su Secretario General publicó el «Informe acerca de los progresos realizados por el sistema de las Naciones Unidas para ayudar a los Estados miembros a prestar asistencia a las víctimas del terrorismo» (A/74/790)[20].

---

20 NACIONES UNIDAS, Informe del Secretario General (A/74/790), en: https://www.un.org/victimsofterrorism/sites/www.un.org.victimsofterrorism/files/a_74_790_sp_sg_report_on_progress_made_

Una ayuda que se ha pretendido llevar a la práctica de forma más efectiva mediante la creación del Grupo de Amigos de Víctimas del Terrorismo, que copresidido por España y Afganistán, e integrado por un numeroso grupo de Estados miembros y observadores de las Naciones Unidas[21], fue creado en Nueva York el 29 de junio de 2019, con la finalidad de implementar la Estrategia Global contra el Terrorismo de las Naciones Unidas. Que precisamente persigue entre sus objetivos, el de promover «la importancia de proteger los derechos de las víctimas del terrorismo y brindarles el apoyo, la asistencia y la rehabilitación adecuados, incluida la solidaridad internacional, de conformidad al derechos internacional»[22]. Cuya realización ha sido refrendada más recientemente por la Resolución del octavo examen de la estrategia, aprobada el 22 de junio de 2023 (A/RES/77/298), donde se vuelve a señalar la importancia de defender específicamente los derechos y necesidades de las víctimas del terrorismo en el contexto internacional y su implementación por los Estados miembros.

De esta forma, el desarrollo de la Estrategia Global contra el Terrorismo y sus sucesivas evaluaciones, ha permitido tomar

---

by the united nations system in supporting member states in assisting victims of terrorism.pdf [Consulta: 08-01-24].

21 Son miembros del Grupo de Amigos de Víctimas del Terrorismo: Afganistán, Alemania, Argentina, Bélgica, Canadá, Catar, Egipto, España, Estados Unidos, Francia, India, Indonesia, Irak, Italia, Kenia, Marruecos, Nigeria, Noruega, Nueva Zelanda, Organización para la Cooperación Islámica, Países Bajos, Reino Unido, Taykistán, Turquía, y la Unión Europea. Y como observadores: la Oficina de Naciones Unidas de Lucha contra el Terrorismo y la Oficina de Naciones Unidas contra la Droga y el Delito.

22 MINISTERIO DE ASUNTOS EXTERIORES, UNIÓN EUROPEA Y COOPERACIÓN, *Grupo de Amigos de Víctimas del Terrorismo*, en: https://www.exteriores.gob.es/RepresentacionesPermanentes/onu/es/Areas-tematicas/Paginas/Grupo-de-Amigos-de-V%c3%adctimas-del-Terrorismo.aspx [Consulta: 08-01-24].

conciencia de la necesidad de reforzar el apoyo prestado por todos los Estados miembros a las víctimas de los actos de terrorismo, como una parte fundamental en su política de lucha contra él en el marco de la defensa de los derechos humanos por las Naciones Unidas. Pues no debemos olvidar que los actos terroristas, además de suponer una grave violación de los derechos humanos de las víctimas, convierten a éstas en el instrumento y medio idóneo para atacar al Estado, lo que las debe hacer merecedoras de una protección específica por parte de ese Estado del que forman parte, y diferente de la ofrecida a las demás víctimas de crímenes violentos no terroristas[23]. Sobre todo si tenemos presente que en la violencia terrorista, la selección de blancos está orientada a provocar temor e influir sobre el comportamiento político de sus víctimas, ya que con frecuencia sus objetivos poseen un carácter simbólico de naturaleza política, económica, militar, religiosa o social, con el propósito de acrecentar los efectos colectivos de sus acciones, aunque su selección también pueda recaer en ciudadanos comunes mediante ataques indiscriminados[24].

No obstante, estos esfuerzos de las Naciones Unidas en el seno de la Estrategia Global contra el Terrorismo para dar una mayor visibilidad a sus víctimas desde el prisma de los derechos humanos, han tenido asimismo su reflejo en el impulso de otro

---

23 VACAS FERNÁNDEZ, F., «Derechos humanos y víctimas del terrorismo: del reconocimiento internacional a la protección y garantía de los derechos de las víctimas del terrorismo en España», MARIÑO MENÉNDEZ, F. M. (coord.): *La aplicación del Derecho Internacional de los derechos humanos en el Derecho español,* Universidad Carlos III de Madrid y Boletín Oficial del Estado, Madrid, 2009, p. 106, y en el mismo sentido MUÑOZ ESCANDELL, I., *Los Derechos de las víctimas del terrorismo en el ámbito internacional,* Dykinson, Madrid, 2012, p. 35.

24 TORRES, M. R./JORDÁN, J., «Terrorismo», JORDÁN, J. (coord.), *Manual de Estudios Estratégicos y Seguridad Internacional,* Plaza y Valdés, México D.C., 2013, p. 309.

tipo de iniciativas, de las que también queremos hacernos eco por la importancia que a nuestro juicio revisten para conseguir dicho objetivo. Como fue la celebración del Simposio sobre apoyo a las víctimas del terrorismo, convocado por el Secretario General y celebrado en 2008, que reunió por primera vez a nivel mundial a víctimas, expertos, representantes de los Estados miembros y a las organizaciones regionales, con el propósito de darles voz y proporcionarles un foro para examinar sus necesidades. Y el cual concluyó con la elaboración de un informe donde se recogieron una serie de recomendaciones con el fin de mejorar ese deseado apoyo a las víctimas[25], que venimos reivindicando en el presente trabajo:

1ª) Proporcionar un portal virtual de creación de redes, comunicación e información para las víctimas del terrorismo, autoridades gubernamentales, expertos, proveedores de servicios y sociedad civil;

2ª) Reforzar los instrumentos jurídicos en los planos internacional y nacional a fin de otorgar condición jurídica a las víctimas de actos terroristas y proteger sus derechos;

3ª) Establecer servicios sanitarios fácilmente accesibles que puedan proporcionar amplio apoyo a las víctimas a corto, medio y largo plazo;

4ª) Formar un equipo internacional de respuesta rápida para prestar apoyo a las víctimas;

5ª) Proporcionar apoyo financiero a las víctimas;

6ª) Mejorar la capacidad de las Naciones Unidas para prestar asistencia a los supervivientes y familiares de los fun-

---

25 NACIONES UNIDAS, Informe del Simposio sobre apoyo a las víctimas del terrorismo, en: https://www.un.org/victimsofterrorism/en/documents [Consulta: 08-01-24].

cionarios fallecidos o lesionados en ataques terroristas contra la Organización;

7ª) Poner en marcha una campaña mundial de sensibilización en apoyo de las víctimas del terrorismo; y

8ª) Mejorar la cobertura de los medios de comunicación sobre las víctimas de actos de terrorismo.

Al hilo de las cuales, fue creado también el Portal de Apoyo de las Naciones Unidas a las Víctimas del Terrorismo como plataforma apolítica, cuyo objetivo principal es servir de centro de información sobre todas aquellas cuestiones relacionadas con la protección y apoyo a este colectivo, ofreciéndola en un formato fácil y accesible para beneficio de las propias víctimas, la comunidad y los encargados de elaborar las políticas nacionales en esta materia[26]. Una labor esta última, que se ha visto complementada por la publicación en 2012 de la edición revisada de un manual sobre «La respuesta de la justicia penal en apoyo a las víctimas de actos de terrorismo»[27]. Cuyo objetivo principal es precisamente, prestar ayuda a todos los Estados miembros en la formulación y ejecución de programas para su asistencia y apoyo en el plano nacional, a partir de los principios y normas internacionales aplicables con carácter general a las víctimas de los delitos más graves, así como de las experiencias exitosas y las mejores prácticas que se vienen aplicando en diversos ordenamientos jurídicos nacionales. Al cual se ha sumado con el mismo fin, la elaboración tres años después de

---

26 NACIONES UNIDAS, Portal de Apoyo a las Víctimas del Terrorismo de las Naciones Unidas, en: https://www.un.org/victimsofterrorism/es [Consulta: 08-01-24].

27 UNODC, *La respuesta de la justicia penal en apoyo a las víctimas de actos del terrorismo*, Nueva York, 2012, en: http://www.unodc.org/documents/terrorism/Publications/Support to victims of terrorism/Spanish.pdf [Consulta: 08-01-24].

unas «Buenas prácticas de apoyo a las víctimas del terrorismo en el marco de la justicia penal»[28].

Debiéndose valorar muy positivamente para concluir este apartado, que este camino haya seguido teniendo acogida en los trabajos desarrollados en el marco del Primer Congreso Mundial de Víctimas del Terrorismo de las Naciones Unidas, que tuvo lugar en Nueva York, en septiembre de 2022[29]. Uno de cuyos temas centrales de debate, lo constituyó el lanzamiento de unas «Disposiciones Legislativas Modelo para apoyar y proteger los derechos y necesidades de las víctimas del terrorismo»[30], propuestas por la Oficina de Naciones Unidas contra el Terrorismo (UNOCT), la Unión Inter-Parlamentaria (IPU) y la Oficina de Naciones Unidas contra la Droga y el Delito (UNODC). Con el propósito de servir de referente para la revisión de las leyes y procedimientos existentes sobre víctimas del terrorismo en los diferentes Estados miembros, y desarrollar una legislación en aquellos donde aún no exista, sin perjuicio de considerar que, a través de las mismas, también se pueda allanar el camino hacia la deseada elaboración y aprobación de un futuro estatuto internacional para las víctimas del terrorismo.

[28] UNODC, *Buenas prácticas de apoyo a las víctimas del terrorismo en el marco de la justicia penal*, Nueva York, 2015, en: https://www.unodc.org/documents/terrorism/Publications/Good%20practices%20on%20victims/good_practices_victims_S.pdf [Consulta: 08-01-24].

[29] NACIONES UNIDAS, Congreso Mundial de Víctimas del Terrorismo, Nueva York, 8 y 9 de septiembre 2022, en: https://www.un.org/counterterrorism/2022-un-global-congress-victims-terrorism [Consulta: 08-01-24].

[30] NACIONES UNIDAS, *Disposiciones Legislativas Modelo para proteger y apoyar las necesidades de las víctimas del terrorismo*, en: https://www.un.org/counterterrorism/publication/The-Model-Legislative-Provisions [Consulta: 08-01-24].

2. RECONOCIMIENTO EN EL MARCO DEL CONSEJO DE EUROPA

El interés que las víctimas del terrorismo despiertan de manera creciente en los trabajos de las Naciones Unidas para el reconocimiento de un futuro estatuto jurídico en el Derecho internacional, se ha visto también reflejado en el contexto regional del Consejo de Europa (COE). Espacio en el cual, en las últimas décadas, también se han sucedido numerosas iniciativas para avanzar en el reconocimiento de sus derechos ante el sistema de justicia penal, algunas de ellas pensadas para todas las víctimas del delito en general y otras destinadas al colectivo de víctimas del terrorismo en particular.

De forma que, con este propósito, han sido suscritos en este marco instrumentos de diverso alcance jurídico, destinados a orientar a sus Estados miembros para que pudieran adoptar medidas dirigidas a fortalecer su posición jurídica en el sistema de justicia penal, reducir los efectos de la victimización secundaria, asegurarles una eficaz reparación e indemnización económica por los daños y perjuicios sufridos, y ofrecerles la ayuda profesional que pudieran necesitar mediante la creación de servicios capaces de ofrecerles una asistencia integral, de cuyo análisis nos ocuparemos en el presente apartado. Entre los cuales nosotros vamos a prestar atención a dos de ellos por el interés que nos merecen. El primero será el Convenio Europeo sobre indemnización a las víctimas de delitos violentos (CEI-VD), por contener los estándares mínimos que en esta materia habrán de ser aplicados también a las víctimas del terrorismo en las legislaciones de todos los Estados miembros, incluido España a través de la Ley 29/2011. Y en segundo lugar, a las Directrices sobre protección de las víctimas de actos terroristas, que aprobadas por el Comité de Ministros del Consejo de Europa en 2005 fueron revisadas posteriormente en 2017. Pues pese a que éstas carecen del carácter vinculante del Convenio, tienen el extraordinario valor de orientar la política legislativa de cada uno de los Estados partes en esta materia, al configurar para este colectivo un catálogo específico de los derechos que deberán tener reconocidos en todos y cada uno de los ordenamientos nacionales.

2.1. El Convenio Europeo sobre indemnización a víctimas de delitos violentos

De entre todas las iniciativas promovidas por el COE para ofrecer una mejor protección y apoyo a las víctimas, debemos reconocer que siempre prestó un especial interés por aquellas dirigidas a garantizarles que pudieran llegar a recibir una reparación económica adecuada por los daños y perjuicios sufridos a consecuencia del delito. Un aspecto que, como veremos en el presente apartado, tiene una particular trascendencia para las víctimas del terrorismo, por los obstáculos a los que suelen enfrentarse para acceder a una adecuada compensación económica de los daños sufridos por parte de sus responsables.

Lo que ya fue puesto de manifiesto por medio de la Resolución Nº R (77) 27, sobre indemnización a las víctimas del delito, adoptada por su Comité de Ministros el 28 de septiembre de 1977[31], que fundándose en razones de equidad y de solidaridad social, señalaba la necesidad de preocuparse por su situación, en particular de aquéllas que hubieran sufrido lesiones físicas graves o que estuvieran a cargo de personas que hubiesen fallecido a consecuencia del delito. Promoviendo el establecimiento de regímenes públicos para indemnizarlas con cargo a fondos del Estado, cuando se desconociera el autor de la infracción o éste careciera de recursos económicos para

---

31 Vid. Texto completo de esta Resolución traducida al español, en MINISTERIO DE JUSTICIA, *Recomendaciones y Resoluciones del Comité de Ministros del Consejo de Europa en materia jurídica*, Secretaría General Técnica, Centro de Publicaciones, Madrid, 1992, pp. 225-227.

hacer frente a su resarcimiento, con la propuesta de unos principios básicos para regular las condiciones y modalidades que habría de revestir esta compensación económica[32]. Lo que, sin duda alguna, sentó las bases y preparó el camino para que años más tarde pudiera ser aprobado el Convenio Europeo sobre Indemnización a las Víctimas de Delitos Violentos (CEIVD), hecho en Estrasburgo, el 24 de noviembre de 1983[33], que entre otros muchos Estados ha sido firmado y ratificado por España, entrando en vigor en nuestro país el 1 de febrero de 2002 (TOL314.067).

Así pues, el CEIVD, partiendo de las líneas directrices propuestas en la resolución de 1977, declara en sus consideraciones preliminares que, «por razones de equidad y solidaridad social, es necesario ocuparse de la situación de las víctimas de los delitos intencionales de violencia que sufran lesiones corporales o daños en su salud, así como de las personas a su cargo cuando fallezcan a consecuencia de esos delitos». El cual es considerado uno de los aspectos más destacables del Convenio[34], al entender que tales indemnizaciones no se deben configurar como un derecho del individuo, sino como un deber del Estado social, lo que incluye de forma particular a las vícti-

---

32 LANDROVE DÍAZ, G., *La moderna Victimología,* Tirant lo Blanch, Valencia, 1998, p. 63.

33 Vid. Texto completo del Convenio Europeo e Instrumento de ratificación del Estado español (BOE núm. 312, 29 de diciembre de 2001) en GARCÍA RODRÍGUEZ, M. J., *Código de los Derechos…,* op. cit., pp. 123-129.

34 DE MIGUEL ZARAGOZA, J., «Hacia un sistema europeo de indemnización a las víctimas de delitos (sobre el recurso prejudicial Nº 186/1987 planteado ante el Tribunal de Justicia de las Comunidades Europeas por el Tribunal de Gran Instancia de París, por Decisión de 5 de junio de 1987)», *Boletín de Información del Ministerio de Justicia,* Nº 1462, 25 de julio de 1987, p. 63.

mas de las acciones terroristas por las características que, según ya sabemos, concurren en este colectivo.

Y además, señala la conveniencia de «introducir y desarrollar regímenes de indemnización para las víctimas por parte del Estado, sobre todo cuando el autor del delito no sea identificado o carezca de recursos para hacer frente a su responsabilidad civil». Con la previsión de unos principios comunes mínimos en esta materia, que según BUENO ARUS se resumirían en los siguientes[35]: a) La responsabilidad subsidiaria del Estado se ha de limitar a los casos de delitos intencionales de violencia; b) Sólo existe la obligación de indemnizar a las víctimas o personas a su cargo en caso de muerte, que sean nacionales o extranjeros con residencia permanente; c) La indemnización debe cubrir las pérdidas de rentas, gastos médicos y de hospitalización, entierro o la pérdida de alimentos, y su cuantía será variable según la situación financiera del perjudicado y su conducta; d) El Estado se subrogará en los derechos de la persona indemnizada frente al delincuente o frente a terceros; y e) El público debe ser informado de estas normas para que las mismas adquieran la suficiente difusión.

No obstante, estos principios mínimos en ningún caso, deben impedir que los diferentes Estados puedan proporcionar a las víctimas en sus respectivos ordenamientos nacionales unos derechos más amplios o una compensación más generosa a la prevista en él[36]. Lo que merece ser reseñado, en la medida que el CEIVD ha inspirado, como tendremos ocasión de ver más adelante, no solo a nuestro sistema de compensación económica para las víctimas de delitos violentos y contra la libertad sexual, sino también el previsto para las víctimas del terrorismo.

---

35 BUENO ARUS, F., «La atención a la víctima del delito», *Actualidad Penal,* Nº 27, 2 a 8 de julio de 1990, pp. 309-310.

36 JOUTSEN, M., *The role of the victim of crime in European Criminal Justice...,* op. cit. p. 270.

Pues de acuerdo a la previsión expresa contenida en el art. 3 bis de la Ley 29/2011, la concesión de ayudas y prestaciones reconocida en esta norma «se someterá a los principios que para ser indemnizadas, se establecen en el Convenio Europeo sobre indemnización a las víctimas de delitos violentos». Ya que, tanto en lo que respecta a los beneficiarios de la Ley española de 2011, como a su dimensión material y ética, nos encontramos ante una normativa de desarrollo que ha superado las disposiciones contempladas en el Convenio europeo[37].

De forma que, intentando concretar un poco más esos principios a los que responde el CEIVD, podemos sistematizarlos de acuerdo con su articulado, del siguiente modo[38]:

- La indemnización será concedida por el Estado en cuyo territorio se haya cometido el delito, a los nacionales de los Estados parte en el Convenio y de los Estados miembros del Consejo de Europa con residencia permanente en el Estado donde se cometa el delito (art. 3 CEIVD).
- Serán beneficiarios las víctimas que hayan sufrido lesiones graves o daños en su salud como resultado directo de un delito intencional de violencia y las personas a cargo del fallecido como consecuencia del delito, cuando esa indemnización no pueda ser asumida plenamente por otras fuentes, incluso en los casos en que no se pueda procesar o castigar al delincuente (art. 2 CEIVD).

37 MUÑAGORRI LAGUÍA, I./ PÉREZ MACHÍO, A. I., «Aproximación al sentido y alcance del artículo 8.2 del Convenio Europeo sobre indemnizaciones a víctimas de delitos violentos de 1983. Tensiones con el principio de legalidad», *Revista Vasca de Administración Pública*, Nº Especial 99-100, Mayo-Diciembre 2014, p. 2117.

38 GARCÍA RODRÍGUEZ, M. J., *Curso de Victimología y Asistencia a las Víctimas en el Proceso Penal*, Instituto Andaluz de Administración Pública, Sevilla, 2006, p. 50.

- El importe de la indemnización deberá cubrir como mínimo, según los casos, la pérdida de ingresos, gastos médicos y de hospitalización, gastos funerarios y, cuando se trate de personas a cargo del fallecido por el delito, la pérdida de alimentos (art. 4 CEIVD). Pudiéndose fijar al respecto de la totalidad de la indemnización o de alguno de sus elementos un máximo y mínimo para su pago (art. 5 CEIVD).
- Posibilidad de reducir o suprimir la indemnización en función de la situación económica del solicitante (art. 7 CEIVD), o por la conducta de la víctima con relación al delito, su participación en la delincuencia organizada, su pertenencia a una organización dedicada a perpetrar delitos, o cuando su concesión sea contraria al sentido de la justicia o al orden público (art. 8 CEIVD). De manera que basándose en la segunda de esas excepciones «participación en delincuencia organizada u organización dedicada a perpetrar delitos» (art. 8.2 CEIVD), el Estado español ha excluido del ámbito de aplicación de la Ley 29/2011 a los miembros de ETA que han sido víctimas de los GAL, del Batallón Vasco Español o de la Triple A[39]. Si bien, como se verá en el siguiente capítulo, para que se lleve a efecto tal exclusión, se exigirá que se haya declarado judicialmente la responsabilidad penal del solicitante mediante una sentencia condenatoria firme[40].
- Para evitar una duplicidad de indemnizaciones, se reconoce el derecho del Estado a deducir de la indem-

---

[39] PÉREZ RIVAS, N., *Los derechos de la víctima en el sistema penal español,* Tirant lo Blanch, Valencia, 2017, p. 177.

[40] MUÑAGORRI LAGUÍA, I./ PÉREZ MACHÍO, A. I., «Aproximación al sentido y alcance del artículo 8.2 del Convenio Europeo...», op. cit., p. 2113.

nización concedida o reclamar a la víctima, cualquier cantidad relacionada con el perjuicio sufrido, cuando ésta ya se hubiera pagado por el delincuente, la seguridad social, una entidad de seguros u otra fuente (art. 9 CEIVD), subrogándose en los derechos de la persona indemnizada hasta el máximo de la cantidad que hubiera sido pagada (art. 10 CEIVD).

Y con la finalidad de garantizar una efectiva aplicación de esa indemnización estatal en todos los ordenamientos penales, nos parece de extraordinaria importancia que el propio Convenio inste a todos los Estados partes a adoptar las medidas adecuadas para que todos sus potenciales beneficiarios, puedan acceder a la información necesaria sobre este sistema de indemnizaciones de carácter público (art. 11 CEIVD). Imponiéndoles asimismo la obligación de prestarse entre ellos la máxima asistencia en todas las cuestiones relacionadas con la aplicación del Convenio, y a designar una autoridad central para este fin (art. 12 CEIVD). Que si bien, con carácter general, fue encomendada por el Estado español en 2002 a la Dirección General de Costes de Personal y Pensiones Públicas del Ministerio de Hacienda[41], entendemos no obstante que, en lo relativo al desempeño de sus competencias sobre el concreto colectivo de víctimas del terrorismo, hubiera tenido más sentido haberla desdoblado para designar también como tal autoridad central a la Dirección General de Apoyo a Víctimas del Terrorismo del Ministerio del Interior. Al tener atribuida ésta, entre otras funciones, la «colaboración con los órganos competentes de la Administración General del Estado y de las restantes Administraciones públicas en materia de ayudas y prestaciones públicas a las víctimas del terrorismo, incluidas las

---

[41] Vid. Reservas y declaraciones realizadas al Convenio por los respectivos Estados miembros, en: https://www.coe.int/en/web/conventions/full-list [Consulta: 08-01-24].

estructuras homólogas de los Estados miembros de la Unión Europea en el caso de atentados terroristas con víctimas de distintas nacionalidades».

2.2. Otros trabajos del Consejo de Europa para proteger los derechos de las víctimas del terrorismo

Frente a la ausencia de instrumentos específicos que se hayan ocupado de forma particular de este colectivo en el marco del Derecho internacional con fuerza vinculante, el Consejo de Europa considerando sus especiales necesidades de protección y asistencia en el sistema de justicia penal, si lo ha hecho, aunque de forma escueta a través del Convenio para la represión del terrorismo, hecho en Varsovia el 16 de mayo de 2005 y ratificado por España en 2009[42]. Que en su art. 13 sienta las bases para que por todos los ordenamientos nacionales de los Estados miembros pueda ofrecérseles una protección, indemnización y ayuda adecuadas, al disponer que cada Parte «adoptará las medidas necesarias para proteger y apoyar a las víctimas de acciones terroristas cometidas en su propio territorio». Las cuales incluirán, según sus respectivos sistemas nacionales y de conformidad con su legislación interna, «en particular la ayuda económica y la indemnización a las víctimas del terrorismo y a sus familiares próximos». Lo que ya fue desarrollado de forma más ambiciosa, como tendremos ocasión de comprobar, en el marco de la Unión Europea a través de la normativa que sobre indemnización a las víctimas fue aprobada en 2004, si bien con un carácter tan solo vinculante para los Estados miembros de la UE.

---

[42] Vid. Instrumento de ratificación del Convenio por el Estado español, que entró en vigor de forma general el 1 de junio de 2007 y para España el 1 de junio de 2009 de conformidad con lo establecido en su art. 23 (BOE núm. 250, 16 de octubre de 2009).

Razón por la cual debe ponerse en valor este reconocimiento expreso del COE a las víctimas del terrorismo en el articulado de un Tratado, al tomar conciencia de la precaria situación a la que suelen enfrentarse, y del tratamiento específico que éstas merecen por este motivo. Pues como acertadamente señaló el profesor BERISTAIN, «todos los delitos de terrorismo son de una gravedad trágica mucho mayor que los similares delitos del mismo género, y a sus víctimas no se las puede equiparar con las víctimas de cualquier otro delito», mereciendo por ello el nombre de macrovíctimas[43], que crean una nueva Justicia: la Justicia Victimal[44]. Que debería abordar la reparación del daño personal causado hasta donde sea posible y, además, hacer frente al daño político mediante su reconocimiento social[45].

Lo que también ha sido destacado por DE LA CUESTA ARZAMENDI, al poner de manifiesto que este tipo de macrovictimización como la terrorista, agrava la situación de las víctimas, acentúa la dimensión colectiva e intensifica la necesidad de acciones de solidaridad, atención y reparación integral con la adopción de todas las medidas apropiadas que puedan contribuir al reforzamiento de sus derechos[46]. Ya que no debemos olvidar que la violencia terrorista se diferencia de otro tipo de violencia en su naturaleza política, pues aquellos individuos que recurren a ella han hecho una apuesta por una metodología extrema y cruel que estiman les permitirá alcanzar determina-

---

43 BERISTAIN, A. *Protagonismo de las víctimas de hoy y mañana (Evolución en el campo jurídico penal, prisional y ético)*, Tirant lo Blanch, Valencia, 2004, p. 35.

44 BERISTAIN, A. *Víctimas del terrorismo. Nueva justicia, sanción y ética*, Tirant lo Blanch, Valencia, 2007, p. 161.

45 MATE, R., *Justicia de las víctimas. Terrorismo, memoria, reconciliación*, Anthropos, Rubí (Barcelona), 2008, p. 40.

46 DE LA CUESTA ARZAMENDI, J. L., «El principio de humanidad en Derecho penal», *Revista Penal México*, N° 47-48, 16 a 29 de diciembre de 2002, pp. 19-20.

dos objetivos relacionados con el poder y el cambio político[47]. Pudiéndose afirmar que la vulnerabilidad de las víctimas del terrorismo reside en que este delito es particularmente grave por suponer un ataque totalitario contra el sistema democrático, de modo que este significado político junto a las modalidades con que se lleva a cabo haría surgir necesidades cuya relevancia justificaría para ellas un tratamiento específico[48].

Un reconocimiento que de forma mucho más minuciosa y amplia, se ha pretendido llevar a la práctica a través de las Directrices sobre protección de las víctimas de actos terroristas, aprobadas por su Comité de Ministros el 2 de marzo de 2005[49]. Mediante las que se persigue que todos los Estados miembros del COE garanticen a cualquier persona que haya sufrido un daño físico o psicológico directo como resultado de un acto terrorista, y a sus familiares cercanos, en circunstancias apropiadas, que puedan beneficiarse de los servicios y medidas prescritos en ellas. Tomando para ello como referente a otros trabajos previos desarrollados en este ámbito, como las Directrices sobre Derechos Humanos y la Lucha contra el Terrorismo, adoptadas por el Comité de Ministros el 11 de julio de 2002, con ocasión de la 804ª reunión de los Delegados de los Ministros[50]. Que nos parecen de especial interés en la me-

---

47 TORRES SORIANO, M., «El Estado y sus enemigos: el terrorismo», VÁZQUEZ GARCÍA, R. (ed.), *Teorías actuales sobre el Estado contemporáneo,* Universidad de Granada, Granada, 2011, p. 168.

48 VARONA MARTÍNEZ, G. «La fundamentación victimológica de una reparación reforzada en casos de victimización terrorista», LA MISMA (dir.): *Victimología: en busca de un enfoque integrador para repensar la intervención con víctimas,* Aranzadi, Cizur Menor (Navarra), 2018, p. 260.

49 Vid. Texto completo de estas Directrices en GARCÍA RODRÍGUEZ, M. J., *Código de los Derechos…*, op. cit., pp. 219-223.

50 CONSEJO DE EUROPA, Directrices sobre Derechos Humanos y la Lucha contra el Terrorismo, adoptadas el 11 de julio de 2002,

dida que en su texto (apartado XVII) reiteraba en términos similares a los previstos en el CEIVD, que en los supuestos de actos de terrorismo «cuando la compensación no estuviera totalmente disponible por otras fuentes, en particular a través de la confiscación del patrimonio de sus autores, el Estado debe contribuir a la indemnización de las víctimas de los atentados que hayan tenido lugar en su territorio, en lo que respecta a los daños a su persona o a su salud».

No obstante, las anteriores Directrices aprobadas en 2005, fueron posteriormente revisadas por el Comité de Ministros del Consejo de Europa, con ocasión de la 127ª sesión de los Delegados de los Ministros, celebrada en Nicosia el 19 de mayo de 2017[51]. De modo que, con arreglo a esta última versión aprobada de las Directrices, se viene a configurar para las víctimas del terrorismo un completo catálogo de derechos, a los que todas ellas deben poder acceder con carácter mínimo. Pues como se prevé expresamente en su articulado «nada de lo dispuesto en ellas impedirá a los Estados proporcionar servicios y adoptar medidas más favorables para las víctimas» (apartado 17).

Un catálogo de derechos que, insistimos, ha de convertirse en la hoja de ruta a seguir por todos los Estados en sus respectivos ordenamientos nacionales, con el fin de garantizar a todas ellas con independencia de la identificación, detención, acusación o condena del autor o autores del acto terrorista, los siguientes:

Protection of Victims of Terrorist Acts, Council of Europe, 2018, pp. 33-38, en: https://rm.coe.int/protection-of-victims-of-terrorist-acts/168078ab54#:~:text=States%20should%20provide%20for%20appropriate,enjoyed%20before%20the%20terrorist%20act. [Consulta: 08-01-24].

51 CONSEJO DE EUROPA, Directrices revisadas sobre protección a las víctimas de actos terroristas (Nicosia, 19 de mayo de 2017), *Protection of Victims of Terrorist Acts...*, op. cit., pp. 5-10.

a) *Ayuda de emergencia y continuada*, destinada a cubrir de forma gratuita sus necesidades de asistencia médica, psicológica, social y material inmediata y a más largo plazo, para que en la medida de lo posible puedan reanudar el curso normal de sus actividades y la vida que disfrutaban antes del acto terrorista;

b) *Información*, no sólo del acto terrorista que hayan sufrido -excepto que manifiesten no querer recibirla-, sino también sobre sus derechos, la existencia de organismos de apoyo, posibilidad de obtener ayuda y asesoramiento práctico o legal, además de una compensación o indemnización, así como del curso de las investigaciones, decisión final sobre el procesamiento, fecha y lugar de las vistas y las condiciones para llegar a conocer las decisiones de la sentencia dictada;

c) *Investigación y procesamiento*, ofreciéndoles una atención especial durante su desarrollo sin necesidad de que hayan presentado denuncia, garantizándoles que su posición sea adecuadamente reconocida durante el procedimiento penal, y permitiéndoles solicitar la revisión de la resolución por la que la autoridad competente decida no procesar al autor de un acto terrorista. Además se perseguirá que las personas sospechosas de haber cometido un acto terrorista puedan ser procesadas, para obtener del tribunal competente una decisión dentro de un tiempo razonable;

d) *Acceso eficaz a la ley y a la justicia*, facilitándoles el derecho de acceder a los tribunales competentes con el fin de iniciar una acción en apoyo de sus derechos, incluida la asistencia legal y traducción cuando sea necesario;

e) *Indemnización justa, adecuada y en el momento oportuno por los daños sufridos*, y cuando no pueda conseguirse por otras fuentes, en concreto mediante la confiscación del patrimonio de los autores u organizadores de estos actos, el Estado en cuyo territorio haya ocurrido el acto terrorista debería contribuir a esa indemnización con independencia de la nacionalidad de las víctimas, cooperando con las autoridades competentes de otros Estados para facilitar el acceso a misma;

f) *Protección de su vida privada y familiar,* durante las investigaciones o cuando se les facilite asistencia tras el acto terrorista, así como dentro del marco de los procedimientos iniciados por ellas y de las actividades de información desarrolladas por los medios de comunicación adoptando determinadas medidas para su autorregulación;

g) *Protección de su dignidad y seguridad,* asegurando que en todas las fases de los procedimientos sean tratadas teniendo en cuenta su situación personal, sus derechos y dignidad, y puedan adoptarse las medidas que sean necesarias para proteger su identidad cuando intervengan como testigos;

h) *Formación específica* de las personas que trabajan con las víctimas, concediendo los recursos necesarios a tal efecto.

i) *Reconocimiento social y recuerdo* de las víctimas, mediante la sensibilización de la opinión pública, la participación de sus representantes y la cooperación de la sociedad civil.

Además, y aunque el texto revisado de las Directrices no los contemple con una entidad propia, ese catálogo de derechos como acertadamente señala FERNÁNDEZ DE CASADEVANTE, debería también incluir otros dos derechos estrechamente vinculados a las violaciones graves de los derechos humanos entre las que se encuentra el terrorismo, como son el derecho a la verdad y el derecho a la memoria[52]:

a) *El derecho a la verdad*, es un derecho autónomo vinculado a la «obligación y el deber del Estado de proteger y garantizar los derechos humanos, realizar investigaciones eficaces y velar por que haya recursos efectivos y se obtenga reparación»[53], reconocido tanto en el Derecho Internacional general como en sus sectores relativos al Derecho Internacional Humanitario y Derecho Internacional de los Derechos Humanos, así como por la jurisprudencia internacional. Y en cuanto a su contenido, se concreta en el derecho de las víctimas a tener pleno y completo conocimiento de los hechos que dieron lugar a su victimización, las circunstancias específicas que los motivaron, quiénes fueron los responsables y que éstos son declarados como tales[54]; y

b) *El derecho a la memoria*, que al igual que el anterior tiene su propia autonomía y se fundamenta en la dignidad de la persona, cuyo contenido está orientado a denunciar el hecho ilícito de la victimización con un efecto de permanencia a lo largo del tiempo y a preservar la

---

52 FERNÁNDEZ DE CASADEVANTE, C., «Impacto de la normativa internacional en materia de víctimas de delitos graves, especialmente de terrorismo y de abuso de poder», *EGUZKILORE, Cuaderno del Instituto Vasco de Criminología*, Nº 26, 2012, p. 165.

53 ONU, Consejo Económico y Social, Comisión de Derechos Humanos, 62º periodo de sesiones, Tema 17 del programa provisional, Estudio sobre el derecho a la verdad. Informe de la Oficina del Alto Comisionado de las Naciones Unidas para los Derechos Humanos, 9 de enero de 2006 (E/CN.4/2006/91), parágrafo 59.

54 Sobre el reconocimiento, contenido y alcance de este derecho, vid. FERNÁNDEZ DE CASADEVANTE ROMANI, C., *El Derecho Internacional de las Víctimas...*, op. cit., pp. 250 y ss, y del mismo autor *El Estatuto Jurídico de las Víctimas...*, op. cit., pp. 153 y ss.

memoria de las víctimas para las generaciones presentes y venideras. Con la obligación de los Estados de impedir cualquier acto que atente contra la misma, o constituya una ofensa o un menoscabo para ellas[55].

Por último, respecto a la naturaleza jurídica de estas Directrices y el efecto jurídico vinculante que esta norma institucional puede tener para los Estados partes del Consejo de Europa, en las propias Directrices se manifiesta su naturaleza de normas orientadoras destinadas a lograr la cooperación de los Estados. Y aunque este carácter pudiera llevarnos a pensar que carecen de efecto vinculante, es preciso tener en cuenta otros elementos presentes en ellas que nos permiten afirmar que las mismas sí generan obligaciones jurídicas a cargo de esos Estados, con base en un doble argumento que compartimos con FERNÁNDEZ DE CASADEVANTE[56]: 1°) En gran parte de su contenido no hacen sino reiterar para este colectivo de víctimas, derechos vigentes respecto a toda persona en el sector del Derecho Internacional de los Derechos Humanos, de manera que no nos encontramos ante derechos *ex novo* sino de obligaciones internacionales ya consolidadas en numerosos tratados internacionales; y 2°) Muchos de los derechos que proclaman poseen también naturaleza consuetudinaria, por lo que desde este punto de vista, vincularían a todos los Estados del Consejo de Europa.

Un buen ejemplo de este carácter vinculante y de su particular trascendencia a la hora de fijar la hoja de ruta de los

---

55 FERNÁNDEZ DE CASADEVANTE ROMANI, C., *El Estatuto Jurídico de las Víctimas…*, op. cit., pp. 160 y ss.

56 FERNÁNDEZ DE CASADEVANTE ROMANI, C., «La protección de las víctimas en el ámbito regional europeo», HINOJOS ROJAS, M. (coord.), *Liber Amicorum Profesor José Manuel Peláez Marón: Derecho Internacional y Derecho de la Unión Europea,* Servicio de Publicaciones de la Universidad de Córdoba, Córdoba, 2012, p. 329.

legisladores nacionales, lo tenemos en nuestro ordenamiento jurídico. Donde las principales asociaciones de víctimas del terrorismo, con base en las medidas recomendadas en las directrices comentadas, habían reclamado una normativa europea, que pudiera unificar y articular sus derechos y garantías mínimas ante el sistema de justicia penal. Que se tuvieron presentes por el Gobierno del Estado español a la hora de definir las principales necesidades de las víctimas del terrorismo, que habrían de ser atendidas para garantizarles un apoyo y protección integral en nuestro sistema de justicia, de conformidad con esos estándares mínimos europeos. Y fueron recogidas entre las Conclusiones del Seminario «Las víctimas en el centro de atención de la justicia europea» (Madrid, 15 de enero de 2010)[57]: «1°. Memoria: El olvido constituye una injusticia contra las víctimas y aún peor es la macro-victimización o justificación social del delito, particularmente, del terrorismo; 2°. Reconocimiento de su condición de víctima; 3°. Asistencia: Efectividad de su derecho a la información, evitando que la víctima se pierda en el entramado de la justicia. Ha de insistirse en la mejora del trato del personal policial y judicial, especialmente en el primer contacto, incidiendo en la formación y especialización de este personal. Han de preverse medidas especiales para inmigrantes; 4°. Protección: Constituye la mejor medida de prevención; 5°. Justicia: Reconocimiento y aplicación de sus derechos procesales, Ha de evitarse la victimización secundaria; 6°. Compensación y mayor solidaridad, incluida una mayor aportación de recursos económicos».

Estas necesidades consideramos que han sido sobradamente cubiertas de manera ejemplar por nuestro legislador mediante la aprobación de la Ley 29/2011, de 22 de septiembre,

---

57 Conclusiones del Seminario «Las víctimas en el centro de atención de la justicia europea», Madrid, 15 de enero de 2010, *Boletín de Información del Ministerio de Justicia,* N° 2107, 15 de abril 2010, p. 5.

de reconocimiento y protección integral a las víctimas del terrorismo (TOL2.226.412), posteriormente desarrollada por el RD 671/2013, de 6 de septiembre, por el que se aprueba su Reglamento (TOL3.914.296), que serán objeto de un amplio análisis en el siguiente capítulo. Si bien existe y debemos destacar en esta normativa un extremo fundamental, que a nuestro juicio pone de manifiesto la influencia que en ella han ejercido los trabajos previos desarrollados en el marco del Consejo de Europa, como es el compromiso manifestado por el Gobierno de apoyar e impulsar la aprobación de una Carta Europea de Derechos de las Víctimas del Terrorismo. La cual, de acuerdo con lo dispuesto en la propia Ley 29/2011, debería redactarse en colaboración con las asociaciones de víctimas del terrorismo del ámbito europeo (DA 6ª), encomendándose posteriormente esta tarea por el RD 671/2013 al Ministerio del Interior para que procediera en el plazo de un año desde su entrada en vigor a elaborar un borrador para ser elevado a la Comisión Europea (art. 67). Y que pese a haber sobrepasado en el tiempo los plazos inicialmente previstos para su elaboración y aprobación, confiamos en que pueda dársele cumplimiento, al considerarla un instrumento jurídico decisivo para ofrecerles una mejor respuesta a todas sus necesidades en el marco regional europeo.

3. HACIA UN NUEVO ESTATUTO JURÍDICO PARA LAS VÍCTIMAS DEL TERRORISMO EN LA UNIÓN EUROPEA

La Unión Europea (UE) no podía por menos que seguir la misma línea iniciada por las Naciones Unidas y el Consejo de Europa, para enfrentarse al desafío de proponer soluciones más justas a los problemas padecidos por las víctimas del terrorismo ante el sistema de justicia penal. Y es en este contexto, donde de forma paralela al proceso de construcción del nuevo espacio europeo de libertad, seguridad y justicia (EELSJ), donde se han registrado los avances más significativos durante los últimos años para asegurar a todas las víctimas –incluidas las del terrorismo-, una adecuada protección jurídica y asistencial, tratando de armonizar las disposiciones de todos los Estados miembros en esta materia. Entre las cuales nosotros prestaremos especial atención a la Directiva 2004/80/CE sobre indemnización a las víctimas de delitos, y a la Directiva 2012/29/UE por la que se establecen normas mínimas sobre sus derechos, apoyo y protección a las víctimas de delitos. Para ocuparnos a continuación de examinar el alcance de la Directiva (UE) 2017/541 relativa a la lucha contra el terrorismo, a través de la cual, y remitiéndose para ello a las dos primeras disposiciones, se pretende ofrecer una respuesta específica a las necesidades que presentan las víctimas de este fenómeno.

3.1. Importancia de la Directiva 2004/80/CE sobre indemnización a las víctimas

La Directiva 2004/80/CE del Consejo, de 29 de abril, sobre indemnización a las víctimas (TOL468.344)[58], tiene como finalidad principal asegurar que las posibilidades de las víctimas de obtener una indemnización estatal no se vean afectadas negativamente en función del Estado miembro en el que se haya cometido el delito, facilitándoles con este propósito, el acceso a la misma cuando el lugar de comisión del delito sea un Estado miembro distinto de aquel en que tengan su residencia habitual, lo que se conoce como «situaciones transfronterizas»[59]. Al

---

58 DO L 261, de 06.08.2004, pp. 15-18, y en GARCÍA RODRÍGUEZ, M. J., *Código de los Derechos de las Víctimas* (3ª ed.)..., op. cit., pp. 335-342.

59 GARCÍA RODRÍGUEZ, M. J., «Marco jurídico y nuevos instrumentos para un sistema europeo de indemnización a las víctimas de delitos», *Boletín de Información del Ministerio de Justicia,* Nº 1980-81, 15 de enero 2005, p. 22.

partir de la base que los distintos sistemas estatales de indemnización de los Estados de la UE tienen que ser accesibles a todos los ciudadanos europeos con independencia de su nacionalidad, y considerar por tanto que el fundamento de su derecho de acceso a esa indemnización es el principio de no discriminación por razón de la nacionalidad[60].

De este modo, de los dos objetivos que el legislador comunitario inicialmente se planteó alcanzar con la propuesta de esta disposición, de un lado establecer una norma mínima sobre la indemnización estatal para las víctimas de delitos, y de otro facilitar su acceso a esa indemnización en situaciones transfronterizas, tan sólo el segundo de ellos se consiguió plasmar en el texto definitivo de su articulado. Lo que sin duda resulta criticable, por cuanto merma de forma sustancial los cambios legislativos que con este instrumento comunitario se hubieran podido alcanzar en los respectivos ordenamientos nacionales de los Estados miembros[61], para conseguir armonizar entre ellos sus legislaciones nacionales en esta materia. Provocando como consecuencia según advierte la Comisión Europea, que existan diferencias entre los distintos Estados miembros en la manera de organizar sus sistemas nacionales de indemnización para las víctimas, pues «varían tanto la cuantía de esas indemnizaciones, como la eficiencia de los distintos mecanismos de indemnización existentes en la Unión Europea»[62].

---

60 VIDAL FERNÁNDEZ, B., «Reparación de las víctimas del delito en la Unión Europea: tutela por el Tribunal de Justicia de la UE del derecho a la indemnización», *Revista de Estudios Europeos,* Nº 66, enero-junio, 2015, p. 17.

61 SALINERO ALONSO, C., «La indemnización de víctimas de delitos. Comentario a la Directiva 2004/80/CE del Consejo, de 29 de abril de 2004, sobre indemnización a las víctimas de delitos», *Revista General de Derecho Europeo,* Nº 7, 2005, p. 25.

62 CENTRO EUROPEO DE ASESORAMIENTO PARA LAS VÍCTIMAS DEL TERRORISMO, *Manual de la UE sobre víctimas del terro-*

Dificultades que ya fueron puestas de manifiesto también por la Comisión, con ocasión del preceptivo informe de seguimiento sobre la aplicación de la Directiva 2004/80/CE elaborado en 2009 —COM (2009) 170 final—, en el que se reflejaban posiciones encontradas sobre el alcance de la norma. Pues, mientras las autoridades que debían aplicarla tenían una opinión muy positiva del funcionamiento del sistema de indemnización creado, y de la cooperación obtenida del resto de interlocutores competentes, los solicitantes de estas indemnizaciones fueron menos positivos en relación al procedimiento para su solicitud, al considerar que dicho proceso era complicado y largo, lo que junto a las barreras lingüísticas, la falta de información y de asesoramiento jurídico, representaban problemas importantes[63]. Motivos todos ellos que aconsejaban proceder a una revisión de la Directiva para hacer más accesible el sistema de indemnización a toda la ciudadanía, con el fin de facilitarle una mayor información sobre su existencia y procedimientos a seguir en este tipo de situaciones, dotándolo de mayor claridad y transparencia[64].

No obstante lo dicho, hemos de afirmar que esta regulación europea, es de máxima importancia para el colectivo de víctimas del terrorismo, dada la frecuencia en que los atentados afectan a víctimas que no tienen su residencia habitual en el territorio del Estado donde aquellos han sido cometidos. Situaciones en las que consideramos especialmente necesario que la UE haya establecido un sistema de cooperación entre las autoridades de los diferentes Estados miembros para facilitar a las víctimas el acceso a una indemnización pública justa y ade-

---

rismo, 2021, p. 28, en: https://home-affairs.ec.europa.eu/system/files/2021-03/eu_handbook_es.pdf [Consulta: 08-01-24].

63 COM (2009) 170 final. Bruselas, 20.04.2009, p. 6.

64 VIDAL FERNÁNDEZ, B., «Reparación de las víctimas del delito en la Unión Europea...», op. cit., p. 17.

cuada, cuando estas no puedan obtenerla de sus responsables, bien porque carezcan de los medios necesarios para reparar los daños y perjuicios provocados, o bien porque no lleguen a ser identificados, enjuiciados y condenados.

Este sistema de cooperación ha sido implementado en el ordenamiento jurídico español de forma específica para el colectivo de víctimas del terrorismo, por medio del Real Decreto 671/2013, 6 de septiembre, por el que se aprueba el Reglamento de la Ley 29/2011, 22 de septiembre, de reconocimiento y protección integral a las víctimas del terrorismo (RLVT). Diferenciándolo así del previsto para las víctimas de delitos violentos y contra la libertad sexual, que se regula en el Real Decreto 738/1997, 23 de mayo, que aprueba el Reglamento de ayudas a las víctimas de delitos violentos (TOL121.057), tras la modificación que en él fue introducida por el Real Decreto 199/2006, 17 de febrero[65], como se encarga de recordar también el art. 24 del Real Decreto 1109/2015, por el que se desarrolla la Ley 4/2015, 27 de abril, sobre el estatuto de la víctima del delito (TOL5.597.830).

De modo que en lo referente a las víctimas del terrorismo, el RD 671/2013 procede a su regulación en el Capítulo II del Título IV, bajo la rúbrica de «Normas para facilitar a las víctimas del terrorismo en situaciones transfronterizas el reconocimiento de las indemnizaciones». Que ha de entenderse complementada con la Decisión 2006/337/CE de la Comisión de 19 de abril de 2006, por la que se establecen los impresos uniformes para la transmisión de las solicitudes y decisiones sobre indemnización en tales situaciones transfronterizas[66],

---

65 GARCÍA RODRÍGUEZ, M. J., *Curso de Victimología y Asistencia a las Víctimas...,*, op. cit., p. 71.

66 DO L 125, de 12 de mayo de 2006, pp. 25-30, y en GARCÍA RODRÍGUEZ, M. J., *Código de los Derechos de las Víctimas...*, op. cit., pp. 343-348.

con arreglo a lo dispuesto en los artículos 6.2, 7, 10 y 14 de la Directiva 2004/80/CE, que viene a solventar esta laguna en nuestro ordenamiento, en defecto de la orden ministerial que debía haberlos establecido (art. 57 RLVT). De manera que como consecuencia de la implementación de esta Directiva de 2004 en el Reglamento de la Ley 29/2011 aprobado por el RD 671/2013, se distingue entre dos tipos de situaciones a la hora de determinar su ámbito de aplicación.

Así en primer lugar, determina que sus disposiciones serán aplicables a la tramitación y resolución de los resarcimientos, indemnizaciones y ayudas reconocidos en el reglamento aprobado por RD 671/2013, cuando los actos de terrorismo se hayan cometido en España y el solicitante de la indemnización tenga su residencia habitual en otro Estado miembro de la Unión Europea (art. 54.1 RLVT). Supuesto éste, en que el Ministerio del Interior español actuará como autoridad de decisión, debiendo comunicar al solicitante y a la autoridad de asistencia del Estado donde éste tenga su residencia habitual, «a) La recepción de la solicitud, el órgano que instruye el procedimiento, el plazo para su resolución y la fecha previsible en la que se adoptará la resolución, y b) La resolución que ponga fin al procedimiento». Si bien, también podrá recabar la cooperación de esa autoridad de asistencia, con el fin de oír al solicitante o a cualquier otra persona que estime necesario, para la determinación, conocimiento y comprobación de los hechos y datos en virtud de los cuales deba pronunciarse la resolución. Y a tal efecto, podrá solicitarle que disponga lo necesario para que: «a) El órgano instructor pueda realizar directamente la audiencia, en particular por teléfono o por videoconferencia, con la persona que deba ser oída, si ésta lo acepta; o b) La autoridad de asistencia realice la audiencia y remita al órgano instructor un acta de ésta» (art. 56 RLVT). Contemplándose también normas similares para el caso en que contra la resolución sobre la solicitud de indemnización por el Ministerio del Interior, se interponga recurso por el solicitante que tenga su residencia en otro Estado miembro de la UE, que precisamente persiguen la cooperación con él y con la autoridad de asistencia de dicho Estado hasta que se ponga fin al procedimiento (art. 58 RLVT).

Y en segundo lugar, también serán aplicables estas disposiciones sobre acceso a la indemnización de las víctimas en situaciones transfronterizas, cuando el lugar en que se haya cometido el delito de terrorismo sea un Estado miembro de la Unión Europea distinto a España, y el solicitante de la ayuda tenga su residencia habitual en nuestro país (art. 54.2 RLVT). Supuesto en el cual, el Ministerio del Interior actuará como autoridad de asistencia, para que el solicitante pueda acceder, desde España, al resarcimiento que proceda en su caso en el Estado en cuyo territorio se cometió el delito de terrorismo. Determinándose a tales efectos, que el Ministerio del Interior habrá de facilitar al solicitante de la ayuda económica o resarcimiento, información sobre sus trámites, impresos y documentación acreditativa que pueda precisar, y además deberá trasladarla a la autoridad de decisión designada por el Estado en cuyo territorio hubiera sido cometido el atentado, cooperando con ella cuando esta acuerde oír al solicitante o a cualquier otra persona en el curso del procedimiento (art. 55 RLVT).

En cualquier caso, y sin perjuicio de volver sobre esta cuestión en el capítulo segundo de la obra cuando abordemos el ámbito de la Ley 29/2011, consideramos oportuno destacar ahora que estas disposiciones sobre acceso a la indemnización en situaciones transfronterizas, deben encuadrarse también en la regulación que la normativa española establece en el art. 6 de la Ley 29/2011, al referirse a la extensión de su aplicación territorial. Que tras ser modificado por la Ley 22/2021, 28 de diciembre, de Presupuestos Generales del Estado para el año 2022 —DF 19ª— (TOL8.704.719), contempla que el régimen de derechos y prestaciones previsto en la legislación española sea aplicable también: «a) A las personas de nacionalidad española que sean objeto de una acción terrorista en el extranjero;

y b) A los participantes en operaciones de paz y seguridad que formen parte de los contingentes que España envíe al exterior y sean objeto de una acción terrorista». Aunque señala que, en estos supuestos de atentados cometidos fuera de territorio nacional, estas indemnizaciones y ayudas económicas «tendrán carácter subsidiario de las compensaciones que puedan ser reconocidas a la víctima por el Estado donde se haya producido el atentado». Si bien, cuando la indemnización o ayuda a percibir en el exterior fuera inferior a la prevista en España, se le habrá de abonar la diferencia.

Asimismo, conforme al apartado 3 del nuevo art. 6 de la Ley 29/2011, «en el supuesto de atentados cometidos fuera del territorio nacional, en caso de tener las víctimas españolas más de una nacionalidad, las indemnizaciones y ayudas económicas tendrán carácter subsidiario de las compensaciones que puedan ser reconocidas a la víctima por otro Estado del que sea nacional». Con la previsión de otra importante disposición pro víctima, que no obstante ya se recogía en el anterior art. 22 de la Ley 29/2011 derogado por la Ley 22/2021. Según la cual, el Estado español en caso de concurrencia de indemnizaciones o ayudas, «podrá abonar inicialmente el importe total calculado» en calidad de pago a cuenta de la liquidación final correspondiente, considerándose en ella los ingresos ya percibidos por la víctima en el extranjero, con la obligación en su caso de reintegrar al Estado la cantidad que proceda (art. 6.5 LVT).

Por tanto, tras el análisis de estas disposiciones dirigidas a facilitar el acceso a una indemnización justa y adecuada para las víctimas del terrorismo en el extranjero, estamos de acuerdo con RODRÍGUEZ URIBES, en que mediante ellas, el legislador español opta por la aplicación del valor de la solidaridad, aunque matizándolo con arreglo a determinadas condiciones que habrán de aplicarse en cada caso[67]. Siendo esta la misma filosofía que inspira a la Unión Europea en el marco de su ámbito territorial de acuerdo a la Directiva de 2004.

3.2. Alcance de la Directiva Europea 2012/29/UE

La cuestión del papel de las víctimas de delitos en los procedimientos penales a escala de la Unión Europea, fue abordada inicialmente con carácter general en la Decisión Marco del Consejo 2001/220/JAI, de 15 de marzo de 2001, relativa al estatuto de la víctima en el proceso penal (TOL478.894)[68], que aunque significó una mejora sustancial para el reconocimiento de sus derechos, protección y asistencia en el Derecho comunitario, pronto se sintió la necesidad de adaptarla a los nuevos progresos registrados en el espacio judicial europeo[69]. Pues el tiempo transcurrido desde su aprobación y los avances conseguidos en la creación del EELSJ, con la aprobación del Tratado de Lisboa y la nueva base jurídica que el mismo brindaba —art. 82.2 TFUE— (TOL3.711.558) para la adopción de normas mínimas sobre los derechos de las víctimas[70], así como la oportunidad de poder abordar nuevas cuestiones en esta concreta parcela, determinaron que la UE se planteara la necesidad de revisar y ampliar su contenido, tomando en

---

67 RODRÍGUEZ URIBES, J. M., *Las víctimas del terrorismo en España*, Dykinson, Madrid, 2013, p. 111.

68 DO L 82, de 22 de marzo de 2001, pp. 1-4.

69 GARCÍA RODRÍGUEZ, M. J., «Nuevos progresos para garantizar la protección de las víctimas de delitos y sus derechos en el espacio judicial europeo», *La Ley Unión Europea*, núm. 14, abril de 2014, pp. 47-58,

70 BLÁZQUEZ PEINADO, M. D., «La Directiva 2012/29/UE ¿Un paso adelante en materia de protección a las víctimas en la Unión Europea?», *Revista de Derecho Comunitario Europeo*, Nº 46, septiembre/diciembre, 2013, p. 916.

consideración las conclusiones de la Comisión sobre su puesta en práctica y aplicación en cada uno de los Estados miembros. De forma que como se determinó por la Comisión Europea en sus informes emitidos sobre la base del art. 18 de la Decisión Marco del Consejo, de 15 de marzo de 2001, relativa al estatuto de la víctima en el proceso penal —COM (2004) 54 final, de 16 de febrero de 2004 y COM (2009) 166 final, de 20 de abril de 2009—, su aplicación en los Estados miembros no había sido satisfactoria. Ya que ninguno la había transpuesto en un único acto legislativo nacional, basándose tan sólo en disposiciones ya existentes o recientemente adoptadas en sus ordenamientos jurídicos, códigos de carácter no vinculante, cartas o recomendaciones sin ninguna base legal.

Una empresa que se logró culminar con éxito mediante la aprobación de la nueva Directiva 2012/29/UE del Parlamento Europeo y del Consejo, de 25 de octubre de 2012, por la que se establecen normas mínimas sobre los derechos, apoyo y protección de las víctimas de delitos, y se sustituye la anterior Decisión Marco 2001/220/JAI (TOL2.671.832)[71]. A través de la cual se persigue como objetivo principal, ofrecer una mejor respuesta a las necesidades de las víctimas en el sistema penal, tras valorar con muy buen criterio los importantes progresos registrados en este ámbito de la justicia por las Naciones Unidas y el Consejo de Europa, asumiendo muchas de sus recomendaciones y directrices[72]. Tal como ya recomendó el Con-

---

[71] DO L 315, de 14 de noviembre de 2012, pp. 57-73, y en GARCÍA RODRÍGUEZ, M. J., *Código de los Derechos de las Víctimas...*, op. cit., pp. 229-260.

[72] GARCÍA RODRÍGUEZ, M. J., «El nuevo estatuto de las víctimas del delito en el proceso penal según la Directiva Europea 2012/29/UE, de 25 de octubre, y su transposición al ordenamiento jurídico español», *Revista Electrónica de Ciencia Penal y Criminología,* 18-24 (2016), p. 3, en: http://criminet.ugr.es/recpc/18/recpc18-24.pdf [Consulta: 08-01-24].

sejo Europeo a través del *Programa de Estocolmo – Una Europa abierta y segura que sirva y proteja al ciudadano (2010-2014)*[73], que mostrando una especial atención por las más vulnerables, entre las que se incluyen a las víctimas del terrorismo, consideró imprescindible superar las diferencias hasta ahora existentes entre las legislaciones internas de cada uno de los Estados miembros.

Y para conseguirlo, la propia Directiva obliga a todos los Estados miembros a poner en vigor en sus respectivas legislaciones nacionales las disposiciones legales, reglamentarias y administrativas necesarias para satisfacer las necesidades de las víctimas del delito, entre las que se alude expresamente a las del terrorismo. Al considerar que éstas han sufrido atentados con la intención de hacer daño a la sociedad, y por ello «pueden necesitar especial atención, apoyo y protección, debido al especial carácter del delito cometido contra ellas»[74].

Razón por la cual, con independencia de que estas necesidades vayan a ser desarrolladas más ampliamente cuando analicemos las disposiciones de la Directiva (UE) 2017/541, relativa a la lucha contra el terrorismo, desde ya, podemos afirmar que en todo caso habrá de dar respuesta a las siguientes[75]: 1ª) *Reconocimiento y trato profesional respetuoso*, en todos sus contactos con las personas que intervengan en la tramitación de los procesos judiciales, ponderándose en cada caso los sufrimientos que hayan padecido. Debiéndose prestar una especial atención a las más vulnerables, sin olvidar a las víctimas indirectas, familiares u otras personas que dependan de las víctimas directas, también afectadas por las consecuencias

---

73 DO C 115, de 4 de mayo de 2010, p. 10.

74 Vid. Considerando 16 Directiva 2012/29/UE.

75 GARCÍA RODRÍGUEZ, M. J., «El nuevo estatuto de las víctimas del delito en el proceso penal según la Directiva Europea 2012/29/UE...», op. cit., pp. 6 y 7.

de las actuaciones terroristas; 2ª) *Protección,* que constituye una necesidad primordial no sólo en el momento de denunciar, sino también durante todo el desarrollo del procedimiento judicial. Debiendo asimismo ser protegidas frente al riesgo de sufrir una doble victimización con ocasión en las investigaciones o enjuiciamiento, como consecuencia de un trato inadecuado o poco sensible; 3ª) *Apoyo,* a través de asistencia de emergencia o de primeros auxilios psicológicos tras sufrir el delito. Además de ayuda durante el posterior proceso judicial, ya sea de orden jurídico, emocional o práctico para estar puntualmente informadas sobre el desarrollo de las diferentes actuaciones judiciales; 4ª) *Acceso a la justicia,* de manera que la Administración de Justicia deberá poner en marcha todos aquellos mecanismos destinados a que puedan tener una participación activa en los procedimientos judiciales mediante una representación jurídica adecuada, facilitándole que puedan comprender en todo momento la información recibida y el significado de las diferentes actuaciones que puedan afectarles durante el proceso penal; y 5ª) *Compensación y reparación,* garantizándoles que puedan acceder a una indemnización justa y adecuada por los daños y perjuicios sufridos como consecuencia del delito. Que no ha de ser entendida en términos exclusivamente económicos, sino que debe incluir también a los diferentes mecanismos de justicia restaurativa.

Lo que influyó de forma decisiva en la agenda de prioridades del legislador español, que con el fin de incorporar las disposiciones de la Directiva de 2012 a nuestro ordenamiento jurídico, aprobó a través de la Ley 4/2015, de 27 de abril, un nuevo estatuto de las víctimas del delito. El cual, aplicable también a las víctimas del terrorismo en sus relaciones con el sistema penal, sistematiza para ellas, en un único texto legal, el catálogo de todos los derechos que éstas tienen reconocidos y las buenas prácticas que habrán de guiar la intervención de los profesionales que puedan tener cualquier tipo de contacto con ellas, para garantizar su protección y asistencia integral en el marco del derecho y proceso penal. Completando en este ámbito, como se verá en el capítulo cuarto de esta obra, las disposiciones que sobre este particular ya se contenían de forma específica para este colectivo en la Ley 29/2011.

3.3. Bases para una protección específica a las víctimas del terrorismo en la Directiva (UE) 2017/541

Pese a que hoy por hoy, en el contexto internacional no se ha conseguido aún definir un estatuto jurídico específico justificadamente reclamado para las víctimas del terrorismo, no es menos cierto que para hacerlo efectivo se han registrado importantes avances en el marco de la Unión Europea. Entre los que serán examinados de forma detallada en el presente apartado los progresos conseguidos a través de la Directiva (UE) 2017/541 del Parlamento Europeo y del Consejo, de 15 de marzo, relativa a la lucha contra el terrorismo y por la que se sustituye la Decisión marco 2002/475/JAI del Consejo y se modifica la Decisión 2005/671/JAI del Consejo (TOL6.022.895)[76], adoptada con base en el art. 82.2 TFUE, que permite al Parlamento Europeo y al Consejo establecer, con arreglo al procedimiento legislativo ordinario normas mínimas sobre los derechos de las víctimas[77]. Pues con ella se inaugura un nuevo camino para tratar de ofrecer un tratamiento específico a las víctimas de este fenómeno, y articular a su favor un completo y amplio catálogo general de sus derechos pro-

---

[76] DO L 88, de 31.03.2017, pp. 6-21, y para una versión concordada y anotada GARCÍA RODRÍGUEZ, M. J., *Código de los Derechos de las Víctimas...*, op. cit., pp. 349-355.

[77] PIERNAS LÓPEZ, J. J., «La vuelta de la UE a reaccionar frente a atentados y la Directiva (UE) 2017/541 relativa a la lucha contra el terrorismo», *Revista General de Derecho Europeo*, Nº 44, 2018, p. 90.

cesales y extraprocesales[78]. Siguiendo los pasos ya dados por el legislador comunitario en esta línea para otros colectivos especialmente vulnerables, como las víctimas de trata de seres humanos, abusos sexuales a menores, explotación sexual y pornografía infantil[79].

Lo que a nuestro juicio tiene un extraordinario valor a la hora de superar los desequilibrios aún existentes en esta materia entre los respectivos derechos internos, y conseguir una deseable armonización entre todos ellos. Al fijarse como objetivo que, por parte de todos los Estados miembros de la UE, se adopten medidas de protección, apoyo y asistencia que respondan a las necesidades específicas de las víctimas del terrorismo. Remitiéndose para ello en primer lugar, a las disposiciones que sobre este particular se encuentran contenidas con carácter general en la Directiva 2012/29/UE sobre derechos de las víctimas, cuya actualización propuesta por la Comisión en julio de 2023[80] se está debatiendo en el Consejo y el Parlamento Europeo. Y en segundo lugar, para regular todo lo relativo a la asistencia que ha de recibir este colectivo para acceder a una adecuada indemnización por los daños y perjuicios sufridos tras el atentado terrorista, a las disposiciones de la Directiva 2004/80/CE del Consejo, sobre indemnización a las víctimas de delitos. Desempeñando ambas normas, como tendremos ocasión de ver, un papel complementario respecto a las disposiciones de la Directiva de 2017.

---

78 GARCÍA RODRÍGUEZ, M. J., «Protección y apoyo a las víctimas del terrorismo durante el procedimiento judicial», PAYÁ SANTOS, C. A./ LUQUE JUAREZ, J. M. (dirs.): *Repercusiones de la radicalización yihadista en la seguridad europea, mediterránea y latinoamericana,* Aranzadi, Cizur Menor (Navarra), 2023, p. 182.

79 LADRÓN DE GUEVARA PASCUAL, C., *Avances y carencias en la protección jurídica a las víctimas del terrorismo,* Colex, A Coruña, 2021, p. 151.

80 COM (2023) 424 final. Bruselas, 12.07.2023.

Razón por la cual en el presente análisis, tratando de relacionar todas esas normativas, se examinará y comentará con un sentido crítico el actual estatuto jurídico de las víctimas del terrorismo en el marco de la Unión Europea, diseñado a partir de la Directiva (UE) 2017/541 relativa a la lucha contra el terrorismo, para delimitar el alcance de los derechos que a su amparo tienen reconocidos. Y determinar a continuación, hasta qué punto esos derechos han sido o no implementados en los respectivos ordenamientos nacionales de los Estados miembros. Para lo cuál en este punto, partiremos de las consideraciones formuladas por la Comisión Europea en su Comunicación al Parlamento Europeo, al Consejo, al Comité Económico y Social Europeo y al Comité de las Regiones «Estrategia de la UE sobre los derechos de las víctimas (2020-2025)»[81]. Además de las sugerencias plasmadas en el informe emitido el 30 de septiembre de 2020, para evaluar en qué medida los Estados miembros han adoptado las disposiciones necesarias para dar cumplimiento a la Directiva (UE) 2017/541[82], y en el informe de 18 de noviembre de 2021 destinado a concretar el impacto que esta norma ha tenido entre otros extremos, en el nivel de protección y ayuda facilitada a las víctimas del terrorismo[83], conforme a lo previsto en su art. 29.

Para finalizar definiendo la importancia que ha de desempeñar la formación de todas aquellas personas implicadas en el proceso de justicia, y tengan durante él algún tipo de contacto con las víctimas del terrorismo. Pues pese a que sobre esa formación, la Directiva de 2017 guarda silencio, entendemos que las disposiciones de la Directiva 2012/29/UE sí que serían aplicables, con el fin de garantizar unas buenas prácticas para orientar la intervención de los profesionales en el desarrollo

---

[81] COM (2020) 258 final. Bruselas, 24.06.2020.

[82] COM (2020) 619 final. Bruselas, 30.09.2020.

[83] COM (2021) 701 final. Bruselas, 18.11.2021.

de su labor. Al considerar que esa exigencia de unos estándares mínimos de capacitación, son imprescindibles para hacer posible una efectiva protección y asistencia integral a las víctimas del terrorismo en los sistemas de justicia penal de cada uno de los Estados miembros, además de contribuir a prevenir el riesgo de que puedan llegar a sufrir una victimización secundaria.

3.3.1. La necesaria delimitación del concepto de víctima del terrorismo como paso previo al reconocimiento de sus derechos

Como un elemento clave antes de pasar a concretar el alcance del catálogo de derechos reconocidos a las víctimas del terrorismo, consideramos que debemos ocuparnos en primer lugar de delimitar su concepto. Una cuestión que es aclarada por la propia Directiva (UE) 2017/541 relativa a la lucha contra el terrorismo, que en su considerando 27, nos ofrece una definición de víctima del terrorismo que se adapta a la recogida por el art. 2 de la Directiva 2012/29/UE. De manera que con arreglo al mismo, se parte de un concepto de víctima del terrorismo que abarcaría no sólo a la persona física que haya sufrido un daño o perjuicio, en particular lesiones físicas o mentales, daños emocionales o un perjuicio económico, directamente causados por un delito de terrorismo, sino también a los familiares de la persona cuya muerte haya sido directamente por un delito de esa clase y haya sufrido un daño o perjuicio como consecuencia de la muerte de dicha persona. Encargándose también la Directiva de 2012 en ese mismo artículo, de concretar el término de familiares, en el cual habríamos de incluir a «el cónyuge, la persona que convive con la víctima y mantiene con ella una relación íntima y comprometida, en un hogar común y de manera estable y continua, los familiares en línea directa, los hermanos y hermanas, y las personas a cargo de la víctima». Habiéndose apuntado además, que esta definición de víctima que ofrece la Directiva de 2017 se centra no solamente en el hecho terrorista, sino también en la amplitud de los daños que éste puede causar, incluyendo los mentales y emocionales[84].

Y aunque dicho concepto de víctima, hemos de considerarlo más amplio que el recogido en el art. 1.a) de la derogada Decisión Marco 2001/220/JAI del Consejo, que únicamente abarcaba a «la persona física que haya sufrido un perjuicio [...] directamente causado por un acto u omisión que infrinja la legislación penal de un Estado miembro», resulta más restrictivo que el previsto en el Derecho Internacional. Pues de acuerdo a la Declaración sobre principios fundamentales de justicia para las víctimas de delitos y abuso de poder, aprobada por la Resolución 40/34 de la Asamblea General de las Naciones Unidas, el concepto de víctima no sólo incluiría a los familiares o personas a su cargo que tengan relación inmediata con la víctima directa, sino también a las personas que hayan podido sufrir daños al intervenir para asistir a la víctima en peligro o para prevenir la victimización.

Sin embargo, al igual que ya hiciera la Decisión Marco 2001/220/JAI, la Directiva 2012/29/UE a la que ahora se remite la Directiva de 2017 relativa a la lucha contra el terrorismo, también excluye de su ámbito de aplicación a las personas jurídicas que hayan podido sufrir un daño o perjuicio directamente causado como consecuencia de un delito de terrorismo[85]. Una exclusión de las personas jurídicas, sobre

---

84 FIODOROVA, A., *La víctima en el proceso: perspectiva nacional y europea*, Aranzadi, Cizur Menor (Navarra), 2023, p. 111.

85 VARONA MARTÍNEZ, G., «El impacto de la política victimal de la Unión Europea en el sistema penal español: estudio particular de los efectos reales de la Directiva 2012/29/UE sobre los derechos de las víctimas de delitos», DE LA CUESTA ARZAMENDI, J.L. (dir.)/ DE LA MATA BARRANCO, N. J (coord.): *Adaptación del Derecho penal español a la política criminal de la Unión Europea*, Arazandi, Cizur Menor (Navarra), 2017, p. 556.

la cual ha tenido oportunidad de pronunciarse la jurisprudencia del Tribunal de Justicia de la Unión Europea (TJUE) para justificarla con diversos argumentos, durante la vigencia de la anterior Decisión Marco 2001/220/JAI ya derogada. En particular a través de sus sentencias en los asuntos C-467/05 — Dell´ Orto (TOL4.627.404)[86] y C-205/09 — Eredics y Sápi (TOL2.156.023)[87], al declarar que interpretar la Decisión Marco en el sentido de que solamente se refiere a las personas físicas no es constitutivo de una discriminación contra las personas jurídicas. Pues efectivamente, «el legislador de la Unión ha podido establecer de manera legítima un régimen protector a favor únicamente de las personas físicas porque estas últimas se hallan en una situación objetivamente diferente a la de las personas jurídicas debido a su mayor vulnerabilidad y a la naturaleza de los intereses que sólo pueden lesionarse en el caso de las personas físicas, como la vida y la integridad física de la víctima».

Unos argumentos que a nuestro juicio, y en el contexto de los diferentes daños que puede llegar a provocar la victimización terrorista, estimamos que deberían ser reconsiderados en futuros pronunciamientos del TJUE. Habida cuenta, que los delitos de terrorismo no sólo afectan a bienes jurídicos individuales, sino que por su naturaleza y contexto pueden extenderse a otros de carácter colectivo, afectando a personas jurídicas o incluso a la propia comunidad, a un país u organizaciones

---

86 Sentencia TJUE de 28 de junio de 2007 (Sala Tercera), Dell´ Orto, C-467/05 (ECLI:EU:C:2007:395), apartado 54, en: https://curia.europa.eu/juris/liste.jsf?language=en&num=C-467/05 [Consulta: 08-01-24].

87 Sentencia TJUE de 21 de octubre de 2010 (Sala Segunda), Eredics y Sápi, C-205/09 (ECLI:EU:C:2010:623), apartado 30, en: https://curia.europa.eu/juris/liste.jsf?language=en&num=C-205/09 [Consulta: 08-01-24].

internacionales, cuando se cometan con los fines descritos en el art. 3.2 de la Directiva (UE) 2017/541.

3.3.2. Derechos que garantiza la Directiva (UE) 2017/541 a las víctimas del terrorismo

En concordancia con ese concepto de víctima del terrorismo que hemos delimitado en el apartado anterior, la nueva Directiva (UE) 2017/541, dedica su Título V a regular de manera específica las «disposiciones sobre protección, apoyo y derechos» (arts. 24 a 26). Con el propósito de que los distintos Estados miembros a través de sus respectivas legislaciones internas, garanticen las medidas de protección adecuadas para este colectivo de víctimas y sus familiares con arreglo a las previsiones de las Directivas 2012/29/UE y 2004/80/CE ya referidas. Velándose de este modo para que, en todos los ordenamientos jurídicos nacionales, pueda ofrecerse una tutela efectiva a sus derechos, y un fácil acceso a los servicios de apoyo y sistemas de indemnización, que respondan a sus necesidades específicas.

Razón por la cual entendemos que, el reconocimiento del carácter específico que tienen las víctimas del terrorismo en la nueva norma a partir de la evaluación individualizada de las que éstas pueden ser acreedoras, supone un avance sustancial en la respuesta que merecen, y la antesala de otras futuras mejoras legislativas para garantizarles una completa tutela de sus derechos[88]. Pues como señala MUÑOZ ESCANDELL, las víctimas del terrorismo como víctimas de una violación grave de derechos humanos que son, requieren su propio estatuto jurídico, ya que «la consideración del terrorismo como tal violación, constituye fundamento suficiente para que se produzca una

[88] GARCÍA RODRÍGUEZ, M. J., «Protección y apoyo a las víctimas del terrorismo...», op. cit., p. 183.

actuación armonizadora del Derecho Internacional respecto a los ordenamientos de cada uno de los Estados miembros»[89].

Un estatuto jurídico que a partir de ahora, estará integrado por los derechos básicos que se describen en el marco de la actual Directiva (UE) 2017/541, y que como hemos anticipado, se habrán de interpretar con arreglo a las disposiciones de las Directivas 2012/29/UE y 2004/80/CE a las que se remite, al entender que ambas normativas desempeñan con relación a la primera una función de complementariedad. Pudiéndose establecer por tanto, que la primera disposición, con el auxilio y complemento de las restantes, lo que pretende es reconocer para las víctimas del terrorismo un conjunto de derechos dirigidos a concretar su nuevo estatuto jurídico, teniendo en cuenta las necesidades y vulnerabilidades especiales que concurren en este colectivo[90]. Cuyo contenido en su gran mayoría, hemos de entender que ya se encuentra implementado en el ordenamiento jurídico español, dado que en esta materia se trata de uno de los más avanzados de la UE[91], frente a otros Estados miembros que como veremos, les queda aún compromisos por cumplir.

---

89 MUÑOZ ESCANDELL, I., *Estatuto jurídico de las víctimas del terrorismo en Europa: Estudio de Derecho Comparado,* ALDE. Alliance of Liberals and Democrats for Europe, 2017, p. 6, en: https://iugm.es/wp-content/uploads/2017/06/Estatuto-juri%CC%81dico-de-las-vi%CC%81ctimas.pdf?id=3145 [Consulta: 08-01-24].

90 GARCÍA RODRÍGUEZ, M. J., «Bases para un nuevo estatuto jurídico de las víctimas del terrorismo en la Unión Europea», *La Ley Unión Europea,* Nº 118, octubre de 2023, p. 5.

91 LADRÓN DE GUEVARA PASCUAL, C., *Avances y carencias en la protección jurídica a las víctimas...,* op. cit., p. 156.

3.3.2.1. Derecho a la información

A propósito de este derecho, el art. 24.3.b) de la Directiva (UE) 2017/541 relativa a la lucha contra el terrorismo, establece que el apoyo ofrecido a las víctimas de este fenómeno debe incluir información y asesoramiento sobre cualquier asunto jurídico, práctico o financiero que sea pertinente. El cual, de acuerdo con lo dispuesto en su art. 26.1, comprenderá asimismo el ejercicio de dicho derecho de información para aquellas víctimas residentes en un Estado miembro distinto de aquel en el que se haya cometido el delito de terrorismo. Tal como también previene el considerando 30 de la norma, al promover la cooperación entre todos ellos, para garantizar que todas las víctimas del terrorismo tengan acceso a la información sobre sus derechos, los servicios de apoyo y sistemas de indemnización que estén disponibles.

No obstante, a la hora de concretar el alcance de este derecho, la Directiva (UE) 2017/541 se remite a las disposiciones plasmadas en la Directiva 2012/29/UE, donde habremos de acudir para delimitar cada una de sus notas características. De manera que con arreglo a lo dispuesto en esta última normativa comunitaria, lo que se pretende con el reconocimiento de este derecho, es garantizar que también las víctimas del terrorismo puedan recibir la información suficiente sobre los derechos que les corresponden para ejercitarlos de forma efectiva en el proceso penal. Facilitándoles también el acceso a los servicios de apoyo que puedan ofrecerles una respuesta integral a sus necesidades, o bien utilizar los sistemas indemnizatorios previstos en cada uno de los ordenamientos jurídicos nacionales para cubrir los daños y perjuicios que hayan sufrido como consecuencia de la delincuencia terrorista. Y para hacerlo efectivo se considera indispensable con arreglo a su art. 3, que las víctimas puedan entender y ser entendidas, de manera que en cada una de las legislaciones de los Estados miembros se garantice que las comunicaciones con ellas se hagan en un lenguaje sencillo y accesible, y teniendo en cuenta las circunstancias personales de cada una.

En cualquier caso, en el marco de la Directiva 2012/29/UE a la que se remite la Directiva (UE) 2017/541, se considera imprescindible que las víctimas del terrorismo puedan acceder a dicha información desde su primer contacto con las autoridades policiales o judiciales, configurándola acertadamente en su artículo 4 con un contenido de carácter mínimo, que estimamos muy positivo en la medida que contribuye a conseguir el efecto armonizador que se quiere alcanzar entre todos los ordenamientos jurídicos nacionales con esta regulación comunitaria[92]. El cuál deberá comprender entre otros los siguientes extremos: tipo de apoyo que puedan obtener y de quién obtenerlo; procedimientos para interponer su denuncia y su papel en relación a ellos; modo y condiciones para obtener protección, recibir asesoramiento jurídico, asistencia jurídica u otro asesoramiento; requisitos para acceder a indemnizaciones y tener derecho a interpretación y traducción; procedimientos o mecanismos especiales para la defensa de sus intereses cuando resida en un Estado miembro distinto de aquel en el que se haya cometido la infracción penal; servicios de justicia reparadora existentes; procedimientos de reclamación existentes cuando las autoridades no respeten sus derechos procesales; y por último, información sobre el modo y condiciones para obtener el reembolso de los gastos en los que haya incurrido como resultado de su participación en el proceso penal.

Asimismo en el marco de la regulación de la Directiva (UE) 2017/541, y siempre que así lo hayan solicitado, se debe entender aplicable a las víctimas del terrorismo las previsiones del art. 6 de la Directiva 2012/29/UE, acerca de su derecho a recibir sin retraso alguno la información que sea oportuna sobre

---

92 GARCÍA RODRÍGUEZ, M. J., «El nuevo estatuto de las víctimas...», op. cit., p. 15.

el proceso penal. Considerándose por tanto, que el deseo de las víctimas del terrorismo de recibir o no esa información será vinculante para las autoridades competentes de cada Estado[93], a menos que dicha información deba facilitarse en virtud del derecho de las víctimas a participar activamente en el proceso, sin perjuicio de poder cambiar su opinión al respecto en cualquier momento. Y que con arreglo a lo prevenido en la Directiva de 2012, podrá alcanzar a cualquier decisión sobre el inicio o finalización de la investigación o procesamiento del infractor, hora y lugar de celebración del juicio, así como relativa a la naturaleza de los cargos contra el infractor, o cualquier sentencia firme o notificación que le permita conocer la situación de su causa, bien del hecho de que la persona inculpada o condenada haya sido puesta en libertad o se haya fugado, así como de cualquier medida pertinente tomada para su protección en estos casos.

De modo que para hacer realidad en la práctica ese acceso a la información de las víctimas del terrorismo, consideramos también fundamental el reconocimiento expreso que hace la Directiva 2012/29/UE sobre el derecho que éstas tienen, cuando no entiendan o no hablen la lengua empleada en el proceso penal, a solicitar si así lo desean, una interpretación y traducción gratuitas durante su intervención en las actuaciones policiales y judiciales (art. 7)[94]. Con el cual se persigue garantizar que la víctima pueda al menos comprender, la información relativa a su denuncia, además de cualquier decisión que ponga término al procedimiento penal incoado como consecuencia

---

93 PEREIRA PUIGVERT, S., «Normas mínimas para las víctimas de delitos: análisis de la Directiva 2012/29/UE. Especial referencia al derecho de información y apoyo», *Revista General de Derecho Europeo,* Nº 30, 2013, p. 17.

94 GARCÍA RODRÍGUEZ, M. J., «Bases para un nuevo estatuto jurídico de las víctimas del terrorismo...», op. cit., p. 7.

de esa denuncia, u otra información esencial para ejercer sus derechos en el curso de los procesos penales.

Además, por su especial relevancia a la hora de informar a las víctimas del terrorismo en casos de emergencia, también resulta aconsejable poner a su disposición un punto de contacto único y centralizado que coordine la labor de todas las partes encargadas de prestarles apoyo y protección. Pudiéndose habilitar para ello, un sitio web específico que recoja toda la información de interés y haga las veces de ventanilla única en la que se puedan ofrecer una serie de servicios (psicológicos, jurídicos, médicos y financieros, etc.), desde el primer momento posterior a un atentado[95]. Sin embargo, y pese a la importancia práctica que tiene esta cuestión, en la misma se han detectado deficiencias por parte de los Estados miembros a la hora de implementarla en sus respectivos ordenamientos nacionales.

Así se pone de manifiesto en el informe de evaluación emitido por la Comisión —COM (2021) 701 final—, en el que se insta a todos ellos a que designen puntos de contacto únicos para las víctimas del terrorismo, pues en esa fecha únicamente lo habían hecho 17 de los 25 Estados miembros cubiertos por la Directiva de 2017 (Alemania, Bélgica, Bulgaria, Croacia, Chequia, Eslovaquia, España, Estonia, Francia, Grecia, Italia, Letonia, Lituania, Luxemburgo, Países Bajos, Portugal y Suecia). Reconociéndose asimismo, que la Red Europea sobre los Derechos de las Víctimas (ENVR), por sus siglas en inglés[96], podría desempeñar un papel central en la organización de la cooperación entre esos puntos de contacto únicos nacionales, para facilitar que las víctimas del terrorismo que residan en un

---

95 CENTRO EUROPEO DE ASESORAMIENTO PARA LAS VÍCTIMAS DEL TERRORISMO, *Manual de la UE sobre víctimas del terrorismo...*, op. cit., pp. 11 y 12.

96 EUROPEAN NETWORK ON VICTIMS´ RIGHTS (ENVR), en: https://envr.eu/ [Consulta: 08-01-24].

Estado miembro distinto de aquel en que se haya cometido el delito de terrorismo tengan fácil acceso a la información[97]. Además de poner en valor la función que en esta labor podría desarrollar también el Centro de Asesoramiento de la UE para las Víctimas del Terrorismo[98], ofreciendo asistencia a los Estados que lo soliciten.

3.3.2.2. Derecho a la participación en las actuaciones judiciales

Conforme se dispone en el art. 24.1 de la Directiva (UE) 2017/541, los Estados miembros garantizarán que la investigación y enjuiciamiento de los delitos de terrorismo previstos en la misma, no dependa de la denuncia o acusación que pueda formular la víctima o cualquier otra persona afectada por ellos, al menos cuando los hechos se cometan en su propio territorio, al permitir que se pueda actuar de oficio[99] y ofreciendo de este modo una protección no prevista en las Naciones Unidas[100]. Si bien esta disposición no representa novedad alguna en esta materia, pues estaba prevista en el art. 10 de la anterior Decisión Marco 2002/475/JAI derogada por la Directiva de

---

97 LADRÓN DE GUEVARA PASCUAL, C., *Avances y carencias en la protección jurídica...*, op. cit., p. 152.

98 EU CENTRE OF EXPERTISE FOR VICTIMS OF TERRORISM, en: https://commission.europa.eu/strategy-and-policy/policies/justice-and-fundamental-rights/criminal-justice/protecting-victims-rights/eu-centre-expertise-victims-terrorism_en [Consulta: 20-12-23].

99 GÓRRIZ ROYO, E., «Contraterrorismo emergente a raíz de la reforma penal de LO 1/2019 de 20 de febrero y de la Directiva 2017/541/UE: ¿europeización del Derecho penal del enemigo?», *Revista Electrónica de Ciencia Penal y Criminología,* 22-01, 2020, p. 25, en: http://criminet.ugr.es/recpc/22/recpc22-01.pdf [Consulta: 08-01-24].

100 LÓPEZ JACOISTE, E., «La Unión Europea ante los combatientes terroristas extranjeros», *Revista de Estudios Europeos,* N° 67, 2016, p. 67.

2017[101], y en ningún caso deberá impedir a las víctimas que así lo decidan, poder participar activamente con arreglo a la regulación prevista en sus ordenamientos jurídicos nacionales en los procesos penales incoados con ocasión de estos delitos de terrorismo, con independencia del territorio de la UE en que hayan sido cometidos.

De manera que, en estos casos y con arreglo a las disposiciones de la Directiva 2012/29/UE, a la que se remite la Directiva de 2017, a las víctimas del terrorismo se les habrá de reservar un papel efectivo y adecuado en los sistemas penales de cada uno de los ordenamientos nacionales, si bien habrá de entenderse que no existe una obligación por parte de los Estados miembros a garantizar a dichas víctimas un trato equivalente al de las partes en el proceso[102]. Y para conseguirlo, la propia Directiva 2012/29/UE advierte sobre la necesidad que en las legislaciones internas de cada uno de los Estados, se reconozca a las víctimas del terrorismo un conjunto de derechos mínimos en este ámbito para facilitar su acceso a la justicia, entre los que destacamos los siguientes: a) A ser oídas y facilitar elementos de prueba durante las actuaciones judiciales (art. 10); b) Solicitar que se revise cualquier decisión de no proceder al procesamiento (art. 11); c) Acceder a la asistencia jurídica gratuita, cuando sean parte en el procedimiento penal (art. 13) de acuerdo con las previsiones del art. 24.6 de la Directiva (UE) 2017/541, según el cual los Estados miembros habrán de garantizar «que la gravedad y circunstancias de la infracción penal queden correctamente reflejadas en las condiciones y normas procesales en virtud de las cuales las víctimas del terro-

---

101 CISNEROS TRUJILLO, C., «El rol y los derechos de las víctimas del terrorismo en España», *La Ley Penal,* Nº 133, julio-agosto 2018, p. 7.

102 PÉREZ RIVAS, N., «Los derechos de las víctimas en la Unión Europea. Análisis de la Directiva 2012/29/UE», *Boletín CeDe UsC,* Vol. II, febrero 2014, p. 6.

rismo tengan acceso a la asistencia jurídica conforme al Derecho nacional»; d) A solicitar el reembolso de todos los gastos en que hayan incurrido como consecuencia de esa participación (art. 14); y e) Obtener una indemnización por parte del infractor en un plazo razonable y la restitución de los bienes que le hayan sido incautados, en el transcurso del proceso penal (arts. 15 y 16), cuyo contenido analizaremos en un posterior apartado de este capítulo.

Además, para superar las dificultades de comunicación que se pudieran derivar del hecho de residir las víctimas en un Estado miembro distinto de aquel en que se hubiera cometido el delito de terrorismo, lo que es frecuente en este tipo de criminalidad, la Directiva de 2012 también prevé una serie de medidas alternativas que consideramos de máximo interés, al estar dirigidas a facilitar el progreso y desarrollo de las actuaciones judiciales que se hayan puesto en marcha por este tipo de hechos (art. 17). Ofreciéndole en estos casos, la posibilidad de prestar declaración inmediatamente después de haber interpuesto su denuncia en el caso de que así lo hayan decidido, o recurrir para su audición, a las disposiciones sobre videoconferencia y conferencia telefónica previstas en los arts. 10 y 11 del Convenio relativo a la asistencia judicial en materia penal entre Estados miembros de la UE, hecho en Bruselas el 29 de mayo de 2000 y que entró en vigor para España el 23 de agosto de 2005.

Otra cuestión fundamental sobre la cual guarda silencio la Directiva de 2017 relativa a la lucha contra el terrorismo, pero sobre la que si se pronuncia la Directiva de 2012, es la regulación en su articulado de unas disposiciones mínimas para proteger sus intereses cuando vayan a intervenir en un procedimiento de justicia reparadora, al que define como «cualquier proceso que permita a la víctima y al infractor participar activamente, si dan su consentimiento libremente para ello, en la solución de los problemas resultantes de la infracción penal con la ayuda de un tercero imparcial» (art. 1.1.d)). Y que lamentamos que la norma de 2017 no la mencione, al constituir un instrumento que sin duda alguna puede promover un diálogo restaurativo entre todas las partes implicadas, manifestándose como una concepción radicalmente distinta del modo de entender la participación en el proceso, no sólo de la víctima, sino también del infractor y la comunidad[103]. Cuyas posibilidades también han sido ensayadas en este ámbito de la victimización generada por la criminalidad terrorista, con la puesta en marcha de algunas experiencias pioneras llevadas a cabo en nuestro país, como se verá en el capítulo 4.

Sin embargo, aunque debamos reconocer que estos procedimientos de justicia restaurativa, entre los que se incluye la mediación penal, puedan ayudar a satisfacer los intereses de las víctimas, también exigirán la adopción de ciertas garantías para protegerlas contra cualquier riesgo de victimización secundaria o reiterada, intimidación o represalias, que pudieran sufrir con ocasión de su participación en ellos[104]. Y por este motivo, a la hora de llevar a cabo procesos de este tipo, será aconsejable que en cada caso se tomen en consideración factores tales como la naturaleza y gravedad del delito cometido, el grado de los daños y perjuicios causados, la violación repetida de la integridad física o psicológica de la víctima, así como los desequilibrios de poder, edad, madurez o capacidad intelectual, que puedan limitar o reducir su libertad para llegar a un acuerdo con pleno conocimiento de causa o producirles graves perjuicios a sus intereses, que habrán de ser tenidos siem-

---

103 TAMARIT SUMALLA, J. M., «¿Hasta qué punto cabe pensar victimológicamente el sistema penal?», TAMARIT SUMALLA, J. M (coord.): *Estudios de Victimología. Actas del I Congreso Español de Victimología,* Tirant lo Blanch, Valencia, 2005, p. 38.

104 GARCÍA RODRÍGUEZ, M. J., «El nuevo estatuto de las víctimas…», op. cit., p. 17.

pre en cuenta de forma individual y concreta para justificar su posible prohibición.

Razón por la cual valoramos muy positivamente que a la hora de abordar esta cuestión, la Directiva 2012/29/UE (art. 12) haya tenido presente los Principios Básicos para la aplicación de programas de justicia restaurativa en materia penal, aprobados por la Resolución 2002/12, del Consejo Económico y Social de las Naciones Unidas[105], para garantizar que las partes implicadas antes de intervenir en ellos, puedan comprender su significado y estar plenamente informadas de sus derechos y alcance de su decisión. Los cuales también son tenidos en cuenta en la Recomendación Nº R (2018) 8, del Comité de Ministros del Consejo de Europa a los Estados miembros en materia de justicia restaurativa penal[106], para proporcionar un espacio neutral en el que se apoya tanto a la víctima como al ofensor para que puedan expresar sus necesidades y darles satisfacción en la medida de lo posible. Y que entendemos también aplicables a las víctimas del terrorismo para garantizar su seguridad cuando decidan participar en este tipo de procesos.

Por último, no queríamos terminar este apartado, sin reseñar la novedosa regulación que ofrece la legislación española a la hora de regular la posible participación de las víctimas del terrorismo en la ejecución penal, a través del art. 13 de la Ley 4/2015, del Estatuto de la Víctima. Pues pese al silencio que sobre este derecho guarda tanto la Directiva (UE) 2017/541

---

105 GARCÍA RODRÍGUEZ, M. J., *Código de los Derechos de las Víctimas…*, op. cit., pp. 87-106.

106 Vid. Recomendación Nº R (2018) 8, adoptada por el Comité de Ministros el 3 de octubre de 2018 en la 1326ª reunión de los Delegados de los Ministros (traducción no oficial encargada y revisada por el Departamento de Trabajo y Justicia del Gobierno Vasco), en: https://www.euforumrj.org/sites/default/files/2019-12/spanish-coe-rec-2018.pdf [Consulta: 08-01-24].

como la Directiva 2012/29/UE, consideramos que puede revestir un particular interés para este colectivo[107]. Reconociéndoles en estos supuestos, la posibilidad de recurrir determinados autos del Juez Central de Vigilancia Penitenciaria, solicitar que se imponga a los liberados condicionales las medidas o reglas de conducta previstas por la ley para garantizar su seguridad, o facilitar al Juez o Tribunal información relevante para resolver la ejecución de la pena impuesta, las responsabilidades civiles o comiso acordado[108]. Facultades que serán examinadas ampliamente en el capítulo cuarto de este libro.

3.3.2.3. Derecho a la protección de su seguridad e intimidad

A la hora de determinar en qué medida las víctimas del terrorismo y sus familiares deben beneficiarse de medidas de protección en el transcurso de un proceso penal, el art. 25 de la Directiva de 2017, manifiesta que «se prestará especial atención al riesgo de intimidación y de represalias, así como a la necesidad de proteger la dignidad y la integridad física de las víctimas del terrorismo, inclusive durante el interrogatorio y cuando presten declaración». Y para ello, prevé que los Estados miembros garanticen que se disponga en sus respectivas legislaciones nacionales de las medidas para su protección previstas en la Directiva 2012/29/UE.

De manera que para garantizar de forma efectiva dicha protección, la Directiva de 2012 contempla en términos casi idénticos a los previstos en la Directiva del 2017, que todos los Estados adopten las medidas necesarias para proteger la seguridad de

---

107 GARCÍA RODRÍGUEZ, M. J., «Protección y apoyo a las víctimas del terrorismo...», op. cit., p. 187.

108 HEREDERO ORTÍZ DE LA TABLA, L., *La protección legal a las víctimas del terrorismo en España: nuevos retos y perspectivas*, Aranzadi, Cizur Menor (Navarra), 2019, p. 314.

las víctimas y sus familiares del riesgo de sufrir cualquier tipo de represalias, intimidación o victimización secundaria con ocasión de su participación en el proceso penal (art. 18). Las cuales habrán de incluir en todo caso las dirigidas a brindarles protección física, a evitar su contacto con el victimario en las dependencias donde se celebre el proceso penal, y aquellas otras orientadas a minimizar el riesgo de que puedan sufrir daños psicológicos o emocionales con ocasión de su interrogatorio. Y para conseguir este último objetivo, se prevé que puedan ser interrogadas lo antes posible ante las autoridades competentes, que el número de declaraciones sea el mínimo posible y que sólo se celebren cuando sean estrictamente necesarias, ofreciéndoles la posibilidad de estar acompañadas por su representante legal o cualquier otra persona de su elección, salvo que se haya adoptado una resolución motivada en contrario.

Por tanto, hemos de reconocer que la protección de las víctimas, constituye un ámbito en el cual la Directiva 2012/29/UE, como ya hicieron otros instrumentos que la precedieron, muestra una particular preocupación para salvaguardar los derechos de las especialmente vulnerables. Y con esta finalidad, prevé de forma totalmente novedosa, que todas las víctimas puedan ser objeto de una evaluación individual, para determinar sus necesidades especiales de protección (art. 22) y las medidas de las que puedan beneficiarse durante el curso del proceso penal, teniendo en cuenta sus características personales, el tipo o naturaleza del delito, y sus circunstancias, entre las que se incluyen a las víctimas del terrorismo[109].

Así pues, de acuerdo con este enfoque, podemos afirmar que la protección de las víctimas es una de las cuestiones que

---

[109] GARCÍA RODRÍGUEZ, M. J., «Evaluación individual de las víctimas para determinar sus necesidades especiales de protección y asistencia en el marco del proceso penal», *Revista General de Derecho Procesal*, Nº 41, 2017, p. 22.

ha recibido un tratamiento más pormenorizado en el contexto de la Directiva de 2012, con un planteamiento verdaderamente innovador, a partir del cual, como señala TAMARIT SUMALLA, se configuran tres niveles de protección[110]: el que incluye medidas aplicables a todas las víctimas, el referido a las víctimas en que se aprecien necesidades especiales de protección, y el de las víctimas menores de edad. Aunque en cada uno de estos casos la clase y forma de aplicación de las medidas se hace depender de las necesidades concretas, con una presunción de vulnerabilidad en los menores (art. 22.4).

Razón por la cual, de acuerdo a dicho esquema general de la Directiva de 2012, que ahora hemos de entender también aplicable a las víctimas del terrorismo, se prevé que éstas puedan ser interrogadas en dependencias concebidas o adaptadas para tal fin, procurando que esos interrogatorios se lleven a cabo por las mismas personas. Con la previsión además que todos los Estados miembros, pongan en práctica en sus respectivas legislaciones otras medidas dirigidas a: a) Evitar el contacto visual entre la víctima y el acusado, incluso durante la práctica de la prueba, permitiendo que pueda ser oída sin estar presente en la sala de audiencia, a través de medios adecuados, incluido el uso de tecnologías de la comunicación; y b) Evitar que se le formulen preguntas innecesarias sobre su vida privada y sin relación con la infracción penal, o permitir que la audiencia pueda celebrarse sin la presencia de público. Medidas todas ellas, que aunque nada se diga en la norma, se habrán de acordar por el órgano jurisdiccional nacional competente motivando suficientemente su adopción, vigencia y amplitud, dado

---

110 TAMARIT SUMALLA, J. M., «Una lectura victimológica del Estatuto jurídico de las víctimas», *Cuadernos Penales José María Lidón,* Nº 13, 2017, p. 124.

que no dejan de ser una limitación al principio de publicidad general que informa la fase del juicio oral del proceso penal[111].

No obstante, y pese al ambicioso catálogo de las medidas previstas para proteger la dignidad y la integridad física de las víctimas del terrorismo, el primer informe de la Comisión emitido conforme al art. 29.1 de la Directiva de 2017 para evaluar en qué medida los Estados miembros las habían adoptado —COM (2020) 619 final—, señaló que se habían observado problemas en nueve de ellos (Bélgica, Bulgaria, Chequia, Lituania, Malta, Polonia, Rumanía, Eslovenia y Eslovaquia), derivados en la mayoría de los casos de deficiencias en la transposición de la Directiva 2012/29/UE.

3.3.2.4. Derecho a la reparación e indemnización de daños y perjuicios

Sin perjuicio de otras formas de reparación a las víctimas diferentes a la pecuniaria, como son los mecanismos de justicia restaurativa a los que hemos hecho referencia, la Directiva (UE) 2017/541 presta una especial atención a la realización de este derecho a la indemnización. Y con este fin, en su art. 24.3.c) encomienda entre las funciones atribuidas a los servicios de apoyo, la «asistencia en todo lo que respecta a las solicitudes de indemnización a las víctimas del terrorismo en virtud del Derecho nacional del Estado miembro afectado». Sin olvidarse de reconocer los derechos que sobre este particular puedan tener las víctimas en situación transfronteriza, al determinar que los Estados miembros garantizarán que las víctimas del terrorismo

---

111 DE HOYOS SANCHO, M., «Reflexiones sobre la Directiva 2012/29/UE, por l que se establecen normas mínimas sobre los derechos, el apoyo y la protección de las víctimas de delitos, y su transposición al ordenamiento español», *Revista General de Derecho Procesal,* Nº 34, 2014, p. 23.

residentes en un Estado miembro distinto de aquel en que se haya cometido el delito tengan acceso a toda la información sobre los sistemas de indemnización disponibles en dicho Estado (art. 26.1). Si bien, a la hora de concretar el alcance de este derecho, las disposiciones de la Directiva de 2017 se habrán de complementar con las disposiciones contenidas en la Directiva 2012/29/UE y en particular en la Directiva 2004/80/CE cuyas líneas directrices ya han sido examinadas.

Así, conforme a lo previsto en el art. 16 de la Directiva de 2012, a las víctimas del terrorismo también se les reconoce el derecho a obtener en un plazo razonable, y en el curso del proceso penal una resolución relativa a la indemnización de los daños y perjuicios sufridos por el delito, promoviéndose todas aquellas medidas que sean necesarias para que esa indemnización se efectúe adecuadamente.

Sin embargo, y dada la frecuencia con la que en la práctica forense resultará imposible hacer efectiva esa indemnización con cargo a los bienes del obligado al pago, por haber sido declarada su insolvencia, no ser identificado o estar en paradero desconocido, se hace imprescindible en estos casos acudir a las disposiciones establecidas en la Directiva 2004/80/CE, con el fin de facilitarles subsidiariamente el acceso a una compensación económica justa y adecuada a cargo de fondos públicos, con independencia del territorio de la Unión en que se haya cometido el delito[112]. La cual se inspira en dos ideas básicas: 1ª) Las víctimas deben tener derecho a una indemnización justa y adecuada por los perjuicios sufridos con independencia del lugar de la UE en que se haya cometido el delito; y 2ª) A tal efecto es preciso establecer un sistema de cooperación entre los Estados para facilitar el acceso a esa indemnización a las víctimas en situaciones transfronterizas, que debe basarse en

---

112 GARCÍA RODRÍGUEZ, M. J., «Marco jurídico y nuevos instrumentos para un sistema europeo de indemnización...», op. cit., p. 22.

los regímenes indemnizatorios de cada uno de ellos[113]. Y para cuya aplicación en la práctica de los diferentes Estados miembros de la UE, habremos de acudir también a los formularios aprobados por la Comisión para hacer efectiva la transmisión de las solicitudes y decisiones de indemnización, a través de su Decisión de 19 de abril 2006 (2006/337/CE), ya referida.

En cualquier caso, y pese a reconocer el avance que supuso la regulación llevada a cabo por la Directiva 2004/80/CE, creemos que debería ser revisada con el fin de establecer una auténtica legislación de mínimos que regule los principales extremos para acceder a dicha indemnización (ámbito territorial y personal, tipo de daños cubiertos, criterios para determinar su importe, previsión de anticipos, procedimientos y requisitos para su solicitud, o la posibilidad de introducir ciertos criterios restrictivos para su concesión). Lo que consideramos imprescindible para corregir las grandes diferencias aún existentes entre los sistemas indemnizatorios vigentes en los distintos Estados miembros, y asegurar una igualdad de trato para todas las víctimas, con independencia del territorio de la UE donde se haya cometido el delito[114]. Y superar así las críticas formuladas contra ella, al considerar que no aborda de manera integral y total la cuestión de la indemnización, al comprender tan solo la regulación de las situaciones transfronterizas[115], que aunque necesaria a nuestro juicio, no es suficiente.

113 SANZ HERMIDA, Á. M., *Víctimas de delitos: derechos, protección y asistencia,* Iustel, Madrid, 2009, p. 69.

114 GARCÍA RODRÍGUEZ, M. J., «Marco jurídico y nuevos instrumentos para un sistema europeo de indemnización...», op. cit., p. 25.

115 SALINERO ALONSO, C., «Las víctimas de delitos en el espacio judicial europeo: Hacia una necesaria protección de sus derechos», PÉREZ ÁLVAREZ, F., (ed.), NUÑEZ PAZ, M./ GARCÍA ALFARAZ, A. I. (coords.): *«Universitas Vitae» Homenaje a Ruperto Núñez Barbero,* Universidad de Salamanca, 2007, p. 726.

Habiéndose reconocido por la propia Comisión Europea, a través de la «Estrategia de la UE sobre los derechos de las víctimas (2020-2025)» —COM (2020) 258 final—, la necesidad de supervisar y examinar esta legislación comunitaria en materia de indemnización, enumerando además una serie de acciones claves que, sobre la misma debieran poner en marcha los Estados miembros para garantizar unos niveles mínimos en esta materia[116]:

- estudiar el sistema nacional de indemnizaciones y, si fuese necesario, eliminar los obstáculos procesales existentes;
- garantizar que se refleje en los presupuestos nacionales una indemnización justa y adecuada a las víctimas de delitos dolosos y violentos, incluidos los actos de terrorismo;
- garantizar la plena aplicación del Reglamento sobre el reconocimiento mutuo de las resoluciones de embargo y decomiso, en concreto las disposiciones sobre la restitución de bienes a la víctima y la indemnización a la víctima;
- adoptar medidas para garantizar que las víctimas no estén expuestas a victimización secundaria durante los procedimientos de indemnización;
- facilitar un acceso homogéneo a información sobre los sistemas nacionales de indemnización (establecimiento de sitios web interactivos, accesibles y de uso fácil);
- garantizar que el personal de las autoridades nacionales de indemnización conoce los derechos y las necesidades de las víctimas a fin de evitar riesgos de victimización secundaria; y

---

116 COM (2020) 258 final, Bruselas, 24.06. 2021, p. 21.

- cooperar con otros Estados miembros en casos transfronterizos en el marco de las estructuras pertinentes de la UE.

Y es que, como señaló el TJUE a través del asunto C-129/19 (TOL8.012.483), todos los Estados miembros de acuerdo al art. 12.2 de la Directiva 2004/80/CE, deben garantizar un régimen indemnizatorio a las víctimas de delitos dolosos violentos cometidos en su territorio —entre los que se incluyen los de terrorismo—, para asegurarles una indemnización justa y adecuada, no pudiéndose calificar como tal aquella que sea fijada «sin tener en cuenta la gravedad de las consecuencias que para las víctimas tiene el delito cometido, y, por lo tanto, no suponga una contribución adecuada a la reparación del perjuicio material y moral sufrido»[117].

No obstante, y como ya anticipamos, consideramos que en la legislación española el abordaje y regulación de las situaciones transfronterizas en lo relativo al reconocimiento de resarcimientos, indemnizaciones y ayudas previstas para las víctimas del terrorismo de acuerdo a las previsiones de la Directiva de 2004, ha sido implementada satisfactoriamente a través de las previsiones contenidas en el Capítulo II del Título IV del RD 617/2013, por el que se aprueba el Reglamento de la Ley 29/2011 (art. 54 a 58). Que, para aquellos supuestos en que el delito de terrorismo se haya cometido en un Estado miembro de la UE distinto de España, y el solicitante de la ayuda tenga su residencia habitual en nuestro país, determina que sea el Ministerio del Interior quien haya de actuar como autoridad de asistencia, y no la Oficina de Información y Asistencia a las Víctimas del Terrorismo. Debiendo ser éste quien facilite a la

117 Sentencia TJUE de 16 de julio de 2020 (Gran Sala), Presidenza del Consiglio dei Ministri y BV, C-129/19 (ECLI:EU:C:2020:566), apartado 69, en: https://curia.europa.eu/juris/liste.jsf?language=es&td=ALL&num=C-129/19 [Consulta: 08-01-24].

víctima toda la información necesaria para solicitar la ayuda, trasladar la solicitud a la autoridad de decisión y cooperar con ella en su resolución. A diferencia del sistema diseñado para las víctimas del resto de delitos, en que el RD 1109/2015 que desarrolla la Ley 4/2015 atribuye esa competencia a las oficinas de asistencia a las víctimas, que consideramos una apuesta más razonable por ser más fácil el acceso que la ciudadanía puede tener a ellas, y funcionar como ventanilla única en todos los contactos que las víctimas y su entorno deban mantener con la Administración.

Por último, y con la finalidad de procurar el total resarcimiento de las víctimas del terrorismo con ocasión de su intervención en las actuaciones judiciales, y aunque nada diga sobre este extremo la Directiva de 2017, creemos que también les serán aplicables las previsiones contempladas en la Directiva de 2012, mediante las cuales se les reconoce su derecho a obtener el reembolso de los gastos que hayan afrontado por su participación activa en el proceso penal (art. 14), y a la restitución de los bienes que le hayan podido ser incautados (art. 15). Debiéndonos remitir, en ambos casos, a lo dispuesto en su respectiva legislación nacional para regular las condiciones en que haya de efectuarse dicho reembolso o restitución.

3.3.2.5. Derecho a la asistencia y acceso a los servicios de apoyo

Guardando estrecha relación con el derecho a la información, y como una vía efectiva para garantizarlo en la práctica, el art. 24 de la Directiva (UE) 2017/541 establece que todos los Estados miembros habrán de garantizar la existencia de servicios de apoyo que respondan a las necesidades específicas de las víctimas del terrorismo, de conformidad con la Directiva 2012/29/UE, indicando que estos servicios deberán estar a su disposición inmediatamente después del atentado terrorista y durante el tiempo que sea necesario. Señalando asimismo que dichos servicios habrán de ser confidenciales, gratuitos y de fácil acceso para todas las víctimas, teniendo encomendadas, entre otras, las siguientes funciones: a) apoyo emocional y psicológico; b) información y asesoramiento sobre cualquier asunto jurídico, práctico o financiero pertinente, incluida la facilitación del ejercicio del derecho a la información con arreglo a lo dispuesto en el art. 26 ya comentado; y c) asistencia en lo que respecta a las solicitudes de indemnización en virtud del Derecho nacional del Estado miembro afectado.

Además, por tener una particular trascendencia en este contexto de la criminalidad terrorista, valoramos muy positivamente que la Directiva de 2017 imponga a todos los Estados miembros, la obligación de garantizar mecanismos o protocolos que permitan la activación de estos servicios de apoyo en el marco de sus infraestructuras nacionales, con la finalidad de dar una respuesta inmediata en casos de emergencia (art. 24. 4). Los cuales, habrán de prever una coordinación de las distintas autoridades, agencias y órganos competentes, para ofrecer esa deseada respuesta global a las necesidades de las víctimas del terrorismo y sus familiares inmediatamente después del atentado, y durante el tiempo que sea necesario. Incluyendo la provisión de todos aquellos medios que sean necesarios para facilitar la identificación de las víctimas, y la comunicación a éstas y sus familiares.

No obstante, como hemos visto que ocurre con la regulación del resto de derechos que contempla la Directiva de 2017, también en este caso, a la hora de delimitar el acceso a los servicios de apoyo para las víctimas del terrorismo, ésta se remite a la Directiva 2012/29/UE sobre derechos de las víctimas. La cual a través de su articulado (art. 8), lo que persigue con un carácter más general que la primera, es garantizar que cualquier persona que haya sido víctima de un delito, pueda acudir a ellos para recibir la orientación jurídica, asistencia psicológica y apoyo social que necesite, dirigida a superar posibles secuelas y prevenir una segunda victimización con ocasión de su participación en el proceso penal. Un extremo en el cual, la Directiva con un criterio muy acertado a nuestro juicio, ha seguido las recomendaciones realizadas años atrás por el Consejo de Europa a los Gobiernos de los Estados miembros —Recomendación Nº R (2006) 8, de asistencia las víctimas de delitos—, sobre los estándares mínimos que deberían reunir estos servicios de apoyo para incorporarlos a su texto. Conforme a los cuales, estos servicios deberían «ser fácilmente accesibles; facilitar a las víctimas apoyo emocional, social y material, de forma gratuita antes, durante y tras la investigación o el proceso penal; ser totalmente competentes para tratar los problemas a los que se enfrentan las víctimas a las que ayudan; facilitarles información sobre sus derechos y los servicios disponibles; derivar a las víctimas a otros servicios cuando fuera necesario; y respetar la confidencialidad mientras se proporcione el servicio» (apartado 5.2).

Asimismo es importante destacar que, aunque la prestación de este apoyo no se supedita en la Directiva de 2012/29/UE al hecho de que las víctimas hayan interpuesto denuncia previa ante la Policía o cualquier otra autoridad competente, sí reconoce que estas autoridades están en una posición privilegiada para informar a las víctimas sobre la posibilidad de recibir ese apoyo, facilitando y promoviendo el acceso a estos servicios asistenciales[118]. Razón por la cual, tal como veremos en el siguiente apartado, creemos que es imprescindible la formación de todas ellas, al tener una posición privilegiada a la hora de ofrecer de manera efectiva dicha información a las víctimas en la práctica. De manera que, con arreglo a estas previsiones de la Directiva de 2012 (art. 9), se les encomienda que procedan a facilitar como mínimo a todas las víctimas, información sobre sus derechos, en particular sobre la forma de acceder a

118 GARCÍA RODRÍGUEZ, M. J., «Nuevos progresos para garantizar la protección de las víctimas...», op. cit., p. 52.

los sistemas estatales de indemnización por los daños y perjuicios sufridos por el delito y sobre su papel en el proceso penal, preparándolas para su asistencia al juicio, brindándoles apoyo emocional y psicológico, así como orientación sobre cualquier cuestión de tipo práctico que puedan necesitar tras haber sufrido el delito.

Todo ello, sin perjuicio del apoyo que pueda ofrecer otro tipo de servicios especializados creados para atender a las necesidades específicas de las víctimas del terrorismo. Un extremo que ha sido contemplado en nuestro ordenamiento jurídico, mediante la creación de la Oficina de Asistencia a las Víctimas del Terrorismo que, con ámbito nacional, realiza funciones de información y asistencia en los términos previstos en el art. 51 de la Ley 29/2011, de 22 de septiembre, y art. 33 del Real Decreto 1109/2015, de 11 de diciembre, que desarrolla la Ley 4/2015, de 27 de abril, del Estatuto de las víctima del delito, y regula las Oficinas de Asistencia a las Víctimas del Delito. Considerándose un acierto que, más allá del ámbito de actuación nacional descrito, se contemple la posibilidad de que las víctimas del terrorismo, por razones de urgencia o de cercanía, puedan acudir a la Oficina de Asistencia a las Víctimas del Delito de su provincia, que en todo caso se habrá de coordinar con la primera.

Sin embargo, también en este ámbito del derecho a la asistencia y apoyo a las víctimas del terrorismo, el informe realizado por la Comisión —COM (2020) 619 final—, para evaluar la implementación de la Directiva (UE) 2017/541 por los Estados miembros detecta algunas deficiencias en cuanto a la aplicación de su art.24. Pues según se refiere, en Lituania no se han establecido servicios generales de apoyo a las víctimas, aunque existen servicios que abarcan ciertos aspectos como la asistencia jurídica. Y tampoco la legislación de Luxemburgo, Polonia y Eslovenia parece indicar que estos servicios tengan capacidad de responder a las necesidades específicas de las víctimas del terrorismo. Declarando que «en dieciséis Estados miembros (Austria, Bélgica, Bulgaria, Chequia, Alemania, Estonia, Finlandia, Croacia, Lituania, Letonia, Malta, Portugal, Polonia, Rumania, Eslovenia y Eslovaquia) no parece haberse transpuesto de manera explícita la obligación de que los servicios de apoyo a las víctimas estén a disposición de éstas inmediatamente después del atentado terrorista y durante el tiempo que sea necesario, aunque en muchos de tales Estados parece que ese aspecto sí se lleva a la práctica».

3.3.3. La formación de los profesionales en contacto con las víctimas del terrorismo para una tutela efectiva de sus derechos

Para la efectiva aplicación en la práctica judicial del ambicioso catálogo de derechos reconocido a las víctimas del terrorismo que hemos examinado, consideramos que es imprescindible contar con la implicación activa de todas las personas (autoridades, funcionarios públicos, profesionales, etc.) que intervengan en el sistema penal, y puedan tener cualquier tipo de contacto con ellas. Facilitándoles que adquieran las competencias y habilidades para ofrecerles una respuesta adecuada a sus necesidades y tratarlas con respeto, profesionalidad y empatía, y darles a conocer los servicios asistenciales existentes en su ámbito de actuación a los que puedan acudir para recibir ayuda.

Y aunque la Directiva (UE) 2017/541, relativa a la lucha contra el terrorismo, no contenga ninguna referencia en su articulado sobre esta cuestión, pensamos que ante esta laguna que presenta la norma, también aquí habría que acudir a las disposiciones que sobre ella contiene la Directiva 2012/29/UE sobre derechos de las víctimas, para tratar de llenar dicho vacío normativo. De modo que, de acuerdo a sus disposiciones, los Estados miembros estarán obligados a garantizar dicha formación a las fuerzas de policía y personal judicial, abogados, fiscales y jueces, así como a los profesionales encargados de proporcionar apoyo a las víctimas y de los servicios de justicia reparadora (art. 25). Hasta el punto de haberla llegado a calificar como uno de los aspectos más positivos de la norma[119]. Debiéndose considerar por tanto como un pilar fundamental, no sólo para mejorar su sensibilización y capacitación en este ámbito de la justicia penal, sino también para fomentar entre todos ellos la aplicación de unas buenas prácticas que permitan garantizar una adecuada protección y asistencia a las víctimas del terrorismo durante el curso de los procedimientos judiciales[120].

Asimismo, y estrechamente ligada a la formación, la Directiva de 2012 obliga a todos los Estados a desarrollar campañas de información y sensibilización sobre los derechos de las víctimas, programas de investigación y educación, así como acciones de seguimiento para evaluar el impacto de las medidas para su apoyo y protección que hayan sido puestas en práctica (art. 26). Regulándose también la necesaria cooperación entre los Estados miembros para mejorar el acceso de las víctimas a todos sus derechos, que comprenderá al menos, el intercambio de las mejores prácticas entre ellos, la consulta de casos individuales, y la posible asistencia de redes europeas que trabajen sobre aspectos relacionados directamente con los derechos de las víctimas, permitiéndoles ofrecer en cada momento la mejor respuesta a sus necesidades gracias a esa coordinación.

---

119 VIDAL FERNÁNDEZ, B., «Instrumentos procesales penales. Protección de las víctimas en el proceso penal», JIMENO BULNES, M. (coord.): *Nuevas aportaciones al espacio de libertad, seguridad y justicia: hacia un derecho procesal europeo de naturaleza civil y penal*, Comares, Granada, 2014, p. 168.

120 GARCÍA RODRÍGUEZ, M. J., «Nuevos progresos para garantizar la protección de las víctimas…», op. cit., p. 53.

Por ello, una vez apuntada la importancia que debe ser otorgada a la formación, y la cooperación entre los distintos Estados para conseguir una defensa eficaz de las víctimas ante el sistema penal, valoramos muy positivamente que la UE esté llevándolas a la práctica a través de diversas iniciativas. Apoyándose para ello en las disposiciones del Reglamento (UE) 1382/2013 del Parlamento Europeo y del Consejo, de 17 de diciembre, por el que se establece el programa «Justicia» para el período 2014-2020[121], y el vigente Reglamento (UE) 2021/693, de 28 de abril, que tras derogar al anterior contempla su aplicación para el periodo 2021-2027 (TOL8.412.727)[122]. Al permitir bajo su vigencia, seguir desarrollando nuevas acciones de colaboración transnacional para mejorar los derechos de las víctimas en el sistema penal, ajustándose a los objetivos para el que fue creado: a) facilitar y respaldar la cooperación judicial en materia civil y penal; b) apoyar y promover la formación judicial, incluida la formación lingüística sobre terminología jurídica, con miras a fomentar una cultura jurídica y judicial común; y c) facilitar un acceso efectivo a la justicia para todos, incluyendo la promoción y el apoyo a los derechos de las víctimas de delitos, a la vez que se respetan los derechos de la defensa.

Lo que ha sido puesto también en valor por la Comisión, a través de su Comunicación al Parlamento Europeo, al Consejo, al Comité Económico y Social Europeo y al Comité de las Regiones titulada «Garantizar la justicia en la UE: estrategia europea sobre la formación judicial para 2021-2024» —COM (2020) 713 final—. En la que se expresa que los profesionales de la justicia en contacto con las víctimas, no sólo deberían recibir formación para brindarles un mejor apoyo y comunicarse mejor con ellas, teniendo en cuenta en particular las necesidades de las más vulnerables, sino que también deberían saber

121 DO L 354, de 28. 12.2013, pp. 73-83.

122 DO L 156, de 05.05.2021, pp. 21-38.

cómo identificar los procedimientos inadecuados y el uso de las herramientas disponibles para abordarlos.

De manera que en este punto, y en línea con nuestra defensa de la imprescindible formación de todas las personas que por su profesión puedan entrar en contacto con las víctimas del terrorismo en el desempeño de sus funciones, la Comisión reitera lo ya manifestado en su anterior Comunicación «Estrategia de la UE sobre los derechos de las víctimas (2020-2025)». Determinando la necesidad de desarrollar actividades de formación «que lleguen de forma eficaz a todos los actores que están en contacto con las víctimas, como las autoridades judiciales y otro personal judicial en contacto con ellas, como abogados, fiscales, personal de los tribunales y personal de los centros penitenciarios y libertad vigilada». Y que en lo relativo a la función desarrollada por jueces, fiscales y abogados en su relación con las víctimas del terrorismo, también ha sido destacada por la Comisión Internacional de Juristas (CIJ) para ofrecerles una mejor respuesta a sus necesidades[123]. Sin perjuicio de sugerir también la necesidad de reforzar la cooperación para el desarrollo de esta labor, con la Red Europea de Formación Judicial (REFJ)[124] y la Agencia de la Unión Europea para la Formación Policial (CEOL)[125] que, sin duda alguna, estamos convencidos

---

123 COMISIÓN INTERNACIONAL DE JURISTAS. *Lucha contra el terrorismo y promoción y protección de derechos humanos ante los tribunales. Orientación a jueces, fiscales y abogados sobre la aplicación de la Directiva (UE) 2017/441 de la Unión Europea relativa a la lucha contra el terrorismo,* 2020, pp. 10 y 11, en: https://www.icj.org/wp-content/uploads/2020/11/digital-ICJ-guidance-counterterrorism-ESP-2020.pdf [Consulta: 08-01-24].

124 RED EUROPEA PARA LA FORMACIÓN JUDICIAL, en: https://ejtn.eu/ [Consulta: 20-12-23].

125 AGENCIA DE LA UNIÓN EUROPEA PARA LA FORMACIÓN POLICIAL, en: https://www.cepol.europa.eu/es [Consulta: 08-01-24].

que redundará en una mejor comprensión de los derechos de las víctimas y en una mejor comunicación con ellas.

Pudiéndose concluir en relación a lo dicho, que la impartición de esta formación específica a todos estos colectivos se erige en un objetivo fundamental para responder mejor a las necesidades de las víctimas del terrorismo, pues «infunde conocimientos sobre las prácticas, las políticas y los procedimientos de emergencia, además de ampliar sus competencias generales y su confianza, aporta una mayor comprensión de las funciones individuales y de los colaboradores, y permite asimismo identificar lagunas o limitaciones en los planes, protocolos y procedimientos, creando así oportunidades para poner en común sus experiencias»[126].

4. PROPUESTAS LEGISLATIVAS EN ESPAÑA SOBRE UNA AGENDA INTERNACIONAL PARA PROTEGER A LAS VÍCTIMAS DEL TERRORISMO

Tras haber analizado en el presente capítulo los avances registrados en el marco internacional y regional europeo, para ofrecer una mejor protección y asistencia a las víctimas del terrorismo en atención a las particulares necesidades de este colectivo, nos parece oportuno destacar que los mismos, han sido también acogidos en nuestro país con el planteamiento de diversas propuestas legislativas, que desde hace más de una década apoyan y reivindican para ellas la necesaria construcción de un estatuto jurídico internacional. Pues, acorde con la postura que hemos defendido en los apartados precedentes, las víctimas del terrorismo no deberían ser consideradas

---

126 CENTRO EUROPEO DE ASESORAMIENTO PARA LAS VÍCTIMAS DEL TERRORISMO, *Manual de la UE sobre víctimas del terrorismo...*, op. cit., p. 35.

como simples víctimas del delito, sino que es necesario que se les otorgue una especificidad propia y diferente de las demás categorías de víctimas.

Por ello, ya en 2013, fue presentada una primera Proposición no de Ley por la que se instaba al Gobierno a liderar el proceso que pudiera culminar en la adopción de un Estatuto Internacional para las Víctimas del Terrorismo (162/000761)[127]. Apoyándola precisamente en el hecho de que estas víctimas, a diferencia de otras categorías de víctimas, «se convierten en tales al ser utilizadas por los grupos terroristas para atacar a la democracia y al Estado de Derecho, con el fin de imponer por la fuerza un proyecto totalitario», por lo que siempre en este tipo de situaciones podemos apreciar un vínculo entre los ataques terroristas y una política del Estado sobre la que se quiere influir. Lo que se reiteraría nuevamente en 2016, en los mismos términos que la anterior propuesta (162/000189)[128], al insistir en la necesidad de seguir trabajando en el ámbito de las Naciones Unidas, con el fin de aprobar el referido Estatuto Internacional de Reconocimiento y Protección a las Víctimas del Terrorismo, «para lograr que, independientemente del lugar donde resida o haya sufrido el atentado, la víctima esté atendida y respaldada en cada uno de los Estados y sus Instituciones, y obtener su reparación integral».

Acciones que han tenido su continuidad con la presentación en 2017, de una nueva propuesta al Gobierno sobre el impulso en la agenda internacional de la relevancia y la memo-

---

127 Proposición no de Ley presentada por el Grupo Parlamentario Popular en el Congreso, por la que se insta al Gobierno a liderar el proceso que pueda culminar en la adopción de un Estatuto Internacional para las Víctimas del Terrorismo. BOCG. Congreso de los Diputados. Serie D, N° 359, 15 de noviembre de 2013, pp. 12 y 13.

128 BOCG. Congreso de los Diputados. Serie D, N° 36, 21 de octubre de 2016, pp. 4 y 5.

ria de las víctimas del terrorismo (162/000541)[129]. En la que, tras destacar su papel en la promoción y tutela de los derechos de este colectivo, tanto en el marco de las Naciones Unidas, como en el de la Unión Europea, se le instaba a desarrollar nuevas acciones para reforzarla en el futuro, y que tras las modificaciones introducidas en el texto inicial, contemplaba las siguientes[130]:

1. Seguir impulsando en las instituciones europeas, y en colaboración con nuestros socios, el reconocimiento específico de las víctimas del terrorismo destacando su significación política en la difusión de los principios de convivencia democrática en el marco del estado constitucional y de derecho —consolidación del Estado de Derecho—, así como la protección integral de sus derechos, exponiendo el sistema español de reconocimiento y apoyo a víctimas —recogido en la Ley de Reconocimiento y Protección Integral a las Víctimas del Terrorismo de 22 de septiembre de 2011— pionero a nivel mundial, como ejemplo de buenas prácticas.

2. Impulsar en el seno de la UE, la garantía de los derechos de las víctimas del terrorismo de manera integral, promoviendo mecanismos que los garanticen de manera efectiva e individualizada teniendo en cuenta las circunstancias y necesidades específicas en cada caso.

3. Culminar la transposición de la Directiva 2017/541 del Parlamento Europeo y del Consejo, de 15 de marzo de 2017, relativa a la lucha contra el terrorismo, la cual contiene un título específico —Título V—, acerca de las

---

129 BOCG. Congreso de los Diputados. Serie D, Nº 268, 15 de diciembre de 2017, pp. 7 y 8.

130 BOCG. Congreso de los Diputados. Serie D, Nº 297, 14 de febrero de 2018, p. 20.

«Disposiciones sobre protección, apoyo y derechos de las víctimas del terrorismo».

4. Promover, en el seno de la UE, la aprobación de la Carta Europea de Derechos de las Víctimas del Terrorismo prevista en la Disposición Adicional Sexta de la Ley 29/22011, de reconocimiento y protección integral a las víctimas del terrorismo, que armonice los protocolos a seguir en los distintos países, asegurando que todos los afectados tengan y se vean amparados por los mismos derechos, eliminando cargas administrativas y regulando apoyo determinado a las víctimas de acuerdo con sus características específicas.
5. Liderar una mayor sensibilización internacional en materia de víctimas del terrorismo e incluir este asunto en la próxima reunión en España de los ministros del Interior del denominado G-6 en materia de lucha contra el terrorismo y contra su financiación.
6. Abogar por otorgar la mayor relevancia a la voz de las víctimas, de sus familiares, asociaciones y fundaciones de víctimas y a su ejemplo moral, dado el papel que juega su relato para deslegitimar ética, política y socialmente el terrorismo, y con ello la narrativa que tratan de imponer los grupos terroristas, así como combatir la propaganda de la radicalización.
7. Seguir trabajando en otros organismos internacionales, como Naciones Unidas, para impulsar un Estatuto Internacional de Derechos de las Víctimas.

Siendo importante resaltar que estas propuestas legislativas, en su mayor parte, han sido acogidas por el Gobierno español, quien a través de su actual Ministro del Interior, se ha mostrado también partidario en la línea que hemos apuntado, de que nuestro país esté a la vanguardia del proceso para la elaboración de un estatuto internacional de las víctimas del terrorismo. Para hacer posible que, con independencia del país en que estén radicadas o en el que hayan llegado a sufrir el atentado, puedan acceder a su protección y asistencia adecuada sin que se produzcan diferencias sustanciales entre ellas[131]. Una política que aplaudimos haya tenido continuidad con ocasión de la Presidencia española del Consejo de la Unión Europea, al haber aprobado el 4 de diciembre de 2023, unas Conclusiones sobre la mejora del apoyo y el reconocimiento a las víctimas del terrorismo[132]. Cuya finalidad persiguen precisamente corregir algunas de las deficiencias puestas de manifiesto en la aplicación de la normativa europea por los diferentes países, y para cuya realización consideramos muy acertado que la normativa comunitaria siga apostando por la formación de todos los profesionales que puedan entrar en contacto con ellas.

---

131 EUROPA PRESS, Miércoles, 7 de junio 2023 «Marlaska afirma que España aspira ser "vanguardia" en el proceso para elaborar un estatuto internacional de víctimas», en: https://www.europapress.es/nacional/noticia-marlaska-afirma-espana-aspira-ser-vanguardia-proceso-elaborar-estatuto-internacional-victimas-20230607134212.html [Consulta: 08-01-24].

132 CONSEJO DE LA UNIÓN EUROPEA, *Conclusiones del Consejo sobre la mejora del apoyo y el reconocimiento a las víctimas del terrorismo*, Bruselas, 4 de diciembre 2023, en: https://data.consilium.europa.eu/doc/document/ST-16336-2023-INIT/es/pdf [Consulta: 08-01-24].

Capítulo II

Reconocimiento y protección integral a las víctimas del terrorismo en España: régimen de indemnizaciones y ayudas

1. LA ESPECIAL ATENCIÓN A LAS VÍCTIMAS DEL TERRORISMO EN LA LEGISLACIÓN ESPAÑOLA

El apoyo, la asistencia y la compensación a las víctimas del terrorismo siempre ha sido una tarea a la que el legislador ha prestado una especial atención en nuestro país. De manera que, a diferencia de lo que ha sucedido con otras víctimas de delitos violentos, en el ordenamiento jurídico español por lo que se refiere a este colectivo, no han cesado de aprobarse normas durante las tres últimas décadas, conformando para ellas un sistema de protección específica[133]. Haciéndolas merecedoras de una atención preferente y privilegiada en relación al resto de víctimas, y dotándolas de un estatuto jurídico diferencial que, según expone TAMARIT SUMALLA, se justificaría entre otras por las siguientes razones[134]: a) Una razón histórica, que

---

133 ROCA AGAPITO, L., «Análisis del nuevo régimen jurídico-económico de las víctimas del terrorismo», *Diario La Ley,* N° 7776, 16 de enero de 2012 (D-17), p. 1305, y en el mismo sentido VACAS FERNÁNDEZ, F., «Derechos humanos y víctimas del terrorismo...», op. cit., p. 126.

134 TAMARIT SUMALLA, J. M, «Paradojas y patologías en la construcción social, política y jurídica de la victimidad», *InDret, Revista para el Análisis del Derecho,* N° 1, enero 2013, p. 22.

tiene que ver con el papel que el terrorismo desempeñó durante la transición y primeros años del régimen democrático, que es cuando se empezaron a adoptar las primeras medidas de indemnización y apoyo a las víctimas, pese a que todavía no se había producido una sensibilización a favor de las víctimas en general; b) Un motivo económico, por la inviabilidad de extender las cuantiosas indemnizaciones previstas a favor de las víctimas del terrorismo a otras víctimas; y c) Existencia de una deuda específica del Estado con las víctimas del terrorismo derivada de la naturaleza del acto terrorista, en que la víctima es instrumentalizada como vehículo de agresión contra el Estado, sin olvidar la existencia de una especial sensibilidad de la sociedad española, debido al papel que el terrorismo ha ocupado en el debate político.

En la medida que su persistencia ha afectado profundamente a la vida política de nuestro país, para erigirse como un obstáculo de primer orden para el asentamiento y consolidación de los principios y valores democráticos[135]. Pues resulta evidente que el terrorismo, en tanto que socialmente desestabilizador, no sólo supone un atentado contra la ciudadanía a la que aterroriza y amenaza impidiendo el normal desarrollo de la vida personal y comunitaria, sino también contra la idea fundamental del Estado social y democrático de Derecho. Que, como consagra la CE, «propugna como valores superiores de su ordenamiento jurídico la libertad, la justicia, la igualdad y el pluralismo político» (art. 1.1 CE), y para el que la «dignidad de la persona, los derechos inviolables que le son inherentes, el libre desarrollo de la personalidad, el respeto a la Ley y a los

---

135 LÓPEZ ROMO, R., *Informe Foronda. Los efectos del terrorismo en la sociedad vasca,* Los libros de la Catarata, Madrid, 2015, p. 10.

derechos de los demás son fundamento del orden político y de la paz social» (art. 10.1 CE)[136].

Precisamente, este fundamento o naturaleza política del móvil terrorista, a través del cual las víctimas son utilizadas para agredir al Estado, junto al hecho de que el terrorismo provoca una victimización más intensa y extensa, es destacado también por RODRÍGUEZ PUERTA para argumentar ese tratamiento privilegiado en la legislación española para este colectivo. Al señalar por un lado, que las víctimas directas de este tipo de actos se sienten a menudo utilizadas y desvaloradas socialmente, además de advertir que el terrorismo genera un amplísimo número de víctimas indirectas que, aún sin haber sido objeto directo de la acción violenta, se ven asimismo sometidas al terror o la resignación, por miedo a sus represalias[137]. Lo que no quita que ese tratamiento particular para las víctimas del terrorismo en nuestro ordenamiento jurídico, haya sido cuestionado por algún sector de la doctrina, al considerar que esta opción puede constituir un quebrantamiento del principio básico de igualdad, consagrado en el art. 14 de nuestra Constitución, por llevar consigo aparejada una discriminación para las víctimas de los restantes tipos delictivos, al no merecer la misma consideración y respuesta por parte del Estado español[138].

---

136 POLAINO-ORTS, M., «¿Cómo combate el Estado de Derecho el terrorismo?», JAKOBS, G./POLAINO-ORTS, M. *Persona y enemigo. Teoría y práctica del Derecho penal del enemigo,* ARA Editores, Lima (Perú), 2011, p. 87.

137 RODRIGUEZ PUERTA, M. J., «Sistemas de asistencia, protección y reparación de las víctimas», BACA BALDOMERO, E./ ECHEBURÚA ODRIOZOLA, E./ TAMARIT SUMALLA, J. M., (coords.): *Manual de Victimología,* Tirant lo Blanch, Valencia, 2006, p. 429.

138 POLAINO NAVARRETE, M., *Criminalidad actual y Derecho Penal,* Servicio de Publicaciones de la Universidad de Córdoba, Córdoba, 1988, p. 107; TELLEZ AGUILERA, A., «Las víctimas del delito en el Derecho español», *Cuadernos de Política Criminal,* Nº 49, 1993, p. 155; TAMARIT

Manifestándose que, en particular, estos privilegios se aprecian en el ámbito de las indemnizaciones y ayudas públicas a las que este colectivo puede acceder, que es objeto de un tratamiento legal diferente a las víctimas del resto de delitos[139], contemplado con carácter general en la Ley 35/1995, 11 de diciembre, de ayudas y asistencia a las víctimas de delitos violentos y contra la libertad sexual (TOL109.784), y su reglamento de desarrollo aprobado por el Real Decreto 738/1997, de 23 de mayo (TOL121.057).

No obstante, y pese a las objeciones formuladas contra ese tratamiento legal especial que se otorga a las indemnizaciones y ayudas públicas reconocidas a las víctimas del terrorismo, lo cierto es que, como veremos en el siguiente apartado, la evolución de la respuesta del legislador español a esta materia hasta llegar a la vigente Ley 29/2011, de 22 de septiembre, de reconocimiento y protección integral a las víctimas del terrorismo —LVT— (TOL2.226.412)[140], ha respondido a este criterio diferenciador. El cual, no sólo se ha mantenido en las sucesivas normas que se han ido aprobando en nuestro ordenamiento jurídico, sino que ha sido objeto de constantes mejoras en su tratamiento con ocasión de las reformas que, en este sistema de compensación estatal, se han ido introduciendo a lo largo de los años hasta llegar al texto de 2011. Que como veremos en este capítulo, representa uno de los mayores logros en nuestro

---

SUMALLA, J. M., *La reparación a la víctima…*, op. cit., pp. 91-92; y MAPELLI CAFFARENA, B./ TERRADILLOS BASOCO, J., *Las consecuencias jurídicas del delito*, Civitas (3ª ed.), Madrid, 1996, p. 255.

139 DAZA BONACHELA, M. M./ JIMÉNEZ DÍAZ, M. J., «Compensación a las víctimas de delitos violentos en España: distintos raseros», *Cuadernos de Política Criminal*, Nº 110, septiembre 2013, pp. 115-153.

140 Vid. Una versión anotada y concordada de la Ley 29/2011, de 22 de septiembre, de Reconocimiento y Protección Integral a las Víctimas del Terrorismo (BOE núm. 229, de 23 de septiembre), en GARCÍA RODRÍGUEZ, M. J., *Código de los Derechos…*, op. cit., pp. 527- 565.

ordenamiento, para hacer realidad ese sistema específico de protección que se persigue para las víctimas del terrorismo.

Hasta el punto que ROCA AGAPITO, lo considera como uno de los textos jurídicos más completos, generosos y solidarios con las víctimas del terrorismo que existen en el mundo, por su carácter integral para comprender todos los aspectos relacionados con las víctimas del terrorismo, por haber incrementado el importe de las compensaciones económicas ya existentes a favor de las víctimas y haberlas extendido a supuestos antes no contemplados, y pretender rendir un tributo a las víctimas del terrorismo, como expresión del reconocimiento y respeto hacia ellas[141]. El cual fue posteriormente desarrollado por el Real Decreto 671/2013, 6 de septiembre, que aprueba su Reglamento —RLVT— (TOL3.914.296), objeto también de diversas modificaciones a través del Real Decreto 107/2018, de 9 de marzo, con el fin de incorporar algunas reformas en los procedimientos de concesión de condecoraciones en él previstos para mejorar y facilitar su aplicación[142]. De tal manera que, como señala el Defensor del Pueblo con ese último desarrollo reglamentario, se posibilitaba «un tratamiento jurídico unitario de las reparaciones, indemnizaciones, ayudas y condecoraciones reconocidas a las víctimas del terrorismo, que se encontraban hasta entonces reguladas en diversas disposiciones»[143].

---

141 ROCA AGAPITO, L., «Análisis del nuevo régimen jurídico...», op. cit., p. 1306.

142 Vid. Una versión anotada y concordada del RD 671/2013, de 6 de septiembre, por el que se aprueba el Reglamento de la Ley 29/2011, de 22 de septiembre, de Reconocimiento y Protección Integral a las Víctimas del Terrorismo (BOE núm. 224, de 18 de septiembre; Rect. BOE núm. 225, de 19 de septiembre), en GARCÍA RODRÍGUEZ, M. J., *Código de los Derechos...*, op. cit., pp. 567-622.

143 DEFENSOR DEL PUEBLO. *Estudio sobre los derechos de las víctimas de ETA. Su situación actual,* Madrid, 2016, p. 21, en: https://www.

2. EVOLUCIÓN NORMATIVA: ANTECEDENTES PREVIOS A LA APROBACIÓN DE LA LEY 29/2011

Aunque el itinerario legislativo en materia de indemnización y ayudas a las víctimas del terrorismo ha sido bastante largo y a veces confuso, si por algo se ha caracterizado, es por un paulatino ensanchamiento de la cobertura ofrecida a sus beneficiarios, razón por la cual, creemos necesario conocer los principales antecedentes que han determinado dicha evolución normativa[144], hasta llegar con el transcurso de los años a la aprobación de la vigente Ley 29/2011. Un progreso que debe ser puesto en valor, pues como gráficamente refiere LADRÓN DE GUEVARA, desde la invisibilidad absoluta de las víctimas

---

defensordelpueblo.es/informe-monografico/victimas_terrorismo/ [Consulta: 08-01-24].

144 Sobre esta evolución legislativa, vid. LANDROVE DÍAZ, G., *La moderna Victimología...*, op. cit., pp. 143-156; LECANDA CROOKE, I., «Evolución legislativa del régimen jurídico de las víctimas del terrorismo en España», *Revista de Documentación del Ministerio del Interior*, Nº 17, 1998, pp. 79-89; PREUS CORRALERO, A., «La actividad o acción indemnizatoria o de resarcimiento a las víctimas del terrorismo. Evolución legal y reglamentaria estatal. Otras ayudas estatales o autonómicas», *Revista de Documentación del Ministerio del Interior*, Nº 19, 1998, pp. 11-38; ROIG TORRES, M., *La reparación del daño causado por el delito (Aspectos civiles y penales)*, Tirant lo Blanch, Valencia, 2000, pp. 325-336; PULGAR GUTIÉRREZ, M.B., *Víctimas del terrorismo (1998-2004)*, Dykinson, Madrid, 2004, pp. 143-159; PÉREZ RIVAS, N., «Las ayudas compensatorias a las víctimas de terrorismo: análisis de la Ley 29/2011 y su Reglamento de desarrollo», *Estudios de Deusto*, Vol. 64/2, Julio-Diciembre 2016, pp. 157 y ss., y *Los derechos de la víctima...*, op. cit., pp. 173-175; SERRANO, A., *Las víctimas del terrorismo: de la invisibilidad a los derechos*, Aranzadi, Cizur Menor (Navarra), 2018, pp. 165 y ss.; LADRÓN DE GUEVARA PASCUAL, C., *Avances y carencias en la protección jurídica...*, op. cit., pp. 42 y ss.; HEREDERO ORTIZ DE LA TABLA, L., *La protección legal a las víctimas del terrorismo...*, op. cit., pp. 207 y ss.

del terrorismo en nuestro país, y tras pasar por la solidaridad con ellas, hoy afortunadamente, se ha conseguido llegar a su reconocimiento pleno como sujetos de derechos y merecedoras de protección y reconocimiento públicos en nuestro ordenamiento jurídico[145].

Así pues, haciéndonos eco de estos sucesivos avances, puede afirmarse que el primer antecedente legislativo en el establecimiento de obligaciones a cargo del Estado para la atención a las víctimas del terrorismo, lo constituye el Decreto Ley 10/1975, de 26 de agosto, sobre prevención del terrorismo. Que en su articulado (art. 21), ya preveía expresamente que el Estado había de indemnizar «especialmente los daños y perjuicios que se causaren a las personas con ocasión de su actividad o colaboración para la prevención o represión de los hechos delictivos» relacionados con el terrorismo[146]. Si bien esta disposición, tras haberse aprobado la Constitución, y como respuesta a un incremento de los atentados terroristas, sería derogada por el RD-ley 3/1979, de 26 de enero, sobre protección de la seguridad ciudadana, para otorgar por primera vez durante el siglo XX unas indemnizaciones mínimas a las víctimas por daños derivados del terrorismo[147]. Pues a través de su art. 7 amplió su ámbito de aplicación a los causados a las personas como consecuencia de actos delictivos cometidos por personas integradas en grupos o bandas organizadas y armadas, como sus conexos, tratando de dar una respuesta adecuada al terrorismo y a otras formas de delincuencia, que persiguen alterar la seguridad pú-

---

145 LADRÓN DE GUEVARA PASCUAL, C., *Avances y carencias en la protección jurídica...*, op. cit., p. 42.

146 PÉREZ RIVAS, N., «Las ayudas compensatorias a las víctimas de terrorismo...», op. cit., pp. 157 y 158.

147 SERRANO, A., *Las víctimas del terrorismo: de la invisibilidad a...*, op. cit., p. 167.

blica[148]. El cual sería desarrollado por el RD 484/1982, de 5 de marzo, para regular la compensación estatal por los daños personales producidos por dichas acciones terroristas, conforme a lo estipulado en las disposiciones de la Seguridad Social, dejando expresamente fuera de esa protección los daños producidos en las cosas o bienes[149].

A esta última norma, le sucedieron diversas reformas y nuevas disposiciones que, precisamente, estaban dirigidas a mejorar el ámbito de cobertura, ampliar el círculo de posibles beneficiarios o a incrementar la cuantía de las ayudas, articulando un sistema compensatorio mucho más generoso que el previsto para las víctimas comunes[150]. Y cuya justificación y desarrollo, como ya se anticipó en el anterior apartado, obedece fundamentalmente a criterios de índole política, en consideración a la alarma social que despiertan este tipo de hechos por su carácter indiscriminado e imprevisible, y por su especial objeto de ataque para actuar contra el Estado y combatir el orden democrático establecido[151]. Entre las cuales, merece ser destacada en primer lugar la LO 9/1984, de 26 de diciembre, contra las actuaciones de bandas armadas y elementos terroristas, que habilitaba al Gobierno para establecer el alcance y condiciones para el resarcimiento por el Estado de los daños corporales causados como consecuencia de una acción terrorista comprendida en su ámbito de aplicación, que fue complementada con el RD 336/1986, de 24 de enero, que regulaba las

---

148 Para un exhaustivo análisis del RDL 3/1979, vid. FERNÁNDEZ MARTÍN-GRANIZO, M., «La obligación de indemnizar por parte del Estado en los supuestos de daños a las personas causados por bandas o grupos armados (Real Decreto-Ley 3/1979, de 26 de enero», *Anuario de Derecho Civil*, Fascículo 4, 1980, pp. 865-913.

149 HEREDERO ORTIZ DE LA TABLA, L., *La protección legal a las víctimas del terrorismo...*, op. cit., p. 207.

150 PÉREZ RIVAS, N., *Los derechos de la víctima...*, op. cit., p. 173.

151 LANDROVE DÍAZ, G., *La moderna Victimología...*, op. cit., p. 142.

indemnizaciones a las víctimas de bandas armadas y elementos terroristas.

De modo que mediante este último RD, se procedió a una reglamentación bastante exhaustiva del sistema de compensación pública para este colectivo, al disciplinar aspectos como el concepto y alcance de la indemnización, la determinación de los titulares al resarcimiento, los criterios para el cálculo de su cuantía o el plazo de prescripción para ejercitar la acción, además de proceder a modificar las cuantías de las ayudas, que pasaron a tener como referencia el salario mínimo interprofesional (SMI), en función de la gravedad del daño y del número de hijos[152]. Lo que mereció encendidos elogios, hasta el punto de haber sido considerado en su momento, como el posible modelo que habría de seguirse por el Estado español para proceder a la regulación de las indemnizaciones a las víctimas de otro tipo de delitos[153].

No obstante, ambas disposiciones fueron derogadas por la LO 3/1988, de 25 de mayo, de reforma del Código Penal, procediéndose a dar cumplimiento a la previsión del art. 64 de la Ley 33/1987, de 23 de diciembre, de Presupuestos Generales del Estado (TOL327.311), que habilitaba al Gobierno para determinar reglamentariamente el alcance y condiciones de la compensación estatal por los daños personales causados como consecuencia o con ocasión de actividades terroristas. Lo que se hizo efectivo con la aprobación del RD 1311/1988, de 28 de octubre, regulador de los resarcimientos a las víctimas de bandas armadas y elementos terroristas[154], que amplió considerablemente el círculo de titulares del derecho a obtener

---

152 LADRÓN DE GUEVARA PASCUAL, C., *Avances y carencias en la protección jurídica...*, op. cit., p. 44.

153 LANDROVE DÍAZ, G., *La moderna Victimología...*, op. cit., p. 144.

154 Para un análisis de esta norma vid. TAMARIT SUMALLA, J. M., *La reparación a la víctima...*, op. cit., pp. 89 a 91.

resarcimiento fijado por el anterior RD 336/1986, al incluir en él a todas las personas que tuvieran determinados lazos de parentesco con las víctimas, y se hallaren en una situación de dependencia económica real y demostrada de las mismas[155].

Normativa que posteriormente volvió a experimentar sucesivas modificaciones, a través de la Ley 4/1990, de 29 de junio, de Presupuestos Generales del Estado para 1990 —DA 16ª— (TOL662.702), mediante la cual, fue sustituido el criterio utilizado para la determinación de la indemnización para las lesiones no invalidantes por una regla de cuantificación basada en el SMI, contemplando además la posibilidad de conceder las ayudas con carácter provisional. Y al año siguiente, por la Ley 31/1991, de 30 diciembre, de Presupuestos Generales del Estado para 1992 —DA 19ª— (TOL6.066.488), para incluir entre los daños que podían ser resarcidos, los ocasionados en la vivienda habitual de las personas físicas. Cuyo desarrollo reglamentario fue acometido por el RD 673/1992, de 19 de julio, que regulaba los resarcimientos por daños a las víctimas de bandas armadas y elementos terroristas (TOL121.119), con el fin de ampliar su cobertura, que pasó también a comprender los daños personales físicos y psíquicos, incluidos los gastos por el tratamiento médico, así como los daños materiales ocasionados en la vivienda habitual, si bien el mismo sólo tuvo efecto retroactivo desde el 1 de enero de 1993 no amparando a los hechos acaecidos antes de esa fecha[156].

Este régimen volvería a ser sustituido por la Ley 13/1996, de 31 de diciembre, de Medidas Fiscales, Administrativas y del Orden Social (TOL74.750), cuyo capítulo III (art. 93 a 96) regulaba las ayudas a los afectados por delitos de terrorismo, determinando los daños resarcibles, las normas por las que debían regirse, y la competencia para su reconocimiento. Para cuyo

---

155 PÉREZ RIVAS, N., *Los derechos de la víctima…*, op. cit., p. 174.

156 PULGAR GUTIÉRREZ, M.B., *Víctimas del terrorismo…*, op. cit., p. 154.

desarrollo se dictó el RD 1211/1997, de 18 de julio, que aprobó el Reglamento de Ayudas y Resarcimientos a las Víctimas de Delitos de Terrorismo (TOL150.341), y que acabaría siendo derogado por el RD 288/2003, de 7 de marzo, mediante el cual fue aprobado un nuevo Reglamento (TOL242.117), que vino a continuar con la escala de mejoramiento del sistema de ayudas públicas a las víctimas del terrorismo.

Un itinerario que siguió adelante con la promulgación de la Ley 32/1999, de 8 de octubre, de solidaridad con las víctimas del terrorismo (TOL121.120), que constituyó un hito en materia de protección y asistencia a las víctimas, puesto que les aseguró una asistencia personalizada en el ámbito psicológico y socio-familiar, además de otorgarles el reconocimiento público de su condición[157]. Ya que mediante ella, se enfatizará la necesidad de dar una respuesta a las indemnizaciones fijadas a su favor y que, reiteradamente, resultaban insatisfechas por los condenados judicialmente a ello[158]. Completando el régimen ordinario de indemnizaciones ya referido, al elevar las cantidades a percibir y asegurar una segunda ayuda vinculada en su caso a la responsabilidad civil por el delito, fijada en una sentencia penal, para garantizar que en todo caso las víctimas del terrorismo pudieran percibir sus indemnizaciones aún en el supuesto de que los condenados por tales hechos fueran

---

157 SERRANO, A., *Las víctimas del terrorismo: de la invisibilidad a...*, op. cit., p. 225.

158 GARRIDO MAYOL, V., «La reparación a las víctimas del terrorismo: de la responsabilidad a la solidaridad», CATALÀ I BAS, A. H. (dir.)/ GARCÍA MENGUAL, F. (coord.): *El reconocimiento de las víctimas del terrorismo a través de la legislación y la jurisprudencia*, Cátedra de Derecho Autonómico Valenciano, Fundación Profesor Manuel Broseta, Universitat de València, 2013, p. 123.

declarados insolventes[159], subrogándose el Estado frente a los obligados al pago[160].

De manera que, como destaca HEREDERO ORTÍZ DE LA TABLA, la gran novedad de esta norma radica en crear los mecanismos necesarios para hacer efectivo el derecho de las víctimas a ser resarcidas o indemnizadas en concepto de responsabilidad civil, además de proteger de forma similar a aquellas otras que no tuvieran reconocida dicha indemnización por carecer de sentencia[161]. Y fue desarrollada meses después, a través de su Reglamento de ejecución aprobado por RD 1912/1999, de 17 de diciembre (TOL121.118), para completar el régimen ordinario integrado por la normativa anteriormente analizada[162], mediante el cual el Estado, de forma extraordinaria, y respecto a los hechos acaecidos entre 1968 y la fecha de entrada en vigor de la Ley, asumió el deber de pagar la cuantía correspondiente a la responsabilidad civil derivada de estos delitos. Siempre y cuando el beneficiario de la indemnización le transfiriera, de modo previo, tal derecho a ser resarcido, o en su caso, la expectativa para los supuestos en los que no hubiera recaído una sentencia[163]. Dado que, como advierte GARRIDO

---

159 LADRÓN DE GUEVARA PASCUAL, C., *Avances y carencias en la protección jurídica...*, op. cit., p. 48.

160 PULGAR GUTIÉRREZ, M.B., *Víctimas del terrorismo...*, op. cit., p. 158.

161 HEREDERO ORTIZ DE LA TABLA, L., *La protección legal a las víctimas del terrorismo...*, op. cit., p. 214.

162 Sobre las principales novedades incorporadas al sistema de ayudas por dicha normativa, MIR PUIGPELAT, O., «Indemnizaciones a las víctimas del terrorismo. Ley 32/1999, de 8 de octubre, de solidaridad con las víctimas del terrorismo, y su Reglamento de desarrollo», *InDret* 1/2000, pp. 1-10, y LLOVERAS, M. R., «Indemnizaciones a las víctimas del terrorismo. Evolución normativa y aplicación jurisprudencial», *InDret* 3/2002, pp. 1-25.

163 RODRIGUEZ PUERTA, M. J., «Sistemas de asistencia, protección y reparación...», op. cit., p. 431.

MAYOL, esta posibilidad de sustitución por el Estado de las obligaciones de los condenados a satisfacer dichas indemnizaciones no actuaba *ope legis,* sino que se configuraba como un derecho reconocido a las víctimas que habían de solicitar en cada caso particular[164].

Constituyendo éste el sistema que estaba vigente en el momento de ser aprobada la Ley 29/2011, que ha venido a unificar en un solo texto legal los dos anteriores regímenes de ayudas e indemnizaciones, el ordinario de la Ley de 1996 y el extraordinario de la Ley de 1999, con sus respectivos Reglamentos de desarrollo. Con la cual se pretendió colmar las carencias y discriminaciones producidas por las anteriores disposiciones, denunciadas a menudo por el colectivo de víctimas[165]. Valorándose muy positivamente que para atender a las demandas y necesidades de este colectivo, el legislador español haya recurrido a la técnica de la Ley Integral, como ya hiciera anteriormente con la LO 1/2004, de medidas de protección integral contra la violencia de género (TOL518.787), con la que presenta una estructura muy parecida, si bien sin entrar en esta ocasión a legislar penalmente sobre esta materia[166]. Siendo además la primera norma que en nuestro ordenamiento jurídico adapta y desarrolla las disposiciones del Convenio Europeo sobre Indemnización de 1983, tras su entrada en vigor en nuestro país que tuvo lugar el 1 de febrero de 2002 (TOL314.067)[167].

---

164 GARRIDO MAYOL, V., «La reparación a las víctimas del terrorismo…», op. cit., p. 124.

165 SERRANO, A., *Las víctimas del terrorismo: de la invisibilidad a…,* op. cit., p. 233.

166 MORILLAS FERNÁNDEZ, D. L./ PATRÓ HERNÁNDEZ, R. M./ AGUILAR CÁRCELES, M. M., *Victimología: un estudio sobre la víctima y los procesos de victimización,* Dykinson, Madrid, 2011, p. 310.

167 MUÑAGORRI LAGUÍA, I./ PÉREZ MACHÍO, A. I., «Aproximación al sentido y alcance del artículo 8.2 del Convenio Europeo...», op. cit., p. 2117.

3. FINALIDAD Y PRINCIPIOS DE LA LEY 29/2011

Sin duda la aprobación de la Ley 29/2011, de 22 de septiembre, de reconocimiento y protección integral de las víctimas del terrorismo (TOL2.226.412), supuso un paso importante en el camino para su visibilidad, al definirlas como hemos anticipado en el capítulo anterior de esta obra, como víctimas de violaciones de derechos humanos. Teniendo como objeto principal, según expresa en su articulado, su reconocimiento y el establecimiento de un marco de indemnizaciones, ayudas, prestaciones, garantías y condecoraciones con la finalidad de reconocer y atenuar, en la medida de lo posible, las consecuencias que la acción terrorista haya podido tener en ellas, sus familias u otras personas que también hayan sufrido daños (art. 1 LVT). De forma que, merced a ese carácter integral, mediante esta norma no sólo se ha intentado satisfacer sus necesidades asistenciales y de reparación económica, sino también aquellas de carácter jurídico, político, social y moral[168].

Y para ello la Ley se fundamenta en un conjunto de valores —memoria, dignidad, justicia y verdad—, que expresa en su art. 2 y concreta en su exposición de motivos, como principios a través de los cuales, se persigue dotar a esta disposición de la suficiente fuerza y eficacia para conseguir en última instancia la reparación integral de las víctimas del terrorismo: «Memoria, que salvaguarde y mantenga vivo su reconocimiento social y político; Dignidad, simbolizando en las víctimas la defensa del Estado democrático de Derecho frente a la amenaza terrorista; Justicia, para resarcir a las víctimas, evitar situaciones de desamparo y condenar a los terroristas; Verdad, al poner de manifiesto la violación de los derechos humanos que suponen las acciones terroristas».

---

168 SERRANO, A., *Las víctimas del terrorismo: de la invisibilidad a...*, op. cit., p. 236.

Declarando además que para su cumplimiento, la Administración General del Estado y demás Administraciones Públicas que sean competentes, habrán de garantizar los siguientes fines: «a) Reconocer y promover la dignidad y la memoria de las víctimas del terrorismo y asegurar la reparación efectiva y la justicia con las mismas; b) Dotar de una protección integral a las víctimas del terrorismo; c) Resarcir a las víctimas, mediante las indemnizaciones y ayudas previstas en la Ley, de los daños personales y materiales sufridos como consecuencia de la acción terrorista; d) Fortalecer las medidas de atención a las víctimas del terrorismo, dotando a los poderes públicos de instrumentos eficaces en el ámbito de la protección social, los servicios sociales y sanitarios; e) Reconocer los derechos de las víctimas del terrorismo, exigibles ante las Administraciones Públicas, y asía asegurar un acceso rápido, transparente y eficaz a los servicios establecidos al efecto; f) Establecer un marco específico en el tratamiento procesal de las víctimas, especialmente en los procesos en los que sean partes. Promover la colaboración y participación de las entidades, asociaciones y organizaciones que desde la sociedad civil actúan contra el terrorismo; y h) Reconocer y apoyar a las personas objeto de amenazas y coacciones de los grupos terroristas y de su entorno»[169].

No obstante, de todos esos fines, nosotros en el presente capítulo nos ocuparemos de analizar aquellos encaminados a desarrollar el nuevo régimen de resarcimiento establecido a favor de las víctimas del terrorismo, mediante el examen del sistema de indemnizaciones y ayudas previstas en la Ley, para ofrecerles cobertura por los daños personales y materiales sufridos como consecuencia de la acción terrorista (Título III LVT), y del régimen de protección social que lo complementa con el fin de mejorar su asistencia sanitaria, laboral o educativa, entre otras (Título IV LVT). Y para ello, esta regulación

---

169 Art. 2.2 LVT.

del sistema indemnizatorio y de ayudas contenida en la Ley 29/2011, será complementada con las disposiciones del RD 671/2013, de 6 de septiembre, por el que se aprueba su reglamento (TOL3.914.296). Cuyo fundamento se encuentra en los principios de equidad y solidaridad social, si bien en los arts. 20 y 21 de la Ley 29/2011, sí podemos considerar que se prevé un auténtico sistema indemnizatorio a favor de este colectivo, aunque sin que ello suponga la asunción por parte del Estado de responsabilidad civil subsidiaria alguna[170].

Dejando para el capítulo cuarto de esta obra, el análisis detallado de sus derechos en el marco del proceso penal, y de los mecanismos para hacerlos efectivos en nuestro ordenamiento jurídico con el fin de evitarles que puedan llegar a sufrir una segunda victimización, como consecuencia de sus relaciones con el sistema de justicia penal (Título V LVT). Los cuales son derechos tan importantes como los primeros de índole económica o resarcitoria, considerándose por tanto que deben guardar con ellos una posición de equilibrio a la hora de garantizar la protección integral de este colectivo en la práctica judicial, como se ha encargado de poner en valor la Ley 4/2015, de 27 de abril, por la que se aprueba el Estatuto de las víctimas del delito (TOL4.840.867).

4. ÁMBITO DE APLICACIÓN SUBJETIVO, TERRITORIAL Y TEMPORAL DE LA LEY 29/2011

4.1. Ámbito subjetivo de aplicación

En cuanto a su ámbito subjetivo, la Ley 29/2011 tiene vocación de universalidad, ya que es aplicable a todas las víctimas,

---

170 PÉREZ RIVAS, N., «Las ayudas compensatorias a las víctimas de terrorismo...», op. cit., p. 165.

sin distinguir entre ellas en función del grupo terrorista, pues lo verdaderamente relevante es que la acción que les origine el daño físico y/o psicológico pueda ser calificada como terrorista[171], entendiendo como tal «la llevada a cabo por personas integradas en organizaciones o grupos criminales que tengan como finalidad o por objeto subvertir el orden constitucional o alterar gravemente la paz pública», así como por personas que sin estar integradas en ellos, persigan los mismos fines (art. 3 LVT). Debiéndose entender por tanto, como titulares de los derechos y prestaciones regulados en la presente Ley a: a) Las personas fallecidas o que hayan sufrido daños físicos y/o psíquicos; b) Los familiares, por razón del parentesco, convivencia o relación de dependencia con la persona fallecida en los términos previstos en su art. 17; c) Las personas que sufran daños materiales; y d) Las personas amenazadas o que acrediten sufrir coacciones directas y reiteradas procedentes de organizaciones terroristas (art. 5 LVT)[172].

En cualquier caso, para el reconocimiento efectivo de las ayudas y prestaciones reguladas en la Ley 29/2011, se exige a sus destinarios que además se encuentren comprendidos en alguna de las dos siguientes situaciones. Contar con una sentencia firme, que les reconozca su derecho a ser indemnizados en concepto de responsabilidad civil por los hechos y daños contemplados en la Ley, o bien en el caso de no mediar esa sentencia, haber llevado a cabo las oportunas diligencias judiciales o incoado los procesos penales para el enjuiciamiento de los

---

171 RODRÍGUEZ URIBES, J. M., *Las víctimas del terrorismo en España...*, op. cit., p. 193.

172 Sin perjuicio de las previsiones del art. 4 LVT, apartados 5 y 6, hemos de precisar que con arreglo a lo dispuesto en el art. 43 LVT, el reconocimiento de estas personas como víctimas del terrorismo, se realiza para que puedan solicitar la concesión de las condecoraciones que en ella se regulan, pero no les otorga ningún derecho económico.

delitos de terrorismo que hayan sufrido (art. 3 bis LVT). Contemplándose asimismo en dicho precepto, que la concesión de estas ayudas y prestaciones se someta a los principios que para ser indemnizadas «se establecen en el Convenio Europeo sobre indemnización a las víctimas de delitos violentos», que comentado en el capítulo primero de esta obra, fue ratificado por el Estado español y entró en vigor en nuestro país el 1 de febrero de 2002. Conforme a las previsiones de su art. 15.2, según el cual para todo Estado que exprese su consentimiento en quedar vinculado por él, «éste entrará en vigor el primer día del mes que siga a la expiración de un periodo de tres meses después de la fecha del depósito del Instrumento de Ratificación», hecho que tuvo lugar el 31 de octubre de 2001[173]. Constituyendo por tanto la Ley 29/2011, como se dijo, la primera norma que en nuestro ordenamiento jurídico adapta y desarrolla las disposiciones de dicho Convenio[174].

De todas ellas, queremos destacar la prevención recogida en su art. 8, que establece la posibilidad reconocida a cada Estado de reducir o suprimir la indemnización solicitada, por la conducta de la víctima con relación al delito, su participación en la delincuencia organizada, o su pertenencia a una organización dedicada a perpetrar delitos, así como cuando su concesión fuera contraria al sentido de la justicia o al orden público[175]. Supuestos que, en aplicación del art. 3 bis de la Ley 29/2011, han determinado la desestimación por parte del Ministerio del Interior de algunas peticiones de indemnización por familiares de miembros de ETA muertos en atentado terrorista, que han

---

173 GARCÍA RODRÍGUEZ, M. J., «Marco jurídico y nuevos instrumentos para un sistema europeo de indemnización...», op. cit., p. 8.

174 MUÑAGORRI LAGUÍA, I./ PÉREZ MACHÍO, A. I., «Aproximación al sentido y alcance del artículo 8.2 del Convenio Europeo...», op. cit., p. 2117.

175 GARCÍA RODRÍGUEZ, M. J., «Marco jurídico y nuevos instrumentos para un sistema europeo de indemnización...», op. cit., p. 9.

sido avaladas en reiteradas ocasiones por la Audiencia Nacional y por el Tribunal Europeo de Derechos Humanos[176]. Asimismo, y sobre la base de idénticos fundamentos, el Gobierno optó por la solución de excluir del ámbito de aplicación de la Ley 29/2011, a los miembros de la banda terrorista ETA que hayan sido víctimas de los GAL, del Batallón Vasco Español o de la Triple A, que como grupos parapoliciales contra el terrorismo y de extrema derecha actuaron en España, básicamente entre los años 1976 y 1986[177].

No obstante, como señala acertadamente PÉREZ RIVAS, para que opere dicha exclusión se requerirá en todo caso, de la concurrencia de dos requisitos[178]: a) que conste acreditada de forma fehaciente la pertenencia de la víctima a una organización de delincuencia organizada o grupo dedicado a la comisión de delitos violentos; y b) que la condición de víctima de terrorismo se haya adquirido con posterioridad a la entrada en vigor del art. 3 bis.2 de la Ley 29/2011 —1 de enero de 2013— que desarrolla, de forma expresa en nuestro ordenamiento, la excepción potestativa contemplada en el art. 8.2 del Convenio Europeo (CEIVD).

Lo que está en línea con la jurisprudencia de la Audiencia Nacional, de la que es un claro reflejo la SAN 224/2015, de 15 de julio (TOL5.407.817), al señalar que es un «principio jurídico procesal que los órganos jurisdiccionales gozan de competencia para valorar y apreciar el supuesto de hecho en los que se asienta la consecuencia jurídica de la norma jurídica que han de aplicar para resolver la cuestión jurídica sometida a su conocimiento, sin perjuicio del principio general que los

---

176 LADRÓN DE GUEVARA PASCUAL, C., *Avances y carencias en la protección jurídica...*, op. cit., p. 55.

177 PÉREZ RIVAS, N., *Los derechos de la víctima...*, op. cit., p. 177.

178 PÉREZ RIVAS, N., «Las ayudas compensatorias a las víctimas de terrorismo...», op. cit., pp. 167 y 168.

hechos declarados probados en sentencia penal firme son de obligado respeto por el resto de los tribunales de justicia de los restantes órganos jurisdiccionales. Pero ante la ausencia de pronunciamiento penal, los tribunales de justicia gozan, a la vista de las pruebas existentes en el proceso, de la facultad de determinar los datos fácticos en los que se asienta la proyección de la norma jurídica que están llamados a aplicar, [...] sin que exista vulneración alguna del principio de legalidad, ni de presunción de inocencia, cuando la posible determinación fáctica que efectúa el tribunal de lo contencioso administrativo proyecta sus efectos exclusivamente en su ámbito competencial y carece de eficacia en el ámbito penal» (FD 4º)[179]. O la SAN 161/2015, de 24 de junio (TOL5.401.889), cuando declara que «desde el 1 de febrero de 2002 el repetido Convenio forma parte del ordenamiento español y, en consecuencia, es plenamente aplicable, por lo que su empleo en resoluciones administrativas dictadas con posterioridad a esa fecha y referidas a supuestos que entran en su ámbito de aplicación, como aquí sucede, viene impuesta por la sumisión de la Administración a la ley y al Derecho, como proclama el artículos 103.1 de la misma Constitución [...], aunque faltara una remisión expresa en la Ley 29/2011 o una prevención específica al respecto» (FD 4º)[180].

Y ha sido también confirmada por la jurisprudencia del Tribunal Europeo de Derechos Humanos que, en sendas sentencias dictadas en 2019 sobre este particular, tras la interposición de varias demandas formuladas ante él por la desestimación

---

179 SAN 224/2015, de 15 de julio (Sala de lo Contencioso Administrativo. Secc. 5ª), Ponente. Ilmo. Sr. D. José María Gil Sáez (ECLI:ES:AN:2015:2942).

180 SAN 161/2015, de 24 de junio (Sala de lo Contencioso Administrativo. Secc. 5ª), Ponente. Ilmo. Sr. D. Tomás García Gonzalo (ECLI:ES:AN:2015:2599).

de sus respectivas solicitudes indemnizatorias con arreglo a la legislación vigente española sobre víctimas del terrorismo, y en especial el art. 8 del CEIVD (TOL314.067), avalaba los argumentos de los pronunciamientos previos de la Audiencia Nacional. Al reconocer que «las normas probatorias y la carga de la prueba ante los órganos administrativos pueden ser diferentes de las aplicables en el marco de un procedimiento penal, y por tanto llega a la conclusión de que las demandantes no han demostrado la existencia de un vínculo necesario entre la suspensión del procedimiento penal contra sus familiares y el procedimiento indemnizatorio incoado por ellas»[181]. De lo que se desprende que el art. 6.2 CEDH no era aplicable a dichos procedimientos, y en consecuencia concluye que estas demandas «son incompatibles *rationae materiae* con las disposiciones del Convenio y deben declararse inadmisibles»[182]. Considerando que no se puede apreciar una quiebra del derecho a la presunción de inocencia, que sólo se proyecta en el ámbito del proceso penal, pero no en el ámbito de los procedimientos indemnizatorios.

No obstante lo dicho, otra es la posición sostenida al respecto por MUÑAGORRI LAGUÍA y PÉREZ MACHÍO sobre la interpretación del art. 8.2 del CEIVD, al considerar que la única forma de poder probar los sujetos que habiendo sido víctimas

---

181 STEDH de 18 de julio de 2019 (Sección Tercera). Demandas nº 75529/16 y 79503/16 Karmele MARTÍNEZ AGIRRE y Nagore OTEGI MARTÍNEZ v. España y María Antonia IBARGUREN ASTIGARRAGA v. España, *Boletín Ministerio de Justicia,* Nº 2222, septiembre de 2019, pp. 2-24, en: https://revistas.mjusticia.gob.es/index.php/BMJ/article/view/6111/6059 [Consulta: 08-01-24].

182 STEDH de 18 de julio de 2019 (Sección Tercera). Demanda nº 73911/16 María Cristina LARRAÑAGA ARANDO v. España y otras 3 demandas, *Boletín Ministerio de Justicia,* Nº 2221, julio de 2019, pp. 2-23, en: https://revistas.mjusticia.gob.es/index.php/BMJ/article/view/6109/6057 [Consulta: 08-01-24].

de delitos violentos hayan estado implicados en la delincuencia organizada o pertenecido a una organización criminal, es a través de una sentencia condenatoria firme que así lo determine. Y señalar asimismo que, las excepciones recogidas en el citado precepto en lo que respecta al ordenamiento jurídico español, han de condicionarse a la concurrencia de dos presupuestos, la entrada en vigor del instrumento de ratificación interno y, el necesario desarrollo normativo expreso y motivado de su contenido. Pues en su opinión, la inexistencia inicial de una referencia expresa en el ámbito del ordenamiento jurídico interno sobre la normativa de desarrollo de las previsiones del citado precepto, sólo podía ser interpretada en el sentido que el Estado abogaba por su inobservancia, habida cuenta de su carácter potestativo[183].

Por último, a la hora de delimitar el ámbito subjetivo de aplicación de la Ley 29/2011, también es importante destacar que la misma tampoco distingue entre destinatarios nacionales y extranjeros, mostrándose en este extremo más generosa que la Ley 35/1995, 11 de diciembre, de ayudas y asistencia a las víctimas de delitos violentos y contra la libertad sexual (TOL109.784). Que con carácter general limita su ámbito de aplicación subjetiva a los españoles, nacionales de otros países miembros de la Unión Europea, los extranjeros residentes legalmente en España y a los nacionales de terceros países que reconozcan ayudas análogas a los españoles en su territorio[184], salvo algunas excepciones introducidas para las víctimas de la violencia de género y sexual. Hasta el punto de haber llegado a considerar esta condición de víctima del terrorismo, como una

---

183 MUÑAGORRI LAGUÍA, I./ PÉREZ MACHÍO, A. I., «Aproximación al sentido y alcance del artículo 8.2 del Convenio Europeo...», op. cit., pp. 2112 y ss.

184 ROCA AGAPITO, L., «Análisis del nuevo régimen jurídico…», op. cit., p. 1307.

circunstancia excepcional para adquirir la nacionalidad española por carta de naturaleza (art. 41 LVT). Debiéndose recordar a propósito de esta posibilidad, el importante precedente que representó en nuestro ordenamiento el RD 453/2004, de 18 de marzo, sobre concesión de la nacionalidad española a las víctimas de los atentados terroristas del 11 de marzo de 2004 (TOL349.331)[185], cuyo art. 1 consideró como víctimas a «los heridos en dichos atentados, así como al cónyuge, los descendientes y los ascendientes, en ambos casos, en primer grado de consanguinidad de los fallecidos».

4.2. Ámbito territorial de aplicación

En cuanto al ámbito territorial de aplicación de la Ley 29/2011 (art. 6), la norma conforme a lo expresado en su preámbulo «completa la regla general de la territorialidad a los efectos del reconocimiento subjetivo de la condición de víctima con el principio de ciudadanía», lo que es una buena muestra de la flexibilidad del sistema diseñado por el legislador con el fin de facilitar su acceso al régimen de las ayudas, prestaciones e indemnizaciones[186]. Pues la misma se aplicará, no sólo a los actos terroristas que se cometan en territorio español o bajo la jurisdicción española, sino también a aquellos cometidos fuera del territorio nacional del que sean víctimas personas que tengan la nacionalidad española. Razón por la cual, este régimen se ha de entender complementado con el sistema para determinar la competencia de la jurisdicción española en los delitos de terrorismo que sean cometidos más allá de los límites del Estado, aprobado a través de la LO 1/2014, de 13 de marzo, de modificación de la LO 6/1985, de 1 de julio, del Po-

---

185 BOE núm. 70, 22 de marzo de 2004.

186 HEREDERO ORTIZ DE LA TABLA, L., *La protección legal a las víctimas del terrorismo...*, op. cit., p. 125.

der Judicial, relativa a la justicia universal (TOL4.132.399)[187], que en su art. 23.4.e) prevé que será competente la jurisdicción española para conocer los hechos cometidos por españoles o extranjeros fuera del territorio nacional en el caso de delitos de terrorismo, cuando «4º. La víctima tuviera nacionalidad española en el momento de comisión de los hechos»[188].

Debiéndose además destacar en este punto, la importante reforma acometida en el texto del art. 6 de la Ley 29/2011 por la DF 19ª.1 de la Ley 22/2021, de 28 de diciembre, de Presupuestos Generales del Estado para 2022 (TOL8.704.719)[189], con la cual se viene a corregir las diferencias que en su redacción original se establecían entre los diferentes supuestos recogidos en relación a la cuantía y daños objeto de indemnización en el ámbito de la norma, y que habían sido denunciados por la doctrina[190]. Considerándose un acierto a nuestro juicio que, en sintonía con la reforma comentada del art. 6, se haya suprimido el art. 22 de la Ley 29/2011, eliminándose de este modo las limitaciones que en el acceso a las ayudas económicas se imponía a los españoles víctimas de acciones terroristas cometidas fuera del territorio nacional. En base a las cuales,

---

187 BOE núm. 63, 14 de marzo de 2014.

188 Más ampliamente sobre esta cuestión, GUTIÉRREZ PÉREZ, M., «Protección de las víctimas en los procesos judiciales, reconocimientos y condecoraciones», SEMPERE NAVARRO, A. V., (dir.) y KAHALE CARRILLO, D. T., (coord.): *Reconocimiento y protección integral a las víctimas del terrorismo. Estudio de la normativa básica estatal y autonómica,* Eolas Ediciones, 2014, pp. 152-154.

189 BOE núm. 312, de 29 de diciembre de 2021.

190 PÉREZ RIVAS, N., «El nuevo régimen de ayudas e indemnización a las víctimas de terrorismo», VÁZQUEZ-PORTOMEÑE SEIJAS, F./ GUINARTE CABADA, G., (Dirs.), PÉREZ RIVAS, N./ SOUTO GARCÍA, E. M., (coords.): *Hacia un sistema penal orientado a las víctimas. El estatuto penal, procesal y asistencial de las víctimas del terrorismo en España,* Tirant lo Blanch, Valencia, 2013, p. 166.

según aquellos tuvieran o no residencia habitual en el país en que se produjeran dichas acciones terroristas, tan sólo podían percibir el 50% o el 40% de las cantidades establecidas como indemnizaciones por los daños físicos y psicofísicos sufridos conforme a los baremos fijados en la tabla I del anexo de la Ley 29/2011.

De este modo, tras la reforma de la Ley 22/2021, ha de entenderse que se expande el ámbito de aplicación espacial de la Ley 29/2011, comprendiendo de un lado a las personas de nacionalidad española que sean objeto de una acción terrorista en el extranjero, sin más requisitos, al haberse suprimido la exigencia de que lo fueran de grupos que operasen habitualmente en España, o de acciones terroristas dirigidas a atentar contra el Estado español o los intereses españoles. Y por otro lado, en los mismos términos que ya contemplaba la redacción anterior de la norma, a los participantes en operaciones de paz y seguridad que formen parte de los contingentes que España envíe al exterior y sean objeto de una acción terrorista.

No obstante, y de conformidad con la nueva redacción del art. 6 de la Ley 29/2011 —tras su modificación por la Ley 22/2021—, en el supuesto de atentados cometidos fuera del territorio nacional, las indemnizaciones y ayudas económicas tendrán carácter subsidiario de las compensaciones que puedan ser reconocidas a la víctima por el Estado donde se hubiera producido el atentado. Aunque si la indemnización o ayuda a percibir en el exterior fuera inferior a la prevista en España, se le abonará la diferencia. Contemplándose asimismo, para este tipo de situaciones —atentados cometidos fuera del territorio nacional—, que cuando las víctimas españolas tengan más de una nacionalidad «las indemnizaciones y ayudas económicas tendrán carácter subsidiario de las compensaciones que puedan ser reconocidas a la víctima por otro Estado del que sea nacional», si bien como en el supuesto anterior también podrá mejorarse la cuantía reconocida cuando esta fuera inferior a la establecida en España (art. 6.4 LVT).

En cualquier caso, debe entenderse que la nueva regulación es mucho más completa que la anterior en orden a delimitar las distintas situaciones que puedan darse. Hasta el punto de concretar que, en caso de concurrencia de indemnizaciones o ayudas en este tipo de situaciones, el Estado podrá abonar inicialmente el importe total en calidad de pago a cuenta de la liquidación final que corresponda. En la cual, se habrán de considerar los ingresos percibidos por la víctima en el extranjero, aunque con la obligación en su caso de reintegrar al Estado la cantidad que proceda.

Por último, y para concluir el presente apartado, queremos hacernos eco de la reciente SAN 69/2023, de 18 de enero (TOL9.376.657), que, a propósito de una solicitud presentada por un ciudadano español ante el Ministerio del Interior —para el reconocimiento en su favor de la condición de víctima del terrorismo y del abono de una indemnización por daños personales derivados de los actos terroristas acaecidos el 13 de noviembre de 2015 en París—, se pronuncia sobre el vigente alcance del ámbito territorial de la Ley 29/2011, comparándolo con la situación anterior a la ya comentada reforma de la norma llevada a cabo por la Ley 22/2021, en los siguientes términos (FD 3º)[191]: «Según la redacción originaria, anterior a la modificación por la Ley 22/2021, de 28 de diciembre, de Presupuestos Generales del Estado para 2022 (que equiparó el tratamiento de las víctimas españolas por atentados cometidos en el extranjero al de aquellas afectadas por los acaecidos en territorio nacional), posterior al atentado terrorista e incluso al dictado de la resolución ahora recurrida, el régimen de derechos y prestaciones establecido por la Ley 29/2011 "...se aplicará cuando los hechos se cometan en territorio español o bajo

---

191 SAN 69/2023, de 18 de enero (Sala de lo Contencioso Administrativo. Secc. 5ª), Ponente. Ilmo. Sr. D. Eduardo Hinojosa Martínez (ECLI:ES:AN:2023:69).

jurisdicción española" (art. 6.1), así como "...a las personas de nacionalidad española que sean víctimas en el extranjero de grupos que operen habitualmente en España o de acciones terroristas dirigidas a atentar contra el Estado español o los intereses españoles" (art. 6.2.a) y "...a los participantes en operaciones de paz y seguridad que formen parte de los contingentes de España en el exterior y sean objeto de un atentado terrorista" (art. 6.2.b), añadiendo que "...los españoles víctimas de acciones terroristas cometidas fuera del territorio nacional, no comprendidos en los apartados precedentes, tendrán derecho a percibir exclusivamente la ayuda fijada en el artículo 22 de esta Ley"».

Por lo que debemos convenir, al hilo de lo ya expuesto sobre la reforma del art. 6 de la Ley 29/2011 por la Ley 22/2021, que el nuevo régimen establecido representa una notable mejora en el tratamiento de las víctimas españolas que puedan sufrir un atentado terrorista en el extranjero, tras derogar las anteriores diferencias establecidas en el reconocimiento de las indemnizaciones y ayudas por razón del lugar donde hubiera acaecido el atentado.

4.3. Ámbito temporal de aplicación

En lo que respecta al ámbito temporal de la Ley 29/2011, se prevé que sus disposiciones sean de aplicación a los actos terroristas cometidos con posterioridad al 1 de enero de 1960 (art. 7), ampliándose notablemente este plazo con relación al fijado en la Ley 32/1999, de solidaridad con las víctimas del terrorismo que la precedió, que en su art. 2.2 preveía que sólo fueran indemnizables los daños físicos o psicofísicos sufridos cuando los actos o hechos causantes de los mismos hubieran acaecido a partir del 1 de enero de 1968. Y de otro lado, también se contempla que sus disposiciones puedan asimismo aplicarse con carácter retroactivo a quienes, con anterioridad a su entrada en vigor, hubieran percibido ayudas e indemnizaciones por una cuantía inferior a las señaladas en ella (DA 1ª). Estando de acuerdo con ROCA AGAPITO, en que ambas previsiones merecen un juicio muy positivo por su carácter novedoso; pues con la primera, tras haberse retrotraído el plazo de aplicación de 1968 a 1960, se ha podido abarcar el atentado de la niña Begoña Urroz Ibarrola cometido el 27 de junio de 1960 en la estación de tren de Amara (San Sebastián), a consecuencia del cual falleció al día siguiente; y mediante la segunda, se ha evitado establecer un plazo final, al abrir en principio la posibilidad de que la norma pueda tener una vigencia indefinida[192].

Este atentado fue considerado en el nuevo marco normativo de la Ley 29/2011, como el primero en la historia reciente de nuestro país, con el fin de darle amparo institucional, y atribuyéndole la relevancia suficiente como para que el Congreso de los Diputados un año antes, acordara la declaración del 27 de junio como el día en recuerdo y homenaje a las víctimas del terrorismo, con el fin de que su recuerdo «se perpetúe en la memoria colectiva de los españoles»[193]. Y aunque inicialmente su autoría fue atribuida a la banda terrorista ETA, posteriormente un informe del Centro Memorial de las Víctimas del Terrorismo ha determinado que el asesinato de la menor de 22 meses fue llevado a cabo por el DRIL (Directorio Revolucionario Ibérico de Liberación)[194].

---

192 ROCA AGAPITO, L., «Análisis del nuevo régimen jurídico…», op. cit., p. 1308.

193 Diario de Sesiones del Congreso de los Diputados. Pleno y Diputación Permanente. Año 2010. IX Legislatura. Nº 146, p. 34.

194 FERNÁNDEZ SOLDEVILLA, G./ AGUILAR GUTIÉRREZ, M., *Muerte en Amara. La violencia del DRIL a la luz de Begoña Urroz,* Informe del Centro Memorial de las Víctimas del Terrorismo, Nº 6, junio 2019, p. 55, en: https://www.memorialvt.com/wp-content/uploads/2019/06/Informe06.pdf [Consulta: 08-01-24].

De manera que, a partir de la citada investigación, como primera víctima de ETA debe ser considerado el joven guardia civil de tráfico José Antonio Pardines Arcay, a quien la citada banda le arrebató la vida en la localidad guipuzcoana de Villabona el 7 de junio de 1968[195]. Aunque en base a los presupuestos de la Ley 29/2011, que como ya sabemos reconoce los atentados perpetrados desde el 1 de enero de 1960, la primera víctima del terrorismo en España fue el teniente de la Guardia Civil Francisco de Fuentes-Fuentes y Castilla-Portugal, fallecido en la noche del 3 al 4 de enero de 1960 en torno a la masía Clarà, en el término municipal de Palol de Revardit (Girona), en el curso de un enfrentamiento armado con un grupo de "maquis" de signo anarcosindicalista encuadrados en el autodenominado MURLE (Movimiento Unificado de Resistencia y Liberación de España), comandado por Francisco Sabater Llopart[196].

5. NATURALEZA JURÍDICA DE LOS RESARCIMIENTOS Y AYUDAS RECONOCIDAS A LAS VÍCTIMAS DEL TERRORISMO EN LA LEY 29/2011

Es importante destacar que la naturaleza jurídica del régimen de resarcimientos y ayudas a las víctimas de los delitos de terrorismo, al igual que el establecido para las víctimas de delitos violentos y contra la libertad sexual en nuestro país, es de carácter asistencial, en la medida que ambos se incardinan en el marco del Estado Social y ninguno de ellos supone la asun-

---

195 ALONSO, R./ DOMÍNGUEZ, F./ GARCÍA REY, M., *Vidas rotas. Historia de los hombres, mujeres y niños víctimas de ETA* (2ª ed.), Espasa Libros, Madrid, 2010, p. 9.

196 J.M.A.G., «Tras el rastro de la primera víctima del terrorismo en España», La Tribuna del País Vasco, 8 de junio de 2018, en: https://latribunadelpaisvasco.com/art/9130/tras-el-rastro-de-la-primera-victima-del-terrorismo-en-espana [Consulta: 08-01-24].

ción de responsabilidad subsidiaria por parte del Estado[197]. Al entender, como manifiesta MARTÍNEZ ARRIETA, que esa irrupción del Estado, con el fin de garantizar la reparación económica de las víctimas, total o parcial, se encuentra en la solidaridad de los miembros de la comunidad ante los siniestros, o agresiones injustificadas, que alguno de sus miembros pueda llegar a padecer derivados de la propia convivencia pactada, y que, por su estructura, es susceptible de generar situaciones de riesgo. Las cuales han de ser compensadas económicamente, desde luego, en primer lugar por su causante, y en su defecto «no de forma subsidiaria sino solidaria, por la propia comunidad representada por el Estado»[198].

Así pues, a la hora de explicar el fundamento de la compensación estatal ante este tipo de situaciones, de los dos modelos existentes, el primero que la concibe como una responsabilidad patrimonial del Estado derivada del incorrecto funcionamiento de sus servicios, y el segundo que la considera como una manifestación de los principios de solidaridad social y de equidad, el legislador español ha optado por el último de ellos[199]. Al negar la naturaleza indemnizatoria de esa compensación estatal, y considerar que estamos ante una ayuda pública concedida por el Estado, para dar respuesta a las necesidades de las víctimas especialmente ante supuestos de insolvencia o no identificación de las personas criminalmente responsables de los delitos.

En este sentido, lo afirma la propia Ley 35/1995, de 11 de diciembre, de ayudas y asistencia a víctimas de delitos violentos

---

197 HERRERA MORENO, M., *La hora de la víctima..*, op. cit., p. 291.

198 MARTÍNEZ ARRIETA, A., «Hacia una Ley de protección a las víctimas de delitos», *Actualidad Jurídica Aranzadi,* Nº 31, 6 de diciembre de 1991, p. 2.

199 FERREIRO BAAMONDE, X., *La víctima en el proceso penal,* La Ley, Madrid, 2005, p. 522.

y contra la libertad sexual (TOL109.784), que en su exposición de motivos (III. 2), manifiesta que el concepto legal de ayudas públicas debe distinguirse de figuras afines y, señaladamente de la indemnización[200], «pues no cabe admitir que la prestación económica que el Estado asume sea una indemnización, ya que éste no puede asumir sustitutoriamente las indemnizaciones debidas por el culpable del delito». Lo que ha sido confirmado por nuestra jurisprudencia, que en la línea manifestada, ha declarado a través de la STS 1579/1997 (Sala 2ª), de 19 de diciembre —FJ 1°— (TOL5.140.137), que este concepto legal de ayudas públicas a las víctimas se inspira en el principio de solidaridad social y «debe distinguirse de figuras afines y señaladamente de la indemnización, porque el Estado no puede asumir sustitutoriamente las indemnizaciones debidas por el culpable del delito ni, desde otra perspectiva, es razonable incluir el daño moral provocado por el delito»[201]. Y asimismo destacado por la generalidad de la doctrina, al considerar estas ayudas como derechos de previsión legislativa por razones de carácter ético y de justicia material[202], configurándolas como unas prestaciones de naturaleza especial, que constituyen un tercer género a camino entre la responsabilidad extracontractual de la Administración y las prestaciones derivadas de la Seguridad Social[203].

---

200 GARCÍA RODRÍGUEZ, M. J., *Curso de Victimología y Asistencia a las Víctima...*, op. cit., p. 172.

201 STS 1579/1997, de 19 de diciembre (Sala de lo Penal), Ponente: Ilmo. Sr. José Antonio Martín Pallín (ECLI:ES:TS:1997:7880).

202 SOLÉ RIERA, J., *La tutela de la víctima en el proceso penal,* J. M. BOSCH, Barcelona, 1997, p. 225.

203 VILLAMERIEL PRESENCIO, L. P., «Ayudas y asistencia a las víctimas de delitos violentos y contra la libertad sexual: La Ley 35/1995, de 11 de diciembre», *Boletín de Información del Ministerio de Justicia,* N° 1769, 1 de marzo de 1996, pp. 16 y 17.

Siendo verdaderamente esclarecedora la posición sostenida por la Fiscalía General del Estado que, con el propósito de solventar esta cuestión, en su Circular Nº 2/1998, de 27 de octubre, sobre ayudas públicas a las víctimas de delitos dolosos, violentos y contra la libertad sexual (TOL118.810)[204], delimita sus notas características: a) Constituyen un *tertium genus o figura sui generis* de obligación resarcitoria de naturaleza especial que el Estado se impone a sí mismo por el título específico de la Ley, que no se identifica ni con la responsabilidad patrimonial de las Administraciones Públicas, ni con las prestaciones de la Seguridad Social, sino que integran un intento de socializar el riesgo derivado de la delincuencia como muestra de la solidaridad con las víctimas; b) Tienen carácter subsidiario de la indemnización declarada en la sentencia, y son incompatibles con la misma, porque la suma del importe de la indemnización cobrada y de la ayuda estatal no puede exceder la cuantía de la condena indemnizatoria impuesta en la sentencia al culpable o responsable civil; y c) Intentan garantizar un mínimo de cobertura económica mediante la actividad subvencionada que despliega el Estado, para que circunstancias ajenas a la víctima como la situación de insolvencia total o parcial del culpable del delito, su no identificación, o la crisis anticipada del procedimiento penal por su archivo o sobreseimiento, no desencadenen una situación material de desasistencia difícilmente conciliable con los postulados del Estado Social y Democrático de Derecho.

Pues bien, una vez delimitado el concepto de estas ayudas públicas al amparo del régimen español de ayudas y asistencia a las víctimas de delitos violentos y contra la libertad sexual,

---

[204] FISCALÍA GENERAL DEL ESTADO, Circular Nº 2/1998, sobre ayudas públicas a las víctimas de delitos dolosos violentos y contra la libertad sexual, *Boletín de Información del Ministerio de Justicia*, Suplemento Nº 1841, 15 de marzo de 1999, pp. 22 y 23.

que como hemos visto encuentra su fundamento en los principios de equidad y solidaridad social, debemos afirmar que esa misma naturaleza es también predicable respecto del régimen general de ayudas y resarcimientos a las víctimas del terrorismo[205]. Lo que ha sido también avalado por la jurisprudencia de nuestro Tribunal Supremo, al entender que dichas consideraciones realizadas sobre las ayudas contempladas en la Ley 35/1995, de 11 de diciembre, relativas a las víctimas de delitos violentos y contra la libertad sexual (TOL109.784), podrían asimismo aplicarse a las indemnizaciones previstas para las víctimas del terrorismo.

Razón por la cual, como se encarga de señalar la STS de 1 de junio de 1999 (TOL1.716.127), «el resarcimiento por daños y perjuicios corporales derivados de acciones terroristas en virtud de disposiciones especiales no constituye propiamente un caso de responsabilidad extracontractual de la Administración, equiparable al contemplado por el artículo 40 de la Ley de Régimen Jurídico vigente a la sazón, porque no se trata de una responsabilidad derivada del funcionamiento normal o anormal de los servicios públicos y por ello las indemnizaciones concedidas por dicho título resultan compatibles con el ejercicio de la acción para exigir la responsabilidad patrimonial de la Administración si concurren los presupuestos para ello» (FD 4°)[206]. Y en el mismo sentido se pronuncia la STS de 1 de febrero de 2003 (TOL4.928.075), al declarar que «las ayudas a las víctimas del terrorismo, como a las de cualquier otro delito, aunque la ley las denomine indemnizaciones, no pierden por ello su genuino significado de prestaciones basadas en el principio de solidaridad y no en el de responsabilidad, salvo que se

---

205 PÉREZ RIVAS, N., «Las ayudas compensatorias a las víctimas de terrorismo...», op. cit., p. 165.

206 STS de 1 de junio de 1999 (Sala de lo Contencioso), Ponente: Ilmo. Sr. Juan Antonio Xiol Ríos (ECLI:ES:TS:1999:3844).

desnaturalice el actual sistema jurídico de reparación, arraigado en los principios de responsabilidad personal y de autonomía de la voluntad, para sustituirlo por otro determinista y de responsabilidad social universal, en el que la sociedad asumiría todos los riesgos generados en su seno y el Estado se constituiría en su asegurador. Pues no cabe equiparar la obligación de resarcimiento del responsable de un hecho, aunque lo sea con carácter objetivo o por el resultado, a la ayuda de quien, sin responsabilidad alguna, asume reparar el daño o perjuicio con las limitaciones que señale» (FD 2º)[207].

No obstante lo dicho, entre uno y otro sistema de ayudas públicas pueden advertirse algunas diferencias que radican y tienen su fundamento en la percepción estatal de una especial solidaridad y concienciación de la sociedad hacia el colectivo de las víctimas del terrorismo, determinando el establecimiento de una serie de privilegios y prioridades hacia ellas a la hora de fijar esas cuantías resarcitorias y distribuir los recursos públicos destinados a satisfacerlas[208]. Habiéndose pretendido justificar esta preferencia estatal a la hora de regular el sistema asistencial a las víctimas del terrorismo frente a las víctimas de otras fuentes de delincuencia, por un lado, por la amplia victimización que provocan los delitos de terrorismo, cuya actuación se realiza indiscriminadamente para dañar no sólo a un gran número de víctimas directas sino para que se extienda a toda la sociedad. Y por otro lado, por el carácter especialmente simbólico que tienen las víctimas del terrorismo, en la medida que, como ya sabemos, los ataques terroristas contra ellas se plantean como un medio de agresión al Estado[209].

---

207 STS de 1 de febrero de 2003 (Sala de lo Contencioso), Ponente: Ilmo. Sr. Jesús Ernesto Peces Morate (ECLI:ES:TS:2003:598).

208 HERRERA MORENO, M., *La hora de la víctima..*, op. cit., p. 292.

209 FERREIRO BAAMONDE, X., *La víctima en el proceso penal...*, op. cit., pp. 554 y 555.

Lo que está en sintonía con los argumentos que también señala HEREDERO ORTIZ DE LA TABLA, para fundamentar la existencia de estas ayudas económicas del Estado a favor de las víctimas del terrorismo[210]: 1°) La posición de insolvencia en la que suelen situarse los terroristas, que hace imposible en la mayoría de los casos que puedan hacer frente a la responsabilidad civil fijada mediante sentencia; 2°) La necesidad de dar respuesta a la situación de las víctimas de aquellas acciones terroristas sobre las que no ha recaído sentencia, y que por lo tanto, no cuentan con la posibilidad alguna de obtener indemnización en concepto de responsabilidad civil, dada la importante cifra de atentados aún sin resolver y que por tanto permanecen impunes; y 3°) El simbolismo de las víctimas del terrorismo, a las que se les infringe un daño a través del cual se persigue el sometimiento del propio Estado a las reivindicaciones de los terroristas, al tratarse de un ataque indiscriminado que se dirige contra la democracia misma y el conjunto de la sociedad, que además es considerado una violación de los derechos humanos.

Sin embargo, pese a la naturaleza jurídica de ayudas públicas derivadas de los principios de solidaridad y equidad consagrados en nuestra Constitución (art.9.2 CE), que define al sistema español de resarcimientos y prestaciones establecido a favor de las víctimas del terrorismo, hemos de tener en cuenta, como se verá más detalladamente en el apartado 9 de este capítulo, que en el actual régimen de la Ley 29/2011, también se articula un auténtico sistema indemnizatorio para ellas. Cuando a través de su art. 20 se establece la obligación del Estado de asumir con carácter extraordinario el abono de las indemnizaciones correspondientes, impuestas en sentencia firme en concepto de responsabilidad civil por la comisión de aquellos

---

210 HEREDERO ORTIZ DE LA TABLA, L., *La protección legal a las víctimas del terrorismo...*, op. cit., pp. 194 a 196.

delitos comprendidos en su ámbito de aplicación. Si bien, como se encarga de declarar expresamente dicho precepto en su apartado tercero, «en ningún caso dicho abono supondrá la asunción de responsabilidad civil subsidiaria por parte del Estado en los procesos penales». Previéndose además en su art. 21, la subrogación estatal en la titularidad de ese derecho de crédito nacido de la sentencia que declare dicha responsabilidad civil derivada del delito, hasta el límite de la cantidad que haya sido satisfecha a las víctimas, que con carácter previo a su percepción habrán de transmitir al Estado las acciones civiles correspondientes.

Siendo importante destacar, que esta posibilidad ya se contemplaba bajo el régimen normativo ya derogado de la Ley 32/1999, de 8 de octubre, de solidaridad con las víctimas del terrorismo (TOL121.120), que en su art. 2 también preveía que el Estado pudiera asumir con carácter extraordinario, el abono a su favor de las correspondientes indemnizaciones en concepto de responsabilidad civil. Precisándose no obstante, al igual que hace ahora la vigente Ley 29/2011, que dichas indemnizaciones en ningún caso implicarán la asunción por el Estado de responsabilidad subsidiaria alguna.

6. NORMAS DE PROCEDIMIENTO PARA EL RECONOCIMIENTO DE RESARCIMIENTOS, INDEMNIZACIONES Y AYUDAS

El procedimiento para el reconocimiento de resarcimientos, indemnizaciones y ayudas previstos en la Ley 29/2011 y su Reglamento de desarrollo, se iniciará siempre a instancia de la persona interesada, directamente o por medio de su representante legal, mediante presentación de su solicitud ante el registro general del Ministerio del Interior, que es el órgano competente para su tramitación y resolución, o bien en otros registros administrativos habilitados a tal fin, en el plazo de un año desde que se produjeran los daños[211]. Si bien ha de valorarse muy positivamente, que para agilizar los trámites del solicitante con la Administración competente, el Ministerio del Interior haya permitido su cumplimentación y presentación a través de su sede electrónica central[212].

Un plazo que se habrá de empezar a computar, en función del tipo de daño sufrido, desde: a) La fecha de alta o consolidación de las secuelas conforme acredite el Sistema Nacional de Salud; b) Si como consecuencia directa de las lesiones, se produjese un agravamiento de las secuelas o el fallecimiento del afectado, se abrirá un nuevo plazo de un año para solicitar la diferencia; y c) En los daños psicológicos desde el momento en que exista un diagnóstico. Y para solicitar el abono con carácter extraordinario de la responsabilidad civil fijada en sentencia firme, desde la notificación a la persona interesada de la sentencia o de la resolución judicial que fije la cuantía indemnizatoria.

En cualquier caso, en lo relativo a su tramitación, es importante destacar la aplicación supletoria de las disposiciones de la Ley 39/2015, de 1 de octubre, del Procedimiento Administrativo Común de las Administraciones Públicas —LPACAP— (TOL5.494.102), en todo lo que no haya sido previsto en la Ley o su Reglamento[213]. Así como la posibilidad reconocida al

---

211 Una información detallada sobre los trámites del procedimiento de las diferentes clases de ayudas y prestaciones para las víctimas del terrorismo, modelos de solicitud y normativa reguladora, en Ministerio del Interior: https://www.interior.gob.es/opencms/es/servicios-al-ciudadano/tramites-y-gestiones/ayudas-y-subvenciones/ayudas-a-victimas-de-actos-terroristas/procedimiento-y-competencia/ [Consulta: 08-01-24].

212 MINISTERIO DEL INTERIOR, *Sede electrónica,* en: https://sede.mir.gob.es/opencms/export/sites/default/es/inicio/ [Consulta: 08-01-24].

213 Vid. art. 51.2 RLVT.

Ministerio del Interior, para investigar todas aquellas situaciones o circunstancias que deba comprobar para la instrucción de los expedientes y evitar molestias o trámites a las personas interesadas, de poder recabar directamente de los órganos jurisdiccionales todos los antecedentes, datos o informes que le resulten necesarios (art. 30), tras obtener su autorización.

Y con esta misma finalidad de evitar incomodidades a las víctimas en la tramitación administrativa de los expedientes, también nos merece un juicio positivo que se haya establecido el que no se requiera la aportación documental por parte de los interesados «de aquellos hechos o circunstancias cuya acreditación ya conste en los antecedentes o archivos de las Administración» en el sentido apuntado por el art. 51.3 del RD 671/2013[214]. Al dispensar de este modo a las víctimas o sus familiares de tener que realizar nuevas gestiones burocráticas, y evitar, acertadamente con esta forma de proceder, los riesgos de generarles una segunda victimización.

Determinándose que, en relación al procedimiento para la evaluación de las lesiones, ésta sea realizada por un equipo de valoración de incapacidades conforme al sistema sanitario del solicitante de la indemnización, del que formará parte un representante del Ministerio del Interior vinculado con la atención a las víctimas del terrorismo[215]. Mientras que la tasación pericial de los daños materiales, se realizará por los servicios competentes del Consorcio de Compensación de Seguros, debiéndose valorar tanto los daños indemnizables por éste, como los resarcibles por la Administración con arreglo a lo dispuesto en el RD 671/2013[216].

---

214 PÉREZ RIVAS, N., *Los derechos de la víctima…*, op. cit., p. 188.

215 Vid. art. 11 RLVT.

216 Vid. art. 29 RLVT.

Por último, en cuanto al plazo máximo para resolver el procedimiento se establece en doce meses, a contar desde que la solicitud haya tenido entrada en el registro del Ministerio del Interior, debiéndose entender estimada la solicitud en el caso de que transcurra dicho plazo sin haberse dictado una resolución expresa[217]. Y en relación a su posible impugnación, dicha resolución, que será dictada por el titular del Ministerio del Interior pondrá fin a la vía administrativa, pudiendo ser recurrida potestativamente en reposición o ser impugnada directamente ante el orden jurisdiccional contencioso-administrativo.

7. RÉGIMEN DE INDEMNIZACIONES PARA VÍCTIMAS DEL TERRORISMO

Como señala PÉREZ RIVAS, el principio de solidaridad alcanza su máxima expresión en la regulación de este régimen de indemnizaciones, al exigirse, únicamente como título habilitador para su otorgamiento, la mera condición de víctima de terrorismo, sin necesidad de que medie sentencia firme en la que se le reconozca el derecho a ser indemnizada en concepto de responsabilidad civil por los hechos y daños en los que esta Ley resulta de aplicación, y sin que se reserve acción de repetición alguna por parte del Estado[218]. Bastando tan sólo la acreditación del nexo causal entre las acciones terroristas y el resultado lesivo producido, mediante la valoración de las pruebas practicadas con ocasión de la instrucción del respectivo procedimiento indemnizatorio. Y distinguiéndose, a propósito de los daños objeto de cobertura por este concepto, entre los personales y materiales, regulados respectivamente en las secciones 1ª y 2ª del Capítulo II del Título III de la Ley 29/2011.

217 Vid. art. 28.6 LVT y art. 53 RLVT.

218 PÉREZ RIVAS, N., *Los derechos de la víctima...*, op. cit., p. 180.

7.1. Indemnización por daños personales

Con arreglo a la Ley 29/2011, las víctimas del terrorismo que como consecuencia del delito sufran este tipo de daños, que abarcarán tanto los físicos como los psicológicos, tendrán derecho a las indemnizaciones por fallecimiento, o las que procedan en virtud de los distintos grados de incapacidad, lesiones permanentes no invalidantes y secuestro establecidas en su texto (art. 18 LVT), con las características y especialidades que a continuación examinaremos. No obstante, es importante destacar que este sistema de resarcimientos regulado en la Ley 29/2011, se completa en nuestro ordenamiento con el RD 1576/1990, 7 de diciembre, que regula la concesión en el sistema de la Seguridad Social de determinadas pensiones extraordinarias motivadas por actos de terrorismo (TOL1.251.223)[219], y el previsto en el RD 851/1992, 10 de julio (TOL1.148.575)[220], que también reconoce el derecho a estas pensiones extraordinarias, para todos aquellos ciudadanos que fallezcan o resulten incapacitados por este tipo de acciones, y no tengan derecho a ellas en cualquier régimen público de la Seguridad Social[221].

7.1.1. Fallecimiento

Serán beneficiarios de esta indemnización por orden de preferencia, las siguientes personas (art. 17 LVT): a) El cónyuge de la persona fallecida, si no estuviera separado legalmente, o la persona con la que hubiera venido conviviendo de forma

---

[219] BOE núm. 184, 1 de agosto de 1992.

[220] BOE núm. 294, 8 de diciembre de 1990.

[221] MINISTERIO DE INCLUSIÓN, SEGURIDAD SOCIAL Y MIGRACIONES, *Pensiones derivadas de actos de terrorismo,* en: https://www.portalclasespasivas.gob.es/sitios/clasespasivas/es-ES/PENSIONESCLASESPASIVAS/PENSIONESACTOSTERRORISMO/Paginas/Terrorismo.aspx [Consulta: 08-01-24].

permanente con análoga relación de afectividad durante, al menos, los dos años anteriores al momento del fallecimiento, salvo que hubieran tenido descendencia en común, en cuyo caso bastará la mera convivencia; y los hijos de la persona fallecida; b) Los padres, los nietos, los hermanos y abuelos, en ausencia de los anteriores por orden sucesivo y excluyente; y en su defecto, c) Los hijos de la persona conviviente y los menores en acogimiento familiar permanente o preadoptivo, cuando dependieran económicamente de ella. Extremo este último sobre el alcance de la dependencia económica de los beneficiarios respecto a la persona fallecida, que muy oportunamente, se encarga de clarificar el art. 6.3 del Reglamento de desarrollo de la Ley 29/2011[222].

No obstante, además de estas reglas de preferencia, se establecen otras para distribuir la indemnización en caso de concurrir varios de ellos. De manera que cuando concurran el cónyuge o conviviente de la persona fallecida y sus hijos, la ayuda se repartirá por mitades, correspondiendo una al cónyuge o conviviente y la otra a los hijos, entre los que se distribuirá por partes iguales. Mientras que en los supuestos de concurrencia de personas con el mismo parentesco, la cuantía total de la ayuda se habrá de repartir entre ellas por partes iguales. Unas reglas que son muy similares a las ya plasmadas con anterioridad en el sistema español de ayudas y asistencia a víctimas de delitos violentos y contra la libertad sexual, que prevé para este tipo de casos, idénticas soluciones para la distribución de la cantidad a que ascienda la ayuda entre los distintos beneficiarios que concurran en la Ley

---

222 Según el art. 6.3 del RLVT: «A los efectos de este artículo, se entenderá que una persona depende económicamente del fallecido cuando, en el momento del fallecimiento, viviera total o parcialmente a expensas de éste y no percibiera en cómputo anual rentas o ingresos de cualquier naturaleza superiores al 150 por ciento del indicador público de renta que correspondiera en aquel momento, también en cómputo anual».

35/1995, de 11 de diciembre, en su condición de víctimas indirectas[223]. Pero que, sin embargo, no contemplan el supuesto de posible concurrencia entre el cónyuge no separado legalmente y el conviviente, siendo un extremo sobre el que la Ley guarda silencio y acerca del cual, tampoco su Reglamento de desarrollo se ha llegado a pronunciar[224].

Y por lo que se refiere a su cuantía, ésta se determina en 250.000 euros, a la que se le habrá de aplicar un coeficiente corrector para tomar en consideración las cargas familiares de la persona fallecida a la hora de determinar la cantidad indemnizatoria final. La cual se verá incrementada con una cantidad fija de 20 mensualidades del IPREM que corresponda a la fecha del acto terrorista, por cada uno de los hijos o menores acogidos que dependieran económicamente de la víctima en el momento del fallecimiento (art. 19 LVT), pudiéndose abonar también en estos supuestos, los gastos de traslado, sepelio e inhumación y/o incineración (art. 12 LVT)[225].

7.1.2. Incapacidad permanente

Las víctimas que hayan sufrido daños físicos o psicológicos como consecuencia de un acto terrorista, tendrán derecho

---

223 Vid. art. 2.4 Ley 35/1995, 11 de diciembre.

224 ROCA AGAPITO, L., «Análisis del nuevo régimen jurídico...», op. cit., p. 1309, y en el mismo sentido PÉREZ RIVAS, N., «El nuevo régimen de ayudas e indemnización...», op. cit., p. 170.

225 Según establece el art. 8 del RLVT: «1. La Administración General del Estado abonará los gastos de traslado, sepelio e inhumación y/o incineración de las personas que fallecidas como consecuencia de un atentado terrorista que no se hallen cubierto por una póliza de seguro, hasta el límite de 6.000 euros; 2. Los gastos serán satisfechos previa presentación de las facturas correspondientes. Será necesario acompañarlas de la póliza de seguro que cubra estos gastos o de la declaración responsable de ausencia de tal seguro».

a diversas indemnizaciones en función de los siguientes grados de incapacidad permanente que se les haya reconocido: a) Gran invalidez, 500.000 euros; b) Incapacidad permanente absoluta, 180.000 euros; c) Incapacidad permanente total, 100.000 euros; y d) Incapacidad permanente parcial, 75.000 euros[226]. Y al igual que en la ayuda por fallecimiento, también se prevé que estas cuantías puedan incrementarse en una cantidad fija de 20 mensualidades del IPREM, por cada uno de los hijos o menores acogidos que dependiesen económicamente de la víctima (art. 19 LVT). Habiéndose criticado que tan sólo se haya contemplado este factor de corrección en relación con los supuestos de fallecimiento y de incapacidad permanente; por lo que en un futuro debería apostarse por su aplicación también para los casos de lesiones no invalidantes y de incapacidad temporal, sin que de momento este extremo se haya contemplado en el reglamento de desarrollo de la Ley[227].

7.1.3. Lesiones permanentes no invalidantes

Las indemnizaciones que, por este concepto, puedan recibir las personas que hayan sufrido daños físicos o psíquicos como consecuencia de un acto terrorista, se determinarán de acuerdo con el sistema de valoración establecido por la Ley 35/2015, de 22 de septiembre, de reforma del sistema para la valoración de los daños y perjuicios causados a las personas en accidentes de circulación (TOL5.433.167)[228], cuyas cuantías habrán de ser actualizadas mediante resolución de la Direc-

---

226 Vid. Anexo I. Indemnizaciones por daños físicos y psicofísicos (BAREMOS). Tabla I. *Indemnizaciones por fallecimiento e incapacidades permanentes* de la Ley 29/2011 y art. 10.1.a), b), c) y d) del RD 671/2013.

227 ROCA AGAPITO, L., «Análisis del nuevo régimen jurídico...», op. cit., p. 1310.

228 BOE núm. 228, 23 de septiembre de 2015.

ción General de Seguros y Fondos de Pensiones del Ministerio de Economía y Competitividad, vigentes en el momento de presentación de la solicitud[229]. Y con arreglo al baremo resultante de la aplicación de la legislación de Seguridad Social sobre cuantías de las indemnizaciones de las lesiones, mutilaciones y deformaciones definitivas y no invalidantes, causadas por accidente de trabajo o enfermedad profesional[230]. Sin que, en ningún caso, su importe total pueda exceder de la cuantía señalada para la incapacidad permanente parcial, fijada en 75.000 euros conforme se establece en la Tabla I del Anexo I de la Ley 29/2011[231].

7.1.4. Incapacidad temporal

La indemnización que tendrá derecho a percibir el beneficiario por este concepto, se determinará multiplicando el doble del indicador público de renta (IPREM) que corresponda al período en que se encuentre en esa situación de incapacidad temporal, hasta el límite de 18 mensualidades. Fijándose para determinar el importe total al que pueda acceder su beneficiario, el mismo criterio que se aplica para el cálculo de la

---

229 Vid. Resolución de 12 de enero de 2023, de la Dirección General de Seguros y Fondos de Pensiones, por la que se publican las cuantías de las indemnizaciones actualizadas del sistema de valoración de los daños y perjuicios causados a las personas en accidentes de circulación (BOE núm. 17, de 20 de enero).

230 Vid. Orden ISM/450/2023, de 4 de mayo, por la que se actualizan las cantidades a tanto alzado de las indemnizaciones por lesiones, mutilaciones y deformidades de carácter definitivo y no incapacitantes (BOE núm. 108, de 6 de mayo), que deroga la Orden ESS/66/2013, de 28 de enero.

231 Vid. art. 10.1.e) RD 671/2013, y Anexo I. Indemnizaciones por daños físicos y psicofísicos (BAREMOS). Tabla II. *Indemnizaciones por lesiones permanentes no invalidantes* de la Ley 29/2011.

misma en el sistema español de ayudas para víctimas de delitos violentos y contra la libertad sexual, en virtud del art. 6.1.a) de la Ley 35/1995, 11 de diciembre (TOL109.784). Si bien, éste es mucho más restrictivo que el fijado para las víctimas del terrorismo, pues únicamente permite al afectado acceder a esta ayuda cuando se encuentre en tal situación después de transcurridos los seis primeros meses. No obstante, a los efectos de la Ley 29/2011, se entenderá que la víctima se encuentra en dicha situación de incapacidad temporal mientras reciba asistencia sanitaria y esté impedida para el ejercicio de sus actividades profesionales o habituales[232].

7.1.5. Secuestro

Las personas que hayan sido víctimas de secuestro como consecuencia de actos de terrorismo, exigiéndose alguna condición para su libertad, tendrán derecho a recibir una indemnización equivalente a la cuantía de 12.000 euros por el acto del secuestro y el triple del indicador público de renta de efectos múltiples (IPREM) diario por cada día de duración del mismo, hasta el límite de la indemnización fijada por incapacidad permanente parcial. Sin perjuicio de que también puedan ser resarcidas por los daños personales que dicho secuestro les haya causado[233].

---

[232] Vid. art. 10.1.f) RD 671/2013, y Anexo I. Indemnizaciones por daños físicos y psicofísicos (BAREMOS). Tabla III. *Indemnizaciones por incapacidad temporal y por secuestro* de la Ley 29/2011.

[233] Vid. arts. 13 y 14 RD 671/2013, y Anexo I. Indemnizaciones por daños físicos y psicofísicos (BAREMOS). Tabla III. *Indemnizaciones por incapacidad temporal y por secuestro* de la Ley 29/2011.

7.2. Indemnización por daños materiales

A través de estas ayudas se reconoce a las víctimas su derecho a que puedan ser resarcidas por la Administración General del Estado, por los daños de esta naturaleza causados como consecuencia o con ocasión de los delitos de terrorismo en las viviendas, establecimientos mercantiles e industriales o elementos productivos de las empresas, sedes de los partidos políticos, sindicatos u organizaciones sociales y los producidos en vehículos, «siempre que no fueren responsables de los mismos» (art. 23 LVT). Y aunque, conforme a los términos de la ley, pudiera tenerse la impresión que sólo serían titulares de estas ayudas las personas que no tuvieran ya la consideración de víctimas del terrorismo por daños personales, también cabría incluir a estas víctimas, pues dicho art. 23 se refiere genéricamente a los daños materiales causados con el único requisito de que sus posibles beneficiarios no sean responsables de ellos[234].

No obstante, la Ley también prevé que la Administración General del Estado pueda encargar la reparación de esos inmuebles a empresas constructoras, o celebrar convenios con otras Administraciones Públicas con ese fin, a las que abonará directamente su importe. En cuyo caso, los damnificados que se hubieran beneficiado de estas obras de reparación decaerán en su derecho a reclamar al Consorcio de Compensación de Seguros las indemnizaciones correspondientes a los daños reparados en los bienes asegurados, las cuales serán percibidas por la empresa ejecutora de las obras, o por la Administración actuante mediante convenio, conforme a las peritaciones oficiales de dicho Consorcio (art. 23.2 LVT).

Y asimismo, es importante destacar que, con arreglo a lo establecido en la normativa vigente, estos resarcimientos por

---

234 ROCA AGAPITO, L., «Análisis del nuevo régimen jurídico...», op. cit., p. 1311.

daños materiales tendrán carácter subsidiario respecto de los reconocidos por las Administraciones Públicas o los derivados de contratos de seguro, los cuales se deberán reducir en la cantidad recibida por estos conceptos. Excluyéndose de su ámbito de aplicación los daños causados en bienes de titularidad pública, que en ningún caso serán resarcibles (art. 23.2 y 3 LVT).

7.2.1. Daños en viviendas

En las viviendas habituales[235] de las personas físicas serán objeto de indemnización, a través de este tipo de ayudas, los daños sufridos en su estructura, instalaciones y mobiliario que resulte necesario reponer para que recuperen las condiciones anteriores de habitabilidad, excluyéndose los elementos que la Administración considere que tienen carácter suntuario. Mientras en aquellas viviendas que no tengan el carácter de habitual, ese resarcimiento comprenderá tan sólo el 50% de esos daños, con el límite de 113.680 euros. Y compartiendo la misma finalidad, también se reconoce en la actual normativa, que la Administración del Estado pueda contribuir a sufragar los gastos que origine el alojamiento provisional de aquellas personas que, como consecuencia de un atentado terrorista, hayan tenido que abandonar temporalmente su vivienda mientras se efectúen las obras de reparación[236]. Para lo cual, el Mi-

---

235 Con arreglo al art. 24.2 RLVT: «Se entenderá por vivienda habitual, a los efectos de este reglamento, la edificación que constituya la residencia de una persona o unidad familiar durante un período de, al menos, seis meses al año. Igualmente se entenderá que la vivienda es habitual en los casos de ocupación de ésta en tiempo inferior a un año, siempre que se haya residido en ella un tiempo equivalente, al menos, a la mitad del transcurrido desde la fecha en que hubiera comenzado la ocupación».

236 Según el art. 25.1 RLVT: «Los gastos derivados del alojamiento provisional de las personas que tengan que abandonar temporalmente

nisterio del Interior podrá celebrar convenios o acuerdos con otras Administraciones Públicas o con organizaciones especializadas en el auxilio o asistencia a damnificados en situaciones de siniestro o catástrofe (art. 24.2 LVT).

7.2.2. Daños en establecimientos mercantiles e industriales

En este caso, el resarcimiento comprenderá el valor de las reparaciones necesarias para ponerlos nuevamente en funcionamiento, incluyendo los daños sufridos en la estructura, instalaciones, mobiliario y equipos necesarios (art. 25 LVT), cuya cuantía máxima ha sido fijada por el Reglamento en la cantidad de 113.680 euros por establecimiento (art. 26.1 RLVT).

No obstante, con independencia de estas reparaciones, la actual normativa también contempla que la Administración General del Estado, en supuestos excepcionales y, en particular, cuando quede interrumpida la actividad de una empresa, con riesgo de pérdida de sus puestos de trabajo, pueda subsidiar la concesión de préstamos destinados a la reanudación de dicha actividad (art. 25. 2 y 3 LVT)[237]. O bien, proceder a celebrar convenios con entidades de crédito al objeto de que éstas establezcan modalidades de créditos a bajo interés, con la finalidad anteriormente indicada (art. 25.4 LVT).

---

su vivienda, se abonarán mientras duren las obras de reparación con el límite de 90 euros diarios si el alojamiento tienen lugar en un establecimiento hotelero, o de 1.500 euros mensuales si se trata del alquiler de una vivienda».

237 En estos supuestos según determina el art. 26.2 RD 671/2013: «El subsidio consistirá en el abono a la entidad de crédito prestamista de la diferencia existente entre los pagos de amortización de capital e intereses, al tipo de interés fijado por la entidad prestamista, y los que corresponderían al tipo de interés subsidiado, que será el del interés legal del dinero en el momento de formalización del préstamo menos tres puntos porcentuales de interés anual».

7.2.3. Daños en sedes de partidos políticos, sindicatos y organizaciones sociales

En relación a los daños causados en las sedes de partidos políticos, sindicatos y organizaciones sociales, su resarcimiento comprenderá el valor de todas las reparaciones necesarias para que recuperen sus condiciones anteriores de funcionamiento, con el fin de reanudar su actividad, incluyendo el mobiliario y el equipo siniestrado, recuperando las condiciones anteriores de funcionamiento. Considerándose también resarcibles, los daños de esta naturaleza sufridos en las sedes o lugares de culto pertenecientes a confesiones religiosas inscritas en el Registro de Entidades Religiosas (art. 26 LVT). Además de calificar como un acierto, a partir del riesgo que pueden correr las entidades que conforman el movimiento asociativo de asistencia a las víctimas del terrorismo con ocasión del desempeño de sus funciones en la defensa de sus derechos, que el desarrollo reglamentario de la Ley 29/2011 incluya expresamente entre las organizaciones sociales con derecho a este resarcimiento por daños materiales, a las asociaciones, fundaciones y entidades sin ánimo de lucro cuyo objeto sea precisamente la representación y defensa de los intereses de las víctimas del terrorismo[238].

7.2.4. Daños en vehículos

En virtud de esta ayuda serán resarcibles los daños causados en los vehículos particulares, así como los sufridos por los destinados al transporte terrestre de personas o mercancías -salvo los de titularidad pública-, siempre que se disponga de la póliza vigente del seguro obligatorio del vehículo vigente en el momento del daño, cuando ésta sea exigible según la normativa reguladora de dicho seguro (art. 27 LVT).

---

[238] Vid. art. 27.2 RLVT.

Comprendiéndose en dicho resarcimiento, el importe de los gastos necesarios para su reparación. Si bien, en el caso de destrucción del vehículo, o si la reparación fuera superior al valor venal, esa indemnización abarcará el importe de adquisición en el mercado de un vehículo de similares características y condiciones de uso al siniestrado, hasta el límite de 30.500 euros. Y debiéndose hacer constar en todo caso en el informe pericial, el valor de las reparaciones o el de reposición, según proceda[239].

8. RÉGIMEN DE AYUDAS DE CARÁCTER ASISTENCIAL PARA VÍCTIMAS DEL TERRORISMO

Las prestaciones que se incluyen en este régimen tienen como finalidad reforzar la acción asistencial desarrollada por la Administración del Estado a favor de las víctimas del terrorismo, complementándola con una serie de medidas de apoyo en determinadas áreas específicas como la sanitaria, la laboral, vivienda, o educación, donde necesitan una especial atención para cubrir aquellas que no hayan sido cubiertas, o lo hayan sido de forma insuficiente por el resto de ayudas económicas. Declarándose compatibles con ellas (art. 36 LVT y 42.5 RLVT), con la previsión de que puedan ser solicitadas por las víctimas o familiares que convivan con ellas, o bien ser promovidas de oficio por el Ministerio del Interior, en atención a la necesidad detectada[240], y estableciéndose asimismo la posibilidad de concesión de anticipos[241].

---

239 Vid. art. 28 RLVT.

240 Vid. art. 42.5 RLVT.

241 Según declara el art. 43 del RLVT: «En supuestos de perentoria necesidad podrán otorgarse anticipos a cuenta de las ayudas extraordinarias, gastos de asistencia médica, traslados de afectados y alojamientos provisionales, cuya cuantía no excederá el 70% de la que

8.1. Asistencia sanitaria

En virtud de esta ayuda, las personas que hayan sufrido daños físicos tendrán derecho a que le sean resarcidos los gastos por tratamientos médicos, prótesis e intervenciones quirúrgicas que guarden vinculación con las acciones terroristas, siempre que quede acreditada su necesidad y no se hallen cubiertos por el sistema público o privado de previsión al que esas personas se encuentren acogidas (art. 32 LVT). Para lo cual, se deberá acreditar en todo caso su necesidad actual y que la concreta prestación requerida no se halla cubierta por el sistema público sanitario o de un seguro privado, ni tampoco por el régimen público ordinario de resarcimientos y ayudas a las víctimas del terrorismo.

Contemplándose asimismo la posibilidad que las víctimas, amenazados y sus familiares o personas con quienes convivan, que sufran secuelas psicológicas derivadas de los actos de terrorismo que se hayan manifestado con posterioridad, puedan tener también derecho a la financiación del coste de la atención psicológica previa prescripción facultativa, con un límite de 3.600 euros por tratamiento individualizado, así como el apoyo psicopedagógico al alumnado que lo pueda necesitar[242]. Para lo cual, el Reglamento de la Ley 29/2011, prevé que la Administración General del Estado pueda llevar a cabo los oportunos conciertos con otras Administraciones Públicas o entidades privadas especializadas en dicha asistencia, o en su defecto financiar el coste de esos tratamientos individuales requeridos (art. 33.2 RLVT) [243].

---

previsiblemente fuera a corresponder en la resolución que acuerde su concesión».

242 Vid. art. 34 RLVT.

243 Según el art. 33.2 RLVT: «En defecto de los oportunos conciertos, la Administración General del Estado podrá financiar el coste de los tratamientos individuales requeridos, siempre que quede acre-

8.2. Ayudas laborales y de la Seguridad Social

En este ámbito se prevé que las víctimas del terrorismo puedan tener derecho a la reordenación de su tiempo de trabajo y a la movilidad geográfica (arts. 33 y 35 LVT). De manera que, con el fin de concretar estos derechos laborales, el art. 44 del RD 671/2013, establece que para hacer efectiva su protección y su derecho a la asistencia social integral tengan reconocidos los siguientes: a) A la reducción de la jornada de trabajo con disminución proporcional del salario o a la reordenación del tiempo de trabajo, a través de la adaptación del horario, de la aplicación del horario flexible o de otras formas de reordenación del tiempo de trabajo que se utilicen en la empresa; y b) A la movilidad geográfica, mediante el derecho preferente a ocupar otro puesto de trabajo, del mismo grupo profesional o categoría equivalente, que la empresa tenga vacante en cualquier otro de sus centros de trabajo. Los cuales se deberán interpretar conforme a las disposiciones del RDL 2/2015, de 23 de octubre, por el que se aprueba el texto refundido de la Ley del Estatuto de los Trabajadores (TOL5.512.468)[244].

Contando además, con la ventajosa previsión de tener que ser incluidas en el marco de las políticas activas de empleo, en unas condiciones que sean compatibles con su situación física y psíquica (art. 34 LVT). Razón por la cual, las víctimas del terrorismo podrían no sólo beneficiarse de las medidas de bonifica-

---

ditada, a juicio de la Dirección General de Apoyo a las Víctimas del Terrorismo del Ministerio del Interior, su necesidad, vinculación con las acciones comprendidas en el ámbito de aplicación de este reglamento y falta de adecuación al trauma causado por las acciones terroristas del tratamiento psicológico prestado por el sistema de previsión público o privado. La ayuda correspondiente se abonará por trimestres vencidos al profesional interviniente, previa presentación de las facturas originales de los honorarios correspondientes».

244 BOE núm. 255, 24 de octubre de 2015.

ción destinadas a la contratación previstas en la Ley 43/2006, de 29 de diciembre, para la mejora del crecimiento y del empleo (TOL1.020.343)[245], sino también de los programas específicos de empleo dirigidos a fomentar el empleo de las personas con especiales dificultades para el acceso y mantenimiento del empleo que se contemplan en el marco de la reciente Ley 3/2023, de 28 de febrero, de Empleo (TOL9.421.381)[246], que entre tales colectivos vulnerables de atención prioritaria incluye expresamente en su art. 50.1, a las personas víctimas del terrorismo[247]. Sin perjuicio de otras medidas dirigidas a diseñar un plan de empleo para ellas (DA 3ª LVT), o a favorecer su acceso al empleo público (DA 4ª LVT).

8.3. Ayudas en materia de vivienda

A través de estas ayudas, las víctimas del terrorismo tendrán una consideración preferente en la adjudicación de viviendas de protección pública a precio tasado o para arrendamiento, especialmente, cuando las secuelas del acto terrorista las obliguen al cambio de aquella en la que vivían, sin perjuicio de contemplar otras dirigidas tan sólo a que puedan adaptarlas a sus necesidades (art. 37 LVT). Posibilidades que han sido objeto de desarrollo a través del Reglamento de la Ley, al contemplar que la Administración General del Estado en cooperación con las Comunidades Autónomas, puedan acordar este tipo de medidas para la adaptación de viviendas, cuando sea necesaria, en atención a las secuelas padecidas por las víctimas derivadas de las acciones terroristas[248].

---

[245] BOE núm. 312, 30 de diciembre de 2006.

[246] BOE núm. 51, 1 de marzo de 2023.

[247] Vid. art. 46 RLVT.

[248] Vid. art. 41 RLVT.

Estas medidas tuvieron una acogida expresa en el Plan Estatal de Vivienda aprobado para el período 2018-2021, pues a tenor de lo dispuesto en el art. 7.4 del RD 106/2018, de 9 de marzo (TOL7.267.397)[249] que lo regulaba, se decía que tenían la consideración de sector preferente, a los efectos de las ayudas contempladas en dicho plan, «las personas que hubieran sufrido daños incapacitantes como consecuencia de la actividad terrorista, el cónyuge o persona que haya vivido con análoga relación de afectividad, al menos los dos años anteriores, de las víctimas fallecidas en actos terroristas, sus hijos y los hijos de los incapacitados, así como los amenazados». Declarándose además que, especialmente, quedaban exoneradas de la aplicación del umbral de renta de la unidad de convivencia cuando se exigiera para el caso de las distintas ayudas, y estableciéndose su preferencia en caso de empate entre los posibles beneficiarios de las ayudas.

Y aunque el actual Plan Estatal para el acceso a la Vivienda 2022-2025, aprobado por el RD 42/2022, de 18 de enero (TOL8.741.877)[250], a diferencia del anterior, no aluda expresamente al colectivo de víctimas del terrorismo como colectivo preferente de esas ayudas, debemos entenderlo también incluido en él. Pues a tenor de lo dispuesto en su art. 17.2, las aportaciones del plan irán destinadas entre otras finalidades, al mantenimiento de las ayudas para subsidio de préstamos convenidos que hubieran sido concedidos al amparo de planes estatales de vivienda anteriores, a facilitar el acceso a la vivienda en régimen de alquiler a personas especialmente vulnerables, y a mejorar para estos colectivos la accesibilidad de las viviendas, con una especial atención a las personas con discapacidad.

---

249 BOE núm. 61, 10 de marzo de 2018.

250 BOE núm. 16, 19 de marzo de 2022.

8.4. Ayudas educativas

Mediante estas ayudas educativas, se prevé que las víctimas del terrorismo que hayan sufrido daños físicos y/o psíquicos, así como sus hijos, obtengan la exención de todo tipo de tasas académicas en los centros oficiales donde vayan a cursar sus estudios (art. 38 LVT). Así como la concesión de ayudas al estudio cuando, como consecuencia del acto terrorista, se deriven para el estudiante, para su viudo o viuda, pareja de hecho o los hijos del fallecido, o para sus padres, hermanos, tutores o guardadores, daños personales que los incapaciten para el ejercicio de su profesión habitual (art. 39 LVT).

Cuyas cuantías para iniciar o proseguir esos estudios, se han determinado reglamentariamente por cada curso escolar en la forma que sigue[251]: a) Primer ciclo de educación infantil: 1.000 euros; b) Segundo ciclo de educación infantil y educación primaria: 400 euros; c) Educación secundaria obligatoria: 400 euros; d) Bachillerato: 1.000 euros; e) Formación profesional de grado medio y superior: 1.500 euros; f) Grado o equivalente: 1.500 euros; g) Máster: 1.500 euros; h) Otros estudios superiores: 750 euros; i) Enseñanzas de idiomas en centros oficiales: 300 euros. Si bien, estas cantidades se podrán incrementar en un 20% siempre que el centro de estudios diste, al menos, 50 km de la localidad en la que se encuentre el domicilio familiar, y en un 40% si la asistencia al citado centro implica cambio de residencia respecto del domicilio familiar.

Debiéndose asimismo tener presente que estas ayudas al estudio serán incompatibles con las percibidas por los mismos conceptos de otras Administraciones, y que sólo podrán concederse una por curso, aunque se realicen de forma simultánea varios cursos o grados universitarios a la vez.

---

[251] Vid. art. 36 RLVT.

9. ABONO POR EL ESTADO DE LA RESPONSABILIDAD CIVIL FIJADA EN SENTENCIA FIRME

Esta previsión de abonar por parte del Estado la indemnización que haya sido acordada en una sentencia firme como responsabilidad civil, puede considerarse heredera de la derogada Ley 32/1999, de 8 de octubre, de solidaridad con las víctimas del terrorismo (TOL121.120), ya comentada. En la medida que como señala PÉREZ RIVAS, el principio de solidaridad queda en cierta medida mediatizado en este supuesto, siendo el Estado quien asume una posición de garante para el pago de la indemnización debida ante la insolvencia del responsable civil, articulándose de este modo un auténtico sistema indemnizatorio[252], aunque ello no significa que por el Estado se asuma responsabilidad subsidiaria alguna en los procesos penales[253], tal como expresamente se reconoce en los artículos 17 y 20.7 del Reglamento de la Ley 29/2011.

Y en cuanto a su ámbito de aplicación, hay que precisar que se extenderá a los daños físicos o psíquicos, sufridos por las víctimas de acciones terroristas que hayan tenido lugar desde el 1 de enero de 1960, o a las personas indicadas en el art. 17 de la Ley 29/2011 y, en su defecto, a sus herederos o a quien se fije como destinatarios en la resolución judicial adoptada (art. 20 LVT), sin perjuicio de la posterior subrogación del Estado en esas acciones civiles (art. 21 LVT).

---

252 PÉREZ RIVAS, N., «El sistema de asistencia integral a las víctimas del terrorismo en el ordenamiento español», *Revista Boliviana de Derecho,* Nº 24, julio 2017, p. 288, en: https://www.revista-rbd.com/articulos/2017/262-295.pdf [Consulta: 08-01-24], y en mismo sentido ROCA AGAPITO, L., «Análisis del nuevo régimen jurídico...», op. cit., p. 1310.

253 HEREDERO ORTIZ DE LA TABLA, L., *La protección legal a las víctimas del terrorismo...,* op. cit., p. 226.

De modo que, a tenor de lo dicho, esa indemnización deberá ser abonada en primer lugar a la persona que haya sufrido los daños físicos o psíquicos como consecuencia del acto terrorista, y en caso de su fallecimiento, ese derecho corresponderá por orden de preferencia a las siguientes personas: a) El cónyuge de la persona fallecida, si no estuvieren legalmente separados, o la persona que hubiere venido conviviendo con ella de forma permanente con análoga relación de afectividad al menos dos años inmediatamente anteriores al momento del fallecimiento, salvo que hubieren tenido descendencia en común, en cuyo caso bastará la mera convivencia; y los hijos de la persona fallecida; b) A falta de los anteriores, serán destinatarios de la indemnización, por orden sucesivo y excluyente, los padres, los nietos, los hermanos y los abuelos de la persona fallecida; c) En defecto de todos ellos, los hijos de la persona conviviente y los menores en acogimiento familiar permanente de la persona fallecida siempre que dependieran económicamente de ella; y d) Por último, en ausencia de los mencionados beneficiarios, se habrán de considerar como tales sus herederos o a quien se fije como destinatarios en la respectiva resolución judicial[254].

Y en cuanto a la determinación de su importe, la cuantía máxima de la indemnización que se haya de abonar por parte del Estado, en concepto de responsabilidad civil, variará en función de que en la sentencia firme se haya fijado o no una cantidad por este concepto. Así pues en el primer caso, la cantidad a abonar será la que efectivamente sea fijada en la sentencia, si

---

254 Según el art. 18.1 RLVT: «El Estado se subrogará en las acciones que los perceptores de las indemnizaciones y prestaciones recibidas en aplicación de esta Ley puedan ejercer contra los responsables de los actos de terrorismo hasta el límite de la indemnización satisfecha por el Estado. A estos efectos deberán, con carácter previo a la percepción de las ayudas y prestaciones, transmitir al Estado las acciones civiles correspondientes».

bien en ningún caso podrá exceder de las siguientes cuantías en función de las distintas contingencias que a continuación se relacionan (art. 20.4 LVT)[255]: a) Fallecimiento: 500.000 euros; b) Gran invalidez: 750.000 euros; c) Incapacidad permanente absoluta: 300.000 euros; d) Incapacidad permanente total: 200.000 euros; e) Incapacidad permanente parcial: 125.000 euros; f) Lesiones permanentes no invalidantes: 100.000 euros; y g) Secuestro: 125.000 euros.

Constituyendo éste uno de los cambios más destacables del vigente régimen con relación a la normativa anterior representada por la Ley 32/1999 (TOL121.120), conforme al cual la cuantía a satisfacer en concepto de responsabilidad civil era la fijada en la sentencia judicial firme, salvo que dicha cantidad fuera inferior a la indemnización mínima que, en todo caso, debieran percibir las víctimas. De modo que el legislador, con arreglo a la actual regulación, ha optado por el establecimiento de las cantidades máximas que el Estado habrá de asumir en concepto de responsabilidad civil, con el objetivo de evitar las desigualdades hasta ahora existentes[256]. Lo que nos parece un criterio acertado, al ser conforme con los principios en que se funda la Ley 29/2011 según lo manifestado en su Exposición de Motivos: «La Ley se inspira igualmente en el principio de igualdad, estableciendo criterios que garanticen un trato más equitativo en orden a la compensación, evitando en todo caso respuestas desiguales ante supuestos similares».

Sin embargo, en el caso de que la sentencia firme «no reconociera ni permitiera reconocer una cantidad en concepto de responsabilidad civil por daños físicos o psíquicos», con arreglo a lo dispuesto en el art. 16.2 RLVT se abonarán, en función de la clase de contingencia ante la que nos encontremos, las canti-

---

[255] Vid. art. 16.3 RLVT.

[256] PÉREZ RIVAS, N., «El sistema de asistencia integral a las víctimas del terrorismo...», op. cit., p. 290.

dades previstas en el régimen de indemnizaciones para las víctimas del terrorismo, ya comentadas en un apartado anterior de este capítulo y previstas en el Anexo I de la Ley 29/2011.

Además, en el supuesto de que las víctimas de actos de terrorismo ya hubieran percibido cualquiera de las ayudas por daños personales, únicamente tendrán derecho a que el Estado les abone la diferencia con respecto a la cantidad fijada en la sentencia judicial firme en concepto de responsabilidad civil, con los límites a los que acabamos de hacer referencia. Y asimismo, se prevé que las víctimas conserven el ejercicio de las acciones civiles para poder reclamar a los responsables civiles de los delitos las diferencias que puedan existir, cuando las indemnizaciones reconocidas en la sentencia sean superiores a las satisfechas por el Estado[257].

En cualquier caso, conforme a lo previsto en el art. 49.2 RLVT, es importante no olvidar que el plazo para solicitar el abono con carácter extraordinario de la responsabilidad civil fijada en una sentencia firme será de un año, desde la notificación al interesado de dicha sentencia o, en su caso, de la resolución judicial que fije la cantidad indemnizatoria.

---

[257] Según el art. 18.2 RLVT: «Los destinatarios de las indemnizaciones y prestaciones por terrorismo a quienes la sentencia judicial hubiera reconocido derechos de resarcimiento por un importe superior al recibido del Estado en aplicación de esta Ley, conservarán la acción civil para reclamar la diferencia a los responsables de la acción delictiva causante de los daños».

10. OTRAS MEDIDAS PREVISTAS EN LA LEY 29/2011 PARA EL RECONOCIMIENTO DE LAS VÍCTIMAS DEL TERRORISMO

Además del completo sistema de indemnizaciones, prestaciones y ayudas que como hemos estudiado, se prevé en la Ley 29/2011, otro de sus ejes fundamentales lo constituyen aquellas medidas contempladas en ella para el reconocimiento público y social de las víctimas del terrorismo a través de la regulación de un sistema de condecoraciones y honores públicos. Para lo cual regula en su Título VI (arts. 52 a 55 LVT), desarrollado por el Título V de su Reglamento (arts. 59 a 61 RLVT), la Real Orden de Reconocimiento Civil a las víctimas del terrorismo, cuyo procedimiento de concesión se encomienda al Ministerio del Interior, en sus diversos grados: a) Gran Cruz para los fallecidos; b) Encomienda para quienes hayan sufrido daños físicos o psíquicos de carácter permanente y secuestrados; y c) Insignia para los amenazados, a los ilesos en atentado terrorista, así como al cónyuge del fallecido o persona ligada con él por análoga relación de afectividad, los padres y los hijos, los abuelos, los hermanos y los nietos de los fallecidos, así como a los familiares de los heridos que hayan sufrido lesiones incapacitantes en sus distintos grados hasta el segundo grado de consanguinidad.

Unas medidas a las que, en el contexto de la Ley 29/2011, se le suman otras que también persiguen asegurar el máximo respeto y dignificación de las víctimas, con el impulso de símbolos, monumentos y elementos análogos para su recuerdo y reconocimiento. O como la contemplada en su art. 57, acerca de la constitución de un Centro Nacional para la Memoria de las Víctimas del Terrorismo, con el objetivo de «preservar y difundir los valores democráticos y éticos que encarnan las víctimas del terrorismo, construir la memoria colectiva de las víctimas y concienciar al conjunto de la población para la defensa de la libertad y de los derechos humanos y contra el terrorismo». Que se hizo efectiva por acuerdo del Consejo de Ministros adoptado el 24 de julio de 2015, acordándose que fuera una fundación del sector público estatal, adscrita al Ministerio del Interior quien lo gestionara a través de un órgano de gobierno colegiado integrado por un patronato y una comisión ejecutiva[258], con sede en la ciudad de Vitoria-Gasteiz (Álava), que fue inscrita en el Registro de Fundaciones por Orden ECD/2398/2015, de 2 de noviembre[259]. Encomendándose a dicho Centro, con arreglo a sus estatutos (art. 5), la realización de diversas actividades de sensibilización, educativas y pedagógicas; expositivas; de investigación; de archivo, biblioteca y publicaciones, así como de difusión nacional e internacional[260], que pueden ser consultadas en su página web.

Las cuales se completan con otras también previstas en el texto legal, con el fin de promover la educación para la defensa de la libertad, la democracia y la paz en los centros educativos (art. 59 LVT). Destacándose con este fin la puesta en marcha del proyecto educativo denominado *«Memoria y prevención del terrorismo»*, con la elaboración de unidades didácticas dirigidas a alumnos y docentes de Educación Secundaria Obligatoria y Bachillerato, que desarrollan los contenidos incluidos en los currículos educativos de estos niveles referentes a la historia del terrorismo, el fomento de la consideración hacia las víctimas del terrorismo y el rechazo a la violencia terrorista[261].

---

258 CENTRO MEMORIAL DE LAS VÍCTIMAS DEL TERRORISMO, *Órganos de gobierno*, en: https://www.memorialvt.com/organos-de-gobierno/ [Consulta: 08-01-24].

259 BOE núm. 272, 13 de noviembre de 2015.

260 HEREDERO ORTIZ DE LA TABLA, L., *La protección legal a las víctimas del terrorismo...*, op. cit., p. 355.

261 MINISTERIO DEL INTERIOR, *Unidades didácticas del Proyecto Educativo "Memoria y Prevención del Terrorismo"*, en: https://www.interior.gob.es/opencms/es/servicios-al-ciudadano/tramites-y-gestiones/ayudas-y-subvenciones/ayudas-a-victimas-de-actos-terroristas/uni-

Así como la instauración del 27 de junio como Día Nacional de Recuerdo y Homenaje a las Víctimas del Terrorismo, y del 11 de marzo como Día Europeo de las Víctimas del Terrorismo (art. 60 LVT), establecido con motivo de los atentados de Madrid en 2004. Sin olvidar las menciones del art. 61 de la Ley 29/2011, a aquellas medidas que habrán de adoptarse por el Estado con el fin de proteger el honor y la dignidad de las víctimas del terrorismo, con la prohibición de exhibir públicamente monumentos, escudos, insignias, placas y otros objetos o menciones conmemorativas o de exaltación o enaltecimiento individual o colectivo del terrorismo, los terroristas o sus organizaciones, además de prevenir y evitar la realización de actos en público que entrañen descrédito, menosprecio o humillación de las víctimas o sus familiares. Y cuyo control se encomienda a los Delegados del Gobierno en las respectivas CA, que habrán de velar por el cumplimiento de esta obligación por parte de las Corporaciones Locales, a los efectos de su reclamación de oficio ante los Tribunales de justicia que sean competentes. Aunque desafortunadamente, se constata que son pocas las iniciativas adoptadas para dar cumplimiento a esta obligación, pese a la repercusión negativa que tiene este tipo de actos para las víctimas del terrorismo[262]. Señalándose por ello la necesidad de llevar a cabo una modificación legal para hacer efectivo y con consecuencias este mandato legal[263].

---

dades-didacticas-del-proyecto-educativo-memoria-y-prevencion-del-terrorismo/ [Consulta: 08-01-24].

262 LADRÓN DE GUEVARA PASCUAL, C., *Avances y carencias en la protección jurídica...*, op. cit., p. 74.

263 HEREDERO ORTÍZ DE LA TABLA, L., «Propuestas para una reforma legal del sistema de reconocimiento y protección integral a las víctimas del terrorismo», *Revista de Derechos Humanos y Educación,* N° 3, 2020, p. 177.

11. EL APOYO INSTITUCIONAL Y DEL MOVIMIENTO ASOCIATIVO EN LA ASISTENCIA A LAS VÍCTIMAS

La Ley 29/2011 es el claro reflejo del progreso registrado en el tratamiento de las víctimas en España, pues durante mucho tiempo fueron consideradas las protagonistas ignoradas del terrorismo, sin apenas tener presencia pública y estando olvidadas incluso por las instituciones que debían ocuparse de su atención[264]. Por ello, el importante papel otorgado ahora al Ministerio del Interior para garantizar su protección integral, junto a la esencial labor desarrollada con este mismo fin por el movimiento asociativo, cuya génesis y evolución en nuestro país ha sido puesta en valor por MATEO SANTAMARÍA al contribuir de manera clara a su reconocimiento y apoyo social[265], justifica que le dediquemos un apartado específico. Con el cual perseguimos delimitar el concreto ámbito de actuaciones que corresponde a cada uno de ellos, habida cuenta que con arreglo a nuestro ordenamiento jurídico se instaura un sistema mixto de atención y asistencia a este colectivo, al combinar el apoyo público institucional con el ofrecido por las asociaciones y entidades más representativas[266], que lo viene a complementar.

Así pues, ocupándonos en primer lugar de la referida tutela institucional, dentro del actual organigrama del Ministerio del

---

264 DOMÍNGUEZ IRIBARREN, F., «Las víctimas, visibles por su propio esfuerzo», MATEO SANTAMARÍA, E./ RIVERA BLANCO, A. (eds.): *Víctimas ¿Todas iguales o todas diferentes? Caracterización y respuestas ante un fenómeno complejo,* Fundación Fernando Buesa Blanco e Instituto de Historia Social Valentín de Foronda, Vitoria-Gasteiz, 2017, p. 138.

265 MATEO SANTAMARÍA, E., «La contribución del movimiento asociativo y fundacional a la visibilidad de las víctimas del terrorismo en España», *Revista de Victimología,* Nº 7, 2018, p. 39.

266 LADRÓN DE GUEVARA PASCUAL, C., *Avances y carencias en la protección jurídica...,* op. cit., p. 71.

Interior, las funciones de carácter indemnizatorio y asistencial al colectivo de víctimas del terrorismo, conforme a las previsiones del art. 62 de la Ley 29/2011, son desplegadas por la Dirección General de Apoyo a las Víctimas del Terrorismo[267]. Reconocida como órgano directivo orgánicamente dependiente de la Subsecretaría del Interior por el reciente Real Decreto 1009/2023, 5 de diciembre, que establece la estructura orgánica básica de los departamentos ministeriales (art. 5)[268]. Y de la cual dependen dos Subdirecciones Generales, una de Apoyo a Víctimas del Terrorismo, y otra de Ayudas a Víctimas del Terrorismo, conforme a lo establecido en el Real Decreto 734/2020, 4 de agosto, por el que se desarrolla la estructura orgánica básica del Ministerio del Interior —arts. 8.5.e) y 13— (TOL8.028.489)[269]. Teniendo atribuida como órgano de gestión dentro del departamento, las siguientes funciones de atención y apoyo integral a este colectivo[270]:

> «a) La asistencia inmediata a los afectados tras la comisión de un atentado terrorista, informando y apoyando a las víctimas y a sus familias;
>
> b) Recibir y encauzar, como ventanilla única, las solicitudes de cualquier procedimiento que puedan iniciar las personas y familiares que sufran la acción terrorista ante la Administración General del Estado, lo que comprenderá la ayuda y orientación a las personas y familiares que sufran la acción del terrorismo y

---

267 MINISTERIO DEL INTERIOR, *Subsecretaría del Interior*, en: https://www.interior.gob.es/opencms/es/el-ministerio/funciones-y-estructura/subsecretaria-del-interior/ [Consulta: 08-01-24].

268 BOE núm. 291, 6 de diciembre de 2023.

269 BOE núm. 211, 5 de agosto de 2020.

270 MINISTERIO DEL INTERIOR, *Dirección General de Apoyo a las Víctimas del Terrorismo*, en: https://www.interior.gob.es/opencms/es/el-ministerio/funciones-y-estructura/subsecretaria-del-interior/direccion-general-de-apoyo-a-victimas-del-terrorismo/ [Consulta: 08-01-24].

la remisión al órgano competente de las peticiones deducidas y la relación con el interesado;

c) La colaboración con las asociaciones, fundaciones y demás instituciones públicas y privadas que tengan como objetivo la atención a las víctimas del terrorismo y la preservación de su memoria, así como la tramitación de subvenciones a las asociaciones y fundaciones cuyo objeto sea la representación y defensa de los intereses de las víctimas del terrorismo.

d) La colaboración con los órganos competentes de la Administración General del Estado y de las restantes Administraciones Públicas en materia de asistencia y apoyo a las víctimas del terrorismo, con el fin de asegurar una protección integral a las víctimas. Esta colaboración se hará extensiva a las distintas oficinas de atención a víctimas de delitos de terrorismo existentes en tribunales y fiscalías;

e) La coordinación con las estructuras homólogas de los estados miembros de la UE en el caso de atentados terroristas con víctimas de distintas nacionalidades, así como el fomento en el ámbito internacional de las iniciativas de reconocimiento y apoyo a las víctimas del terrorismo;

f) La tramitación, gestión y propuesta de resolución de los expedientes de ayudas, resarcimientos y condecoraciones a los afectados por delitos de terrorismo, así como la repetición del importe satisfecho por el Estado contra el obligado civilmente por el delito de terrorismo, así como la reclamación de lo abonado por el Estado en concepto de responsabilidad fijada en sentencia por delitos de terrorismo;

g) La formulación de estudios, informes y, en su caso, propuestas de reformas normativas u organizativas que optimicen el régimen de asistencia y prestaciones establecido o que pueda establecerse para la mejora de los derechos de los afectados por terrorismo; y

h) La colaboración con los órganos competentes de la Administración General del Estado y de las restantes Administraciones públicas en materia de ayudas y prestaciones públicas a

> las víctimas del terrorismo, incluidas las estructuras homólogas de los Estados miembros de la Unión Europea en el caso de atentados terroristas con víctimas de distintas nacionalidades. Esta colaboración se hará extensiva a las distintas oficinas de atención a víctimas de delitos de terrorismo existentes en tribunales y fiscalías».

No obstante, como ya hemos anticipado, la Ley 29/2011 no supuso únicamente un avance considerable para el apoyo institucional a las víctimas del terrorismo en nuestro país, sino también, y en segundo lugar un salto cualitativo para el reconocimiento del movimiento asociativo a la hora de representar y tutelar sus intereses. Lo cual viene avalado en la propia norma, al reconocer en su art. 64 que estas asociaciones y fundaciones «contribuyen a fomentar la unión entre las víctimas, la defensa de sus intereses y la mejora de su condición» al promover la concienciación social contra el terrorismo y preservación de la memoria[271]. Cuya actuación, al gozar de reconocimiento social, permite a las Administraciones Públicas fomentar su creación y mantenimiento a través de un sistema de subvenciones y ayudas previsto también en el texto legal (art. 65 LVT), publicándose la última de sus convocatorias en marzo de 2023[272]. El cual también se ha previsto en las diversas legislaciones específicas que se han ido promulgando en el ámbito autonómico —Andalucía (art. 28), Aragón (art. 21), Cantabria (art. 26), Castilla y León (art. 25), Extremadura (art. 41), La Rioja (art. 28), Navarra (art. 16), País Vasco (art. 27), Valencia (art. 13), o Región de Murcia (art. 20)—, como se verá en el siguiente capítulo.

Razón por la cual, en relación a la actuación de este movimiento asociativo y fundacional en España, queremos destacar en primer lugar la labor desarrollada por la Fundación Vícti-

---

[271] HEREDERO ORTIZ DE LA TABLA, L., *La protección legal a las víctimas del terrorismo...*, op. cit., p. 366.

[272] BOE núm. 71, 24 de marzo de 2023.

mas del Terrorismo (FVT), como entidad sin ánimo de lucro creada el 19 de diciembre de 2001, al amparo del Pacto Antiterrorista acordado entre Partido Popular, entonces en el gobierno, y Partido Socialista Obrero Español, principal partido de la oposición, con el propósito de aglutinar ayudas y colaborar con todas las asociaciones y fundaciones de víctimas del terrorismo registradas en nuestro país. Desempeñando el papel de coordinadora de las distintas actividades de estos colectivos, además de cooperar de diferentes formas con ellas, y fomentar el activismo social en defensa de las víctimas y contra el terrorismo[273]. Al tener encomendada como finalidad con arreglo a sus estatutos, la de *«promover y divulgar los valores democráticos, la defensa de los derechos humanos, la pluralidad y la libertad de los ciudadanos y, al mismo tiempo, ser un vehículo útil de consulta para una mejor comprensión de la situación del colectivo de víctimas del terrorismo en España»*.

Si bien en el presente apartado, sólo nos ocuparemos de detallar su labor asistencial, con la puesta en marcha de un sistema de ayudas dirigido a atender directamente las necesidades que las víctimas del terrorismo o sus familiares puedan presentar, cuando previamente no estén atendidas por las Administraciones Públicas en virtud de la normativa vigente. Distinguiéndose los siguientes tipos[274]:

a) *Ayudas asistenciales*, complementarias al sistema públi co de atención a víctimas del terrorismo, y dirigidas a compensar, en la medida de lo posible, las limitaciones personales y económicas que puedan producirse como consecuencia de un atentado terrorista. Solicitándose a través de la Dirección General de Apoyo a Víctimas del

---

273 CASTAÑÓN ALVÁREZ, M. J., *Víctimas del terrorismo...*, op. cit., p. 90.

274 FUNDACIÓN VÍCTIMAS DEL TERRORISMO, *Ayudas a Víctimas del Terrorismo*, en: https://fundacionvt.org/ayudas/ [Consulta: 08-01-24].

Terrorismo del Ministerio del Interior o la Asociación de Víctimas a la que pertenezca, quienes se encargarán de elaborar un informe social que será remitido a la FVT para su análisis, valoración y, en su caso, concesión.

b) *Ayudas de estudios y formación*, para contribuir al sostenimiento de los gastos de formación de las víctimas en diversos niveles, incluyendo Grado Universitario, Estudios de Ciclos Formativos de Grado Superior y Cursos de Formación para el empleo, que se hayan realizado o vayan a realizarse dentro del año en curso y/o curso académico, con el objetivo de que su incorporación a la vida laboral se realice en las mejores y óptimas condiciones posibles, pudiéndose solicitar directamente a la FVT.

c) *Ayudas de asistencia y representación jurídica*, con el objetivo de acompañar a las víctimas y sus familiares, en el ámbito de los procesos judiciales penales que puedan derivarse del atentado terrorista, y dirigidas a contribuir al sostenimiento de los gastos originados por la asistencia letrada y/o representación jurídica de la víctimas, tras su personación como acusación particular en los procedimientos judiciales penales dirigidos a enjuiciar a los presuntos responsables, pudiéndose solicitar directamente a la FVT.

Por último y para completar la labor asistencial realizada por el movimiento asociativo, debe ser destacada la Asociación Víctimas del Terrorismo (AVT), que entre otras muchas asociaciones hoy existentes en nuestro país[275], fue la primera organización constituida en el año 1981 con el fin de apoyar a este colectivo, aglutinando en la actualidad a más de 4.800 asociados.

---

[275] FUNDACIÓN VÍCTIMAS DEL TERRORISMO, *Asociaciones y fundaciones víctimas del terrorismo*, en: https://fundacionvt.org/asociaciones-fundaciones/ [Consulta: 08-01-24].

Y que precisamente, dado su carácter de utilidad pública, tiene como objetivo dar respuesta a todas aquellas personas que hayan resultado afectadas por el terrorismo, incluyendo entre sus finalidades, las siguientes[276]: a) Aunar a las familias víctimas del terrorismo para, de una forma colectiva, reivindicar derechos y reclamar justicia; b) Prestar la ayuda necesaria, ya sea moral o material, a todo aquel que lo necesite y haya sido víctima, él o alguno de sus familiares, de la acción terrorista en cualquiera de sus formas o manifestaciones; c) Colaborar y cooperar con las actividades que redunden en beneficio de las víctimas del terrorismo; d) Realizar actos públicos, seminarios, conferencias y demás actividades que contribuyan a fomentar el espíritu de solidaridad hacia las víctimas del terrorismo; e) Personarse y asistir a los procedimientos judiciales que se sigan con motivo de acciones terroristas; y f) Concienciar a la sociedad en contra de los delitos de actos terroristas.

Y por lo que se refiere a la CA de Andalucía, queremos asimismo poner en valor la actividad desplegada por la Asociación Andaluza Víctimas del Terrorismo (AAVT), que creada en 1995, es la segunda asociación más antigua de España tras la AVT y la primera de carácter autonómico. Centrada en la búsqueda de soluciones directas y locales a los problemas de sus miembros que alcanzan más de 2000 —víctimas directas de atentados terroristas, heridos y sus familiares—, a través de diferentes intervenciones y proyectos dirigidos a la mejora de su bienestar físico, psíquico y social que lleva a cabo a través de sus áreas psicológica-psiquiátrica, jurídica, socio-asistencial o administrativa[277], entre otras. Sin perjuicio de su participación

---

276 ASOCIACIÓN VÍCTIMAS DEL TERRORISMO, *¿Quiénes somos?*, en: https://avt.org/es/d/avt [Consulta: 08-01-24].

277 ASOCIACIÓN ANDALUZA VÍCTIMAS DEL TERRORISMO, *Áreas de trabajo*, en: https://www.aavt.net/areas-de-trabajo/ [Consulta: 08-01-24].

activa, como parte del movimiento asociativo, en el trabajo previo que condujo a la Ley 29/2011, con propuestas concretas relacionadas con su elaboración, durante la ronda de consultas convocadas por la Dirección General de Apoyo a las Víctimas del Terrorismo del Ministerio del Interior. Como también lo hizo, según veremos en el capítulo siguiente, en los distintos trámites para aprobar la Ley 10/2010, 15 de noviembre, de medidas para la asistencia y atención a las víctimas del terrorismo en Andalucía[278].

Aunque, con arreglo a los principios que fundamentan ese marco normativo, desarrolla asimismo una amplia actividad dirigida a la defensa de la verdad, la justicia, el respeto a los derechos y libertades fundamentales, el ejercicio de la tolerancia, la participación activa en la vida social, cooperación y solidaridad. Habiéndose considerado que la AAVT, y el posterior nacimiento en noviembre de 1998 del Colectivo de Víctimas del Terrorismo (COVITE) en el País Vasco, que asimismo desarrolla un extenso elenco de actividades con arreglo a sus estatutos[279], son las precursoras del asociacionismo de carácter autonómico, pues hasta 2003 no aparecerán las siguientes[280]. Sin olvidar en el ámbito andaluz, la creación en 1998 de la Fundación Alberto Jiménez-Becerril, en homenaje al Concejal y Teniente de Alcalde del Ayuntamiento de Sevilla y su esposa Ascensión García Ortiz, asesinados por ETA el 30 de enero de

---

278 ASOCIACIÓN ANDALUZA VÍCTIMAS DEL TERRORISMO, *Una pelea andaluza contra el terror. Historia y memoria de la AAVT,* Sevilla, 2016, p. 56.

279 COLECTIVO DE VÍCTIMAS DEL TERRORISMO (COVITE), *Estatutos,* en: https://covite.org/nosotros/estatutos/ [Consulta: 08-01-24].

280 MATEO SANTAMARÍA, E., «La contribución del movimiento asociativo y fundacional a la visibilidad...», op. cit., p. 24.

ese año[281], con un amplio listado de fines para la defensa de la dignidad de las víctimas o la educación/formación en valores de comportamiento pacífico[282].

12. PROPUESTA SOBRE UNA FUTURA REFORMA DE LA LEY 29/2011

Sin perjuicio de las modificaciones puntuales de las que ha sido objeto la Ley 29/2011, de las cuales nos hemos hecho eco al tratar los distintos apartados que la integran, el 20 de marzo de 2018, el Ministerio del Interior publicó en su portal web el trámite de consulta pública previa, mediante el cual expresaba su intención de llevar a cabo diversas reformas de calado en el articulado de la norma y su reglamento de desarrollo aprobado por el RD 671/2013. Trámite que a nuestro juicio, reviste una particular importancia por dos razones: la primera de ellas, porque dado el tiempo transcurrido desde la promulgación de la Ley, ponía de manifiesto la toma de conciencia del ejecutivo sobre la necesidad de afrontar determinadas modificaciones en su texto, y la segunda, porque a la hora de hacerlo, manifestaba su clara intención de llevarlas a cabo contando con la opinión de los colectivos principalmente afectados por las mismas, esto es de las víctimas y entidades que representan sus intereses. Pues de este modo se les daba voz en el proceso de elaboración del futuro texto, con el fin de que éste pudiera responder de la mejor forma posible a sus necesidades, al brindarles la oportunidad de poder realizar sus aportaciones y observaciones.

---

281 ALONSO, R., DOMÍNGUEZ, F., GARCÍA REY, M., *Vidas rotas...*, op. cit., pp. 1028 a 1031.

282 FUNDACIÓN ALBERTO JIMÉNEZ-BECERRIL, *Información institucional y organizativa,* en: https://fundacionalbertojimenez-becerril.org/informacion-institucional-y-organizativa/ [Consulta: 08-01-24].

Con esta finalidad el Ministerio del Interior, a través de su Dirección General de Apoyo a las Víctimas del Terrorismo, en el apartado primero «Antecedentes de la norma» del texto de la propuesta presentada, consideraba que tras los años de vigencia de la Ley 29/2011 era «el momento adecuado para realizar un balance y evaluación de su aplicación, y del sistema en su totalidad, con el objetivo último de determinar la necesidad de proceder a introducir nuevas reformas normativas de mejora de los derechos de las víctimas» en nuestro país. Pretendiéndose con esta propuesta, la consecución de unos objetivos generales y específicos, con los que se perseguía solventar la problemática detectada en la aplicación de diversos extremos de la normativa estatal[283]:

> «Objetivos generales:
>
> Adaptar la normativa al nuevo contexto terrorista nacional e internacional, y mejorar el apoyo a las víctimas del terrorismo, tanto en la asistencia inmediata tras un atentado terrorista, como en la asistencia posterior, consolidando con ello el sistema integral de reconocimiento y protección que posee España, como un modelo internacional de buenas prácticas
>
> Fortalecer las políticas de reconocimiento y memoria de forma coordinada entre todas las partes implicadas y fundamentada en el fomento de los valores y principios democráticos, así como la difusión nacional e internacional del verdadero relato del terrorismo. La educación y el testimonio de las víctimas deben ser ejes fundamentales en este sentido.

---

283 MINISTERIO DEL INTERIOR, *Consulta pública previa sobre posibles reformas de la Ley 29/2011, 22 de septiembre, de Reconocimiento y Protección Integral a las Víctimas del Terrorismo*, en: https://www.interior.gob.es/opencms/pdf/servicios-al-ciudadano/participacion-ciudadana/Participacion-publica-en-proyectos-normativos/Consulta-publica-previa/Consulta_publica_previa_reforma_Ley_29_2011.pdf [Consulta: 08-01-24].

Objetivos específicos:

Inclusión de un Título en la Ley sobre políticas de memoria comprensivo de las medidas y acciones que deban fomentarse y/o ejecutarse por parte de los poderes públicos y de la sociedad civil [...].

Prestar apoyo de calidad a las víctimas españolas de atentados ocurridos en el exterior, lo que implica una eficaz actuación coordinada entre los actores competentes [...].

Creación de un Registro Oficial de Víctimas del Terrorismo, como un nuevo órgano en el Ministerio del Interior que centralice en un único archivo la información sobre víctimas del terrorismo en nuestro país [...].

Analizar la posibilidad, en su caso, de ampliación de ciertos derechos de las víctimas y clarificar determinados preceptos de la norma cuya aplicación ha generado algún problema [...]».

Sin embargo, evacuado el citado trámite de consulta previa, y pese a las observaciones y opiniones que fueron formuladas por parte de las principales asociaciones representativas de víctimas del terrorismo, algunas Administraciones Públicas y de varias víctimas a título individual, lamentablemente hemos de constatar que dicha propuesta de reforma de la Ley 29/2011 quedó en vía muerta, sin que hasta la fecha se haya vuelto a retomar por el Gobierno.

Y si bien debemos reconocer que algunos de sus objetivos, como el de mejorar el apoyo a las víctimas españolas de atentados ocurridos en el extranjero, se ha conseguido gracias a la reciente reforma acometida en la norma estatal llevada a cabo a través de la DF 19ª.1 de la Ley 22/2021, de 28 de diciembre, de Presupuestos Generales del Estado para 2022 (TOL8.704.719), ya comentada en el apartado 4 de este capítulo. Otros objetivos planteados en la propuesta, como el relativo a la creación de un Registro Oficial de Víctimas del Terrorismo o ampliar determinados derechos de las víctimas, desafortunadamente siguen pendientes de llevarse a la práctica, pese a las recomendaciones que en este sentido se formularon en su día por el Defensor del Pueblo al Ministerio del Interior[284], entre otras dirigidas también a otros Ministerios y a la Fiscalía General del Estado.

---

284 DEFENSOR DEL PUEBLO. *Estudio sobre los derechos de las víctimas de ETA...*, op. cit., p. 71.

Capítulo III

El desarrollo autonómico de la legislación estatal sobre víctimas del terrorismo

1. LA ESPECIAL ATENCIÓN A LAS VÍCTIMAS DEL TERRORISMO EN EL CONTEXTO NORMATIVO DE LAS COMUNIDADES AUTÓNOMAS

El sistema estatal de protección y asistencia a las víctimas del terrorismo que hoy representa la Ley 29/2011 y su Reglamento aprobado por el RD 671/2013, se ha de completar, asimismo, con la normativa que durante los últimos años también ha sido aprobada en el ámbito autonómico. Con la cual diversas Comunidades Autónomas, en el ámbito de sus competencias y al amparo del art. 148 CE (TOL173.304), han promulgado numerosas disposiciones normativas con el objetivo principal de ampliar y desarrollar la atención dispensada a estas víctimas en sus respectivos territorios. Lo que merece nuestro aplauso, en la medida que ha contribuido de forma decisiva a mejorar la cobertura estatal ofrecida a este colectivo tan vulnerable y necesitado de una especial protección.

De manera que el desarrollo de esta normativa autonómica comprende en la actualidad a once Comunidades Autónomas –Andalucía, Aragón, Cantabria, Castilla y León, Extremadura, La Rioja, Madrid, Navarra, País Vasco, Región de Murcia y Valencia-, cuyos regímenes vamos a examinar a continuación, si bien, le prestaremos una especial atención al establecido en la CA de Andalucía. A las cuales está previsto que se sume Castilla-La Mancha, que en 2021 inició también los trámites de consulta pública sobre un Anteproyecto de Ley para el apoyo a las víctimas del terrorismo en dicha Comunidad[285]. Teniendo todos estos regímenes autonómicos un carácter subsidiario y complementario respecto a la regulación contemplada en la legislación estatal ya estudiada, tal como se prevé de manera expresa en el propio articulado de la Ley 29/2011, al disponer que todo lo establecido en dicha norma «se entenderá sin perjuicio de las competencias de las Comunidades Autónomas en la materia» (DA 5ª). Pues lo que realmente se persigue con esta legislación autonómica es que las víctimas del terrorismo puedan acceder a otras ayudas, viendo incrementadas en determinados supuestos las cantidades ya reconocidas por la Administración estatal[286].

Y si bien en un primer momento, como señala GARCÍA MENGUAL, ningún Estatuto de Autonomía preveía la posibilidad de implementar medidas a favor de las víctimas del terrorismo, los aprobados con posterioridad a 2006, sí que muestran dicha preocupación por este colectivo —como los Estatutos de Andalucía (art. 37.1), Aragón (art. 30) y Comunidad Valenciana (art. 10)—, al incorporar una carta de derechos de los ciudadanos y una enunciación de principios rectores que deben inspirar la acción de los poderes públicos autonómicos en esta materia[287]. Aunque la inexistencia de este título competencial

---

285 GOBIERNO DE CASTILLA-LA MANCHA, *Anteproyecto de Ley de Apoyo a Víctimas del Terrorismo*, en: https://www.castillalamancha.es/gobierno/vicepresidencia/estructura/vicrelins/actuaciones/anteproyecto-de-ley-de-apoyo-v%C3%ADctimas-del-terrorismo [Consulta: 08-01-24].

286 AGAPITO ROCA, L., «Análisis del nuevo régimen jurídico...», op. cit., p. 1307.

287 GARCÍA MENGUAL, F., «La incorporación de las protección de las víctimas del terrorismo al ordenamiento jurídico...», op. cit., pp. 231 y 232.

específico, no ha impedido el desarrollo de normativas autonómicas a favor de las víctimas del terrorismo, apelándose a otros títulos competenciales como el de la acción social, enseñanza, vivienda o sanidad.

Así pues, a partir de lo dicho, tres serían los principios inspiradores que podemos afirmar que guían y caracterizan a la legislación autonómica sobre víctimas del terrorismo, la complementariedad, la territorialidad o proximidad, y su reconocimiento[288]:

1°) Complementariedad, pues las citadas leyes autonómicas parten del reconocimiento como víctima del terrorismo otorgado por la Administración Central, y vienen a complementar los derechos, prestaciones e indemnizaciones previstas en la legislación estatal —completando con un porcentaje la cantidad recibida por parte del Estado—. Aunque suelen actuar asimismo de manera subsidiaria en lo que se refiere a las ayudas ya recibidas por otros organismos por el mismo concepto, de forma que en estos supuestos se encargarán de abonar la diferencia si el importe previsto en la ley autonómica fuera mayor.

2°) Territorialidad o proximidad, ya que aunque a la hora de aplicar este principio para delimitar el colectivo de posibles beneficiarios en las respectivas normativas autonómicas no se sigue un criterio homogéneo en todas ellas, la premisa general es como veremos la de la vinculación de la víctima al territorio, bien porque resida en él o bien porque el atentado haya tenido lugar en la Comunidad Autónoma.

---

288 LADRÓN DE GUEVARA PASCUAL, C., *Avances y carencias en la protección jurídica...*, op. cit., p. 93, y GARCÍA MENGUAL, F., «La incorporación de las protección de las víctimas del terrorismo al ordenamiento jurídico...», op. cit., p. 233 y ss.

3º) Reconocimiento, de forma que, junto al reconocimiento de prestaciones e indemnizaciones, en la mayoría de las leyes autonómicas se contemplan una serie de medidas destinadas a reconocer públicamente a las víctimas del terrorismo —por medio de condecoraciones, homenajes, o distinciones—, o a prohibir aquellos actos que puedan menoscabar su dignidad, como suelen ser los actos de enaltecimiento del terrorismo o humillación a las víctimas.

Si bien en lo relativo al ámbito de aplicación temporal de estas leyes autonómicas, se aprecian diferencias entre ellas, pudiéndose reseñar varias las opciones seguidas sobre este particular[289]: a) Legislaciones en las que, no se especifica un período concreto en el que se haya tenido que cometer el atentado que da lugar al acceso a las medidas indemnizatorias, como es el caso de la Ley del País Vasco y Navarra; b) Legislaciones en las que por ser de fecha anterior a la entrada en vigor de la Ley 29/2011, se consideraba el 1 de enero de 1968 como fecha a partir de la cual la condición de víctima de terrorismo podía dar lugar a la concesión de ayudas, tal como prevén las leyes de Andalucía, Extremadura, Región de Murcia y Valencia, o aquellas otras que fijan la fecha de 1 de enero de 1960 establecida en la vigente normativa estatal, como las leyes de la Comunidad de Madrid, Cantabria, La Rioja o Cantabria; y c) Legislaciones que fijan otra fecha diferente, como el 10 de agosto de 1982 conforme a lo previsto en la Ley de la Comunidad Autónoma de Aragón.

En cualquier caso, pese a manifestar nuestro inicial criterio favorable a este sistema autonómico de ayudas y asistencia a las víctimas del terrorismo, por estar destinado a mejorar el establecido en la legislación estatal, debe señalarse que el mis-

---

289 GARCÍA MENGUAL, F., «La incorporación de las protección de las víctimas del terrorismo al ordenamiento jurídico...», op. cit., p. 236.

mo no ha estado exento de polémica. Ante el riesgo de crear desigualdades entre ellas según la Comunidad Autónoma en la que residan o hayan sufrido el atentado terrorista, no sólo por las diferencias de trato que pueden existir entre los distintos textos normativos ya vigentes en cada una de esas comunidades[290], sino por el hecho de existir comunidades que aún no han procedido a desarrollar dicha regulación normativa[291]. De ahí que ante esta realidad, se haya considerado prioritario promover de un lado la promulgación de nuevas leyes en aquellas CA que aún no las han aprobado, y de otro aspirar a una posible armonización de todas las ya vigentes para evitar esos agravios comparativos.

2. COMUNIDAD AUTÓNOMA DE ANDALUCÍA

2.1. Antecedentes y trámite parlamentario de la Ley 10/2010

La Ley 10/2010, de 15 de noviembre, relativa a medidas para la asistencia y atención a las víctimas del terrorismo de la Comunidad Autónoma de Andalucía —LAVTA— (TOL1.983.553)[292], tiene su origen en una Proposición de Ley presentada por el Grupo Socialista (8-10/PPL-000001) publicada en el Boletín Oficial del Parlamento de Andalucía el 10 de febrero de 2010[293]. Cuyo texto surgió de una propuesta elaborada con el primero por la Asociación Andaluza Vícti-

290 LADRÓN DE GUEVARA PASCUAL, C., *Avances y carencias en la protección jurídica...*, op. cit., p. 96.

291 HEREDERO ORTÍZ DE LA TABLA, L., «Propuestas para una reforma legal del sistema de reconocimiento...», op. cit., p. 175.

292 BOJA núm. 230, 24 de noviembre de 2010; BOE núm. 296, 6 de diciembre de 2010, y en GARCÍA RODRÍGUEZ, M. J., *Código de los Derechos de las Víctimas...*, op. cit., pp. 883-898.

293 BOPA núm. 395, 10 de febrero de 2010.

mas del Terrorismo, para recoger las demandas y necesidades planteadas por este colectivo[294]. Respecto a la cual el Consejo de Gobierno emitió criterio favorable para su toma en consideración, al manifestar que era «indispensable la coordinación y complementación con la normativa estatal en la materia, en orden a alcanzar la máxima eficacia posible y el mayor grado de atención al colectivo de víctimas del terrorismo» en Andalucía[295], partiendo del consenso y los trabajos previos llevados a cabo con la dirección de la Asociación Andaluza Víctimas del Terrorismo y otras asociaciones del sector, aunque como se ha anticipado, su iniciativa arrancó de la primera de ellas. Tomándose en consideración por el Pleno del Parlamento de Andalucía por unanimidad para continuar su tramitación, lo que conllevó dejar sin efecto otra Proposición de Ley que a favor de las víctimas del terrorismo fue presentada a la Cámara por el Grupo Parlamentario Popular (8-10/PPL-000002) tras haber sido rechazada al obtener 45 votos a favor, 56 en contra y 4 abstenciones[296].

Tras lo cual, se acordó que tuviera lugar la comparecencia de los agentes sociales y organizaciones que pudieran estar interesados en la regulación de dicha Proposición de Ley, en la que intervinieron representantes de la Asociación Andaluza Víctimas del Terrorismo, la Fundación Alberto Jiménez Becerril, la Asociación Víctimas del Terrorismo Verde Esperanza y la Asociación de Cuerpos y Fuerzas de Seguridad del Estado Víctimas del Terrorismo[297]. Y muy particularmente de la pri-

---

294 MANCERA PULIDO, P., «La Ley Andaluza de medidas para la asistencia y atención a las víctimas del terrorismo», *ANDALUPAZ, Revista de la Asociación Andaluza Víctimas del Terrorismo*, Nº 5, Julio 2010, p. 23.

295 BOPA núm. 423, 23 de marzo de 2010.

296 DSPA núm. 80, 28 de abril de 2010 y BOPA núm. 453, 7 de mayo de 2010.

297 DSPA núm. 374, 17 de junio de 2010.

mera, que desempeñó un papel realmente protagonista y desplegó un trabajo destacado con los parlamentarios andaluces durante todos los trámites de la elaboración de la norma[298]. Para posteriormente, dar paso a la apertura del plazo de presentación de enmiendas al articulado de la citada Proposición de Ley hasta el 4 de septiembre de 2010[299], que fueron formuladas tanto por el Grupo Parlamentario Socialista como por el Grupo Popular.

Estas enmiendas fueron defendidas por sendos grupos parlamentarios y votadas en el Parlamento de Andalucía en la sesión del 5 de octubre de 2010[300], tras lo cual fue elaborado Informe de la ponencia designada en el seno de la Comisión de Gobernación y Justicia, como antesala al Dictamen elaborado sobre la citada Proposición de Ley[301]. Dando lugar al debate final de la misma que, celebrado el 27 de octubre de 2010, permitió la aprobación de la Ley relativa a medidas para la asistencia y atención de las víctimas del terrorismo de la Comunidad Autónoma de Andalucía[302] por unanimidad de todos los grupos parlamentarios representados en el Parlamento de Andalucía, publicándose en su Boletín Oficial el 8 de noviembre de 2010[303].

---

298 ASOCIACIÓN ANDALUZA VÍCTIMAS DEL TERRORISMO, *Una pelea andaluza contra el terror...*, op. cit., pp. 56 y 57.

299 BOPA núm. 484, 22 de junio de 2010 y núm. 519, 14 de septiembre de 2010.

300 DSPA núm. 394, 5 de octubre de 2010.

301 BOPA núm. 545, 21 de octubre de 2010.

302 DSPA núm. 98, 27 de octubre de 2010.

303 BOPA núm. 556, 8 de noviembre de 2010.

2.2. El marco regulador de la Ley 10/2010

Como se ha expuesto en el apartado anterior, la normativa que de forma específica regula la protección a las víctimas en el ámbito de la Comunidad Andaluza surge a partir de la aprobación de la Ley 10/2010, de 15 de noviembre, relativa a medidas para la asistencia y atención a las víctimas del terrorismo de la Comunidad Autónoma de Andalucía (LAVTA). Promulgada a partir del importante avance que representó su Estatuto de Autonomía, al establecer como objetivo básico de la Administración autonómica «la obligación de promover las condiciones para que la libertad y la igualdad del individuo y grupos en que se integre sean reales y efectivas». Además de configurar la atención a las víctimas de delitos, especialmente los derivados de actos terroristas —art. 37.1 EAA— (TOL8.020.303), como un principio rector de todas las políticas públicas que se desarrollen en su ámbito territorial.

De manera que sobre estas premisas, la Ley tiene como objetivo rendir homenaje y expresar el mayor reconocimiento posible a las víctimas del terrorismo. Y en consideración a ello, establece un conjunto de medidas en distintos ámbitos de competencia autonómica, destinado a las personas privadas, físicas o jurídicas que hayan sufrido una acción terrorista, con el fin de reparar y aliviar los daños de diversa índole vinculados a esa acción, sin perjuicio de las competencias correspondientes a otras Administraciones Públicas (art. 1 LAVTA). Afirmándose de este modo el carácter subsidiario y complementario de las ayudas que puedan ser concedidas con arreglo a su régimen jurídico regulador respecto de las establecidas para los mismos supuestos por otros organismos[304].

---

304 Según el art. 5 LAVTA: «Cuando la persona beneficiaria tenga derecho a percibir ayudas de otros organismos, si el importe total de las otorgadas por estos es inferior al de las concedidas por la Comunidad Autónoma de Andalucía, solo percibirá de esta la diferencia

Y con este objetivo la Ley distribuye su contenido, que consta de veintiocho artículos, en seis capítulos, cuatro disposiciones adicionales, una transitoria y dos finales[305], con arreglo al siguiente esquema:

1°) El Capítulo I (arts. 1 a 6 LAVTA) establece las disposiciones de carácter general, referidas al objeto, clases de medidas, beneficiarios, requisitos para la concesión de las ayudas, naturaleza de las medidas y organización y principios del procedimiento para acceder a las mismas.

Debiéndose destacar entre ellas en primer lugar, las destinadas a delimitar las personas beneficiarias, determinando que puedan serlo las siguientes (art. 3 LAVTA): a) Las personas físicas víctimas de la acción terrorista y las afectadas por esa acción, así como las personas físicas que hayan sido retenidas o hayan sufrido situaciones de extorsión, amenazas o coacciones procedentes de organizaciones terroristas; b) Las personas jurídicas que hayan sufrido daños materiales como consecuencia de la acción terrorista; y c) Las asociaciones, fundaciones e instituciones que sin ánimo de lucro ejerzan su actividad principalmente en Andalucía y cuyo objetivo sea la representación y defensa de los intereses amparados en la Ley, desarrollando programas asistenciales dirigidos a paliar situaciones personales o colectivas de las víctimas, a dignificar su situación, o a

---

entre ambas ayudas. Si dicho importe total es coincidente o superior al de las ayudas concedidas por la Comunidad Autónoma de Andalucía, la persona beneficiaria no percibirá ninguna cantidad o prestación de esta última».

305 Para un detallado estudio de los derechos y prestaciones que integran su contenido FERNÁNDEZ COLLADOS, M. B., «Medidas para la asistencia y atención a las víctimas del terrorismo de la Comunidad Autónoma de Andalucía», SEMPERE NAVARRO, A. V., (dir.) y KAHALE CARRILLO, D. T., (coord.): *Reconocimiento y protección integral a las víctimas...*, op. cit., pp. 229-269.

la educación y concienciación social contra el terrorismo en cualquiera de sus manifestaciones.

Para a continuación establecer los tres requisitos generales que se consideran necesarios por la norma para acogerse a las medidas específicas que en ella se regulan (art. 4 LAVTA): a) Que los daños ocasionados sean consecuencia de un acto terrorista, así considerado por las Fuerzas y Cuerpos de Seguridad, mediante certificación de la Delegación del Gobierno o resolución judicial; b) Que la víctima ostente la condición de andaluz o andaluza[306], si bien también podrán acceder a esas medidas, aunque no tengan esa condición, las víctimas de un acto terrorista producido en el territorio de la CA de Andalucía, mientras permanezcan en dicho territorio, y las personas jurídicas con ocasión de los daños materiales sufridos como consecuencia de los actos terroristas en su territorio, cualquiera que sea su sede social; y c) Que los interesados se comprometan a ejercitar las acciones para la reparación de los daños que procedan, y a comunicar las ayudas que hubieran podido recibir por parte de otras Administraciones o instituciones públicas o privadas, con el fin de agilizar todos los trámites del procedimiento de reconocimiento y concesión de las posibles ayudas.

Un procedimiento en el cual las distintas Consejerías de la Junta de Andalucía, y en particular la actual Consejería de Justicia, Administración Local y Función Pública con arreglo al ámbito de competencias que tiene atribuido[307], habrán de

---

306 Según el art. 5.1 EAA aprobado por la LO 27/2007, 19 de marzo (BOJA núm. 56, 20 de marzo; BOE núm. 68, 20 de marzo): «A los efectos del presente Estatuto, gozan de la condición política de andaluces o andaluzas los ciudadanos españoles que, de acuerdo con las leyes generales del Estado, tengan vecindad administrativa en cualquier de los municipios de Andalucía».

307 El art. 11.3.c) del Decreto 164/2022, de 9 de agosto, que establece la estructura orgánica de la Consejería de Justicia, Administración

esmerarse para prestar a las víctimas del terrorismo y demás beneficiarios toda la información y asistencia técnica que precisen para facilitarles su acceso a las medidas, prestaciones y ayudas públicas a las que tengan derecho conforme a la legislación vigente[308]. Valorándose muy positivamente que este procedimiento en su tramitación responda a unos estándares mínimos para garantizar, no únicamente su celeridad —dado que el plazo previsto para resolver las solicitudes es de tres meses—, sino también para dispensar un trato favorable a las víctimas durante su intervención en él, con el fin de prevenir su victimización secundaria[309].

Considerándose una prioridad la articulación de circuitos administrativos pertinentes para dar cumplida y rápida respuesta al ejercicio de los derechos reconocidos en el texto legal

---

Local y Función Pública (BOJA núm. 28, de 11 de agosto), atribuye a la persona titular de la Dirección General de Justicia Juvenil y Cooperación, «El impulso, promoción y gestión de medidas para la asistencia y atención a las víctimas del terrorismo, sin perjuicio de las competencias atribuidas a otros órganos, así como la Secretaría del Consejo de Ayuda a las Víctimas del Terrorismo en Andalucía».

308 JUNTA DE ANDALUCÍA, Consejería de Justicia, Administración Local y Función Pública, *Asistencia a víctimas del terrorismo*, en: https://www.juntadeandalucia.es/organismos/justiciaadministracionlocalyfuncionpublica/areas/asistencia-victimas/terrorismo.html [Consulta: 08-01-24].

309 Conforme a la DA 4ª LAVTA: «La solicitud tanto de indemnización por daños físicos o psíquicos como por reparación por daños materiales y las acciones asistenciales, se formalizará ante la Consejería competente según lo dispuesto en el artículo 6.2, a partir de la fecha del hecho causante hasta un año después de la resolución administrativa o judicial que declare el acto terrorista, o de la curación o determinación del alcance de las secuelas cuando se trate de daños físicos o psíquicos».

bajo el principio de coordinación interdepartamental[310]. Pues con arreglo a lo dispuesto en el art. 6.3 LAVTA, se exige que la tramitación de los diferentes procedimientos para la concesión de las medidas previstas en la norma, responda necesariamente a los siguientes a los principios:

> «a) En el trato con las víctimas se tendrá en cuenta la especial situación de vulnerabilidad y desigualdad en que puedan encontrarse;
>
> b) La instrucción y resolución de los procedimientos estará presidida por los principios de celeridad y trato favorable a la víctima, evitando trámites formales que alarguen o dificulten el reconocimiento de las ayudas o prestaciones. Sin que tampoco se requiera aportación documental a la persona interesada para probar hechos notorios o circunstancias cuya acreditación conste en los archivos o antecedentes de la Administración actuante; y
>
> c) Podrán recabarse de otras Administraciones o de los tribunales de justicia antecedentes, datos o informes que resulten necesarios para la tramitación de los expedientes, siempre dentro de los límites fijados en la LO 15/1999, de 13 de diciembre, de Protección de Datos de Carácter Personal, y los que establezca la Administración de Justicia».

Fines a cuyo cumplimiento consideramos que también podrá contribuir de forma eficaz la labor del Consejo de Ayuda a las Víctimas del Terrorismo en Andalucía, que de acuerdo a las previsiones de la Ley (DA 1ª), fue creado a través del Decreto 331/2011, de 2 de noviembre (TOL7.403.789)[311]. Atribuyéndole como funciones básicas la de prestar a las víctimas del te-

---

[310] IZQUIERDO MARTÍN, P., «Solidaridad y reconocimiento», *ANDALUPAZ, Revista de la Asociación Andaluza Víctimas del Terrorismo*, Nº 6, Enero 2011, p. 30.

[311] Vid. GARCÍA RODRÍGUEZ, M. J., *Código de los Derechos...*, op. cit., pp. 899-902.

rrorismo en Andalucía, el apoyo y asesoramiento que puedan necesitar para facilitarles el acceso a las ayudas públicas con arreglo a la legislación vigente, adoptando aquellas medidas que puedan contribuir a mejorar este respaldo institucional[312]. Sin perjuicio de la labor que en este ámbito puedan también realizar los Servicios de Asistencia a las Víctimas en Andalucía (SAVA) para la información y asesoramiento a este colectivo[313].

2°) En el Capítulo II (arts. 7 a 15 LAVTA) se regulan las indemnizaciones por daños físicos o psíquicos, así como las reparaciones por daños materiales e indemnizaciones por situación de dependencia, algunas de las cuales fueron concretadas más detalladamente en virtud de la Orden 31 de octubre de 2013, por la que se desarrollan las competencias de la Consejería de Justicia e Interior establecidas en la Ley 10/2010[314], en cuanto al reconocimiento de las personas beneficiarias y de indemnizaciones por daños físicos o psíquicos y por situación de dependencia:

---

312 Según el art. 2.1 del Decreto 331/2011, son funciones del Consejo: «a) Prestar a las víctimas del terrorismo y a las personas afectadas por tal acción, citadas en la Ley 10/2010, de 15 de noviembre, el apoyo y asesoramiento necesario para facilitarles el acceso a las ayudas públicas a que tengan derecho conforme a la legislación vigente; b) Promover y fomentar que las Administraciones Públicas andaluzas y la sociedad civil en su conjunto presten todo su apoyo y respaldo a las víctimas del terrorismo y a quienes resulten afectados y afectadas por tal acción; y c) Estudiar y proponer medidas adicionales a las recogidas en la Ley 10/2010, de 15 de noviembre, dirigidas al objetivo fundamental de resarcir de la mejor manera posible a las víctimas del terrorismo y a las personas afectadas por tal acción».

313 BELINCHÓN, C., «Atención a las víctimas del terrorismo en Andalucía», *ANDALUPAZ, Revista de la Asociación Andaluza Víctimas del Terrorismo,* N° 8, Enero 2012, p. 25.

314 Vid. GARCÍA RODRÍGUEZ, M. J., *Código de los Derechos de las Víctimas...*, op. cit., pp. 903-913.

- Para percibir de la Administración de la Junta de Andalucía estas indemnizaciones por daños físicos/psíquicos o la reparación por daños materiales, previamente deberán solicitarse de la Administración General del Estado las indemnizaciones y compensaciones que, para esos mismos supuestos, tiene previstas en su normativa vigente. Al hilo de lo cual, la Junta de Andalucía procederá a complementar las cantidades concedidas por la Administración estatal en un 30 % (art. 7 LAVTA).
- Las reparaciones por daños materiales, que en ningún caso podrán sobrepasar el valor de los bienes dañados, comprenderán los causados en las viviendas de las personas físicas, en las sedes de los partidos políticos, sindicatos u organizaciones sociales y los producidos a vehículos, con los requisitos y limitaciones establecidos en la norma autonómica (art. 9 LAVTA). Criticándose que en las ayudas a la vivienda, no se contemple su adaptación a las secuelas derivadas de la acción terrorista[315].
- Las indemnizaciones por situación de dependencia, se determinarán en función del grado y nivel, consistiendo éstas en un incremento de las cantidades concedidas por la Comunidad Autónoma en concepto de indemnización por daños físicos o psíquicos establecidas en esta Ley (art. 14 y 15 LAVTA)[316], en los siguientes porcentajes: «a) Incremento en un treinta por ciento para las personas valoradas en el grado III. Gran dependencia, niveles 1 y 2; b) Incremento en un veinte por ciento para las personas valoradas en el grado II. Dependencia severa, niveles 1 y 2; y c) Incremento en un diez por

---

315 FERNÁNDEZ COLLADOS, M. B., «Medidas para la asistencia y atención a las víctimas del terrorismo...», op. cit., pp. 266.

316 MANCERA PULIDO, P., «La Ley Andaluza de medidas para la asistencia y atención a las víctimas...», op. cit., p. 24.

ciento para las personas valoradas en el grado I. Dependencia moderada, niveles 1 y 2».

3º) En el Capítulo III (arts. 16 a 25 LAVTA), se describen las prestaciones asistenciales de la Administración de la Junta de Andalucía en el ejercicio de las materias que le son propias en los ámbitos sanitario, psicológico, psicosocial, psicopedagógico, educativo a través de becas y ayudas al estudio, de empleo y de vivienda. Resultando criticable que el apoyo psicopedagógico no alcance a todos los niveles educativos, quedando circunscrito como en la normativa estatal, al alumnado de educación infantil, primaria, secundaria obligatoria, bachillerato y formación profesional inicial[317].

4º) El Capítulo IV se refiere al reconocimiento de honores y distinciones por la Comunidad Autónoma a las víctimas del terrorismo y a las instituciones o entidades que se hayan distinguido por su lucha y sacrificio contra el mismo (art. 26 LAVTA).

5º) El Capítulo V se ocupa de regular las medidas a implementar en materia de empleo público (art. 27 LAVTA), para reconocer a favor de las víctimas que ostenten la condición de personal al servicio de la Junta de Andalucía aquellos derechos, permisos, licencias y situaciones administrativas que procedan, en el marco de la normativa vigente en cada ámbito, y hacer efectiva su protección a una asistencia social integral. Así como otras medidas destinadas a favorecer el acceso de las víctimas al empleo público, y adaptar su puesto de trabajo a sus peculiaridades físicas y psicológicas.

---

317 FERNÁNDEZ COLLADOS, M. B., «Medidas para la asistencia y atención a las víctimas del terrorismo...», op. cit., pp. 267.

6º) Por último el Capítulo VI prevé la concesión de subvenciones a las asociaciones, fundaciones, entidades e instituciones sin ánimo de lucro cuyo objeto principal sea la representación y defensa de los intereses de las víctimas y afectados (art. 28 LAVTA). Cuyas bases fueron inicialmente reguladas a través de la Orden de 29 de julio de 2013 de la Consejería de Justicia e Interior de la Junta de Andalucía[318], para permitir a dichas entidades realizar una importante labor de apoyo a las víctimas de terrorismo, y desarrollar también acciones de difusión y educación en valores de democracia y contra la violencia, que son consideradas asimismo fundamentales en nuestra sociedad.

Sin embargo en relación a la regulación de este último capítulo, con el transcurso de los años y como consecuencia de distintas modificaciones normativas sobrevenidas, se hizo necesario derogar la Orden de 29 de julio de 2013, y aprobar unas nuevas bases reguladoras que se adecuasen a lo preceptuado tanto en la Ley 38/2003, de 17 de noviembre, General de Subvenciones (TOL318.687), como en la Ley 39/2015, de 1 de octubre, del Procedimiento Administrativo Común de las Administraciones Públicas —LPACAP— (TOL5.494.102),

---

318 La DA 1ª. 3 de la Orden de 29 de julio de 2013 (BOJA núm. 155, de 7 de agosto), preveía que la financiación de esas subvenciones pudiera realizarse con cargo a los siguientes conceptos: «- Línea 1. Apoyo al movimiento asociativo, completando y coadyuvando a la financiación, en parte, de los gastos generales de funcionamiento y gestión generados como consecuencia de las actividades dedicadas a la atención asistencial a las víctimas del terrorismo y de sus familiares, así como el auxilio técnico para el desarrollo de sus objetivos estatutarios. - Línea 2. Programas de actividades de dignificación de las víctimas o de actividades destinadas a la educación y concienciación social contra la lacra terrorista en cualquiera de sus manifestaciones, defendiendo los valores de convivencia pacífica y democrática».

y como en la Ley 40/2015, de 1 de octubre, de Régimen Jurídico del Sector Público (TOL5.494.100). De forma que estos cambios normativos, unidos a los producidos en el ámbito de la CA de Andalucía en el Texto Refundido de la Ley General de la Hacienda Pública de la Junta de Andalucía, aprobado por el Decreto Legislativo 1/2010, de 2 de marzo (TOL1.791.137), determinaron la aprobación de unas nuevas bases reguladoras para garantizar la continuidad de la concesión de estas ayudas. Lo que se ha llevado a efecto a través de la Orden de 30 de abril de 2022, de la Consejería de Turismo, Regeneración, Justicia y Administración Local (TOL8.942.840)[319], mediante las que se aprueban esas bases reguladoras para conceder las subvenciones, en régimen de concurrencia competitiva, destinadas a asociaciones, fundaciones e instituciones sin ánimo de lucro, cuyo objeto sea precisamente la representación y defensa de los intereses de las víctimas del terrorismo en Andalucía.

Así pues, con arreglo a esta nueva regulación, dichas bases reguladoras se integran por un lado, del texto articulado aprobado por Orden de 20 de diciembre de 2019, de la Consejería de Presidencia, Administración Pública e Interior, por la que se aprueban las bases reguladoras tipo y formularios tipo de la Administración de la Junta de Andalucía para la concesión de subvenciones en régimen de concurrencia competitiva (TOL7.648.801)[320]. Y por otro, de un cuadro resumen que tiene por objeto definir cada una de las dos líneas de actuación que la definen, «Línea 1 Apoyo al movimiento asociativo, y Línea 2. Programas de actividades de dignificación y concienciación social». Siendo importante destacar además, que las sucesivas convocatorias de estas subvenciones, se habrán de efectuar anualmente, mediante resolución de la persona titular de la Dirección General competente en materia de atención a

---

319 BOJA núm. 94, 19 de mayo de 2022.

320 BOJA núm. 249, 30 de diciembre de 2019.

víctimas de terrorismo, por delegación de la persona titular de la Consejería competente en materia de atención a víctimas de terrorismo. En las que valoramos muy positivamente que con el fin de facilitar y agilizar a sus destinatarios los distintos trámites para su gestión, se haya previsto la presentación de sus solicitudes a través del registro electrónico de la Administración de la Junta de Andalucía, que deberá también ser utilizado en su caso para la presentación de alegaciones y efectuar la reformulación, así como cualquiera otra actuación que requiera la tramitación de las líneas de dichas subvenciones.

Cuya última convocatoria ha tenido lugar para el ejercicio de 2023, con arreglo a la Resolución de 23 de febrero de 2023, de la Dirección General de Justicia Juvenil y Cooperación de la Consejería de Justicia, Administración Local y Función Pública de la Junta de Andalucía (TOL9.440.826)[321]. Y que con arreglo a la regulación vigente, convocó la concesión de estas subvenciones para asociaciones, fundaciones e instituciones cuyo objeto sea la representación y defensa de los intereses de las víctimas del terrorismo y ejerzan su actividad principalmente en Andalucía, en las dos siguientes líneas[322]: «Línea 1: Apoyo al movimiento asociativo, para completar y coadyuvar a la financiación, en parte, de los gastos generales de funcionamiento y gestión generados como consecuencia de las actividades dedicadas a la atención asistencial a las víctimas del terrorismo y de sus familiares, así como el auxilio técnico para el desarrollo de sus objetivos estatutarios; y Línea 2: Programas de actividades

---

321 BOJA núm. 51, 16 de marzo; Rect. BOJA núm. 64, 4 de abril de 2023.

322 JUNTA DE ANDALUCÍA, Consejería de Justicia, Administración Local y Función Pública, *Subvenciones para la defensa de las víctimas del terrorismo*, en: https://www.juntadeandalucia.es/organismos/justiciaadministracionlocalyfuncionpublica/areas/asistencia-victimas/terrorismo.html#toc-subvenciones-para-la-defensa-de-v-ctimas-del-terrorismo [Consulta: 08-01-24].

de dignificación de las víctimas o de actividades destinadas a la educación y concienciación social contra la lacra terrorista en cualquiera de sus manifestaciones, defendiendo los valores de convivencia pacífica y democrática, así como la igualdad de oportunidades entre mujeres y hombres».

2.3. Algunos problemas suscitados en torno a la aplicación de la Ley 10/2010

La entrada en vigor de la Ley 10/2010, supuso la presentación de un elevado número de solicitudes de ayuda cuya cuantía total sobrepasó la partida presupuestaria consignada en los Presupuestos de la Comunidad Autónoma de Andalucía para el ejercicio de 2013. Lo que en la práctica provocó la necesidad de establecer unos límites a las indemnizaciones previstas en el texto legal por daños físicos o psíquicos y por situación de dependencia, que estuvieran condicionados por la disponibilidad económica de cada ejercicio presupuestario[323]. Circunstancias que determinaron que la Consejería de Justicia e Interior de la Junta de Andalucía, con las competencias en materia de asistencia a las víctimas del terrorismo con arreglo a la Ley 10/2010, dictase la Orden de 31 de octubre de 2013, para desarrollarlas en lo relativo a las indemnizaciones por daños físicos o psíquicos y por situación de dependencia[324].

De manera que, entre las medidas destinadas a contener y racionalizar el gasto de acuerdo al Plan Económico Financiero de Reequilibrio de la Junta de Andalucía 2012-2014, y ante la imposibilidad de asumir compromisos de gastos en los términos inicialmente previstos, la citada orden determinó en su

---

323 FERNÁNDEZ COLLADOS, M. B., «Medidas para la asistencia y atención a las víctimas del terrorismo...», op. cit., p. 266.

324 Vid. GARCÍA RODRÍGUEZ, M. J., *Código de los Derechos...*, op. cit., pp. 905-913.

art. 7, que la Administración de la Junta de Andalucía pudiera conceder, «mediante resoluciones anuales sucesivas y expresamente condicionadas a las disponibilidades presupuestarias establecidas en las leyes anuales de presupuestos», esas indemnizaciones hasta completar la cuantía equivalente al treinta por ciento de las concedidas por la Administración General del Estado, con los límites establecidos en la Ley 29/2011. Además de establecer en su art. 13 las condiciones para abonarlas, al determinar que para cada anualidad, visto el número de resoluciones que reconociesen la condición de personas beneficiarias de estas ayudas y en función de la disponibilidad presupuestaria de cada ejercicio, la Consejería competente en materia de asistencia a víctimas pudiese establecer un importe máximo para la percepción individual del total de las ayudas reconocidas a cada persona beneficiaria en un mismo ejercicio económico.

Sin embargo, la falta de cobertura económica determinó que las partidas previstas para cada anualidad fueran ridículas, provocando que el cobro de esas indemnizaciones se prolongase durante años, y llevando a que muchas de esas víctimas se decidieran a interponer numerosos recursos contenciosos-administrativos contra esa forma de pago por la Administración[325]. Sobre los cuales se fue pronunciando la Sala de lo Contencioso del Tribunal Superior de Justicia de Andalucía en diversas resoluciones, entre las que destacamos la STSJA 3267/2016, de 27 de abril (TOL5.751.751)[326], que en sus FD 3° y 4°, determina la no existencia de habilitación legal para justificar ese modo de

---

325 LADRÓN DE GUEVARA PASCUAL, C., *Avances y carencias en la protección jurídica...*, op. cit., p. 99.

326 STSJA 3267/2016, de 27 de abril (Sala de lo Contencioso), Secc.1ª, Sede: Sevilla, Ponente: Ilmo. Sr. Pedro Luis Roas Martín (ECLI:ES:TSJAND:2016:3267).

proceder en el abono de las ayudas reconocidas a las víctimas del terrorismo al amparo de la Ley 10/2010:

> «Es cierto que la ley no impone que la ayuda haya de abonarse en una sola anualidad. Ahora bien, el silencio de la ley no puede entenderse como una habilitación legal para que por vía reglamentaria se demore el pago de unas anualidades que pueden alcanzar un número de años significativo al ritmo en que se abonan las cuantías anuales aprobadas: En 2013, menos de 3.000 euros, así como las cantidades que se señalaron con cargo a los presupuestos de 2015, según las órdenes traídas al proceso por la demandada tras el trámite de conclusiones. Y si prosperase la tesis de la Administración, bastaría con habilitar una cantidad aún menor en los presupuestos, para vaciar prácticamente de contenido el sentido de la Ley.
>
> Así pues, atendiendo a la finalidad de la ley, parece claro que lo que ha pretendido el legislador es ayudar a las víctimas del terrorismo de una forma clara, concreta, material y directa mediante el abono de unas indemnizaciones, y también mediante otras acciones que la Ley prevé, de contenido menos material o directo, como veremos después.
>
> Sin embargo, esa ayuda directa, la indemnización, queda desvirtuada si por vía reglamentaria se lleva a cabo el pago en una forma tan demorada para las víctimas. Por eso entendemos que la orden impugnada al establecer unas cuantías tan moderadas para el ejercicio 2013, desvirtúa el sentido y finalidad de la ley.
>
> Va más allá de lo que la Ley establece. Y es que el silencio de la Ley sobre el momento de pago de la ayuda puede interpretarse también como el reconocimiento de una obligación exigible tras el reconocimiento del derecho [...]
>
> No existe habilitación legal para establecer esa forma de pago de las indemnizaciones. Si el legislador hubiera querido que se abonaran de esa forma, lo hubiera previsto. Reconocido el derecho derivado de la ley, el beneficiario puede exigir su pago a la administración».

Cuyos argumentos fueron reiterados en los mismos términos por otras resoluciones del TSJA, al entender que la Administración desvirtuaba el objetivo de la Ley 10/2010 con esa forma demorada para proceder al pago de las indemnizaciones reconocidas a las personas beneficiarias, tal como declara en las SSTSJA 2557/2017, de 18 de diciembre (TOL6.549.371) —FD 2º—[327], 142/2018, de 8 de febrero (TOL6.850.642) —FD 1º—[328] o 143/2018, de 8 de febrero (TOL6.850.637) —FD 1º—[329]. Conllevando la anulación de las disposiciones de la orden que así lo acordaba, para reconocer a las personas beneficiarias de esas ayudas el abono de esas cantidades sin ese tipo de limitaciones, y procediéndose para ello a la habilitación de las partidas presupuestarias que fueran necesarias.

Asimismo, se ha de tener en cuenta que la aprobación y entrada en vigor de la Ley Andaluza fue anterior a la entrada en vigor de la Ley 29/2011, que revisaba al alza las cantidades percibidas por las víctimas del terrorismo en concepto de indemnización. Lo que determinó que a la hora de calcular el 30 % de lo percibido por parte de la Administración central, la Administración de la Junta de Andalucía dejara fuera esas cantidades, al considerar que fueron reconocidas posteriormente a la entrada en vigor de la Ley 10/2010[330]. Razón por la cual, también fueron numerosos los recursos interpuestos

---

[327] STSJA 2557/2017, de 18 de diciembre (Sala de lo Contencioso), Secc.1ª, Sede: Málaga, Ponente: Ilma. Sra. María Teresa Gómez Pastor (ECLI:ES:TSJAND:2017:15595).

[328] STSJA 142/2018, de 8 de febrero (Sala de lo Contencioso), Secc.3ª, Sede: Sevilla, Ponente: Ilmo. Sr. Juan María Jiménez Jiménez (ECLI:ES:TSJAND:2018:7741).

[329] STSJA 143/2018, de 8 de febrero (Sala de lo Contencioso), Secc.3ª, Sede: Sevilla, Ponente: Ilmo. Sr. Juan María Jiménez Jiménez (ECLI:ES:TSJAND:2018:7731).

[330] LADRÓN DE GUEVARA PASCUAL, C., *Avances y carencias en la protección jurídica..., op. cit.*, p. 101.

contra las resoluciones de la Junta de Andalucía que, siguiendo dicho criterio, dejaban fuera del cálculo de la ayuda las cantidades abonadas por la Administración del Estado en virtud de la Ley 29/2011. Sobre los cuales fue resolviendo la Sala de lo Contencioso del Tribunal Superior de Justicia de Andalucía en diversas sentencias, de las que extraemos el texto de la STSJA 949/2016, de 19 de octubre (TOL5.899.037)[331], que al examinar esta cuestión, se pronuncia sobre ella en su FD 3º. Al igual que lo hacen también las SSTSJA 1081/2016, de 23 de noviembre (TOL5.991.766) —FD 3º—[332], 1119/2016, de 1 de diciembre (TOL5.988.516) —FD 1º—[333], 1154/2016, de 15 de diciembre (TOL5.988.551) —FD 1º—[334], o la 1139/2016, de 15 de diciembre (TOL5.991.767) —FD 2º—[335], así como las más recientes 29/2018, de 11 de enero (TOL6.850.628) —FD

---

331 STSJA 949/2016, de 19 de octubre (Sala de lo Contencioso), Secc.3ª, Sede: Sevilla, Ponente: Ilmo. Sr. José Guillermo del Pino Romero (ECLI:ES:TSJAND:2016:8404).

332 STSJA 1081/2016, de 23 de noviembre (Sala de lo Contencioso), Secc.3ª, Sede: Sevilla, Ponente: Ilmo. Sr. José Guillermo del Pino Romero (ECLI:ES:TSJAND:2016:14589).

333 STSJA 1119/2016, de 1 de diciembre (Sala de lo Contencioso), Secc.3ª, Sede: Sevilla, Ponente: Ilmo. Sr. Victoriano Valpuesta Bermúdez (ECLI:ES:TSJAND:2016:14590).

334 STSJA 1154/2016, de 15 de diciembre (Sala de lo Contencioso), Secc.3ª, Sede: Sevilla, Ponente: Ilmo. Sr. Victoriano Valpuesta Bermúdez (ECLI:ES:TSJAND:2016:14592).

335 STSJA 1139/2016, de 15 de diciembre (Sala de lo Contencioso), Secc.3ª, Sede: Sevilla, Ponente: Ilmo. Sr. Pablo Vargas Cabrera (ECLI:ES:TSJAND:2016:14591).

1º—[336] y 1197/2018, de 12 de diciembre (TOL7.049.516) —FD 2º—[337], en los siguientes términos:

> «El artículo 7.2 establece que "La Junta de Andalucía complementará las cantidades concedidas por la Administración estatal en un treinta por ciento". De este último precepto, literalmente interpretado, la expresión "concedidas" a diferencia de lo sostenido por la Administración demandada no es sinónimo de "pagadas", lo que significa que resulta indiferente el momento en que se haya abonado la indemnización por la Administración del Estado. Es decir, si la resolución estatal por la que se aumenta el importe de la ayuda es de 24/01/2013, conforme al artículo 7.2 de ley autonómica, la recurrente tiene derecho a ser retribuida en el treinta por ciento de la indemnización concedida, ya que la norma no establece condición alguna ni límite temporal. El criterio de la Administración demandada, consistente en que el cálculo debe realizarse respecto de aquellas sumas certificadas en su día por el Ministerio del Interior no se ajusta ni a la letra como hemos visto ni al espíritu de ambas normas, pues conforme a la Disposición Transitoria de la LAVTA se trata de indemnizar daños físicos o psíquicos por acciones terroristas anteriores a la presente Ley, como es el caso, ya que el atentado se produjo en el año 1991».

Finalmente, en relación al plazo previsto para la presentación de las solicitudes de ayudas por los beneficiarios, apunta LADRÓN DE GUEVARA que también surgieron algunos problemas, pues algunas víctimas del terrorismo que podían acogerse al sistema de ayudas previsto en la Ley Andaluza esperaron a tener reconocidas las cantidades al amparo de la Ley 29/2011 para presentar sus solicitudes ante la Junta de Andalucía, lo que determinó que las mismas quedarán fuera del

---

336 STSJA 29/2018, de 11 de enero (Sala de lo Contencioso), Secc.3ª, Sede: Sevilla, Ponente: Ilmo. Sr. Victoriano Valpuesta Bermúdez (ECLI:ES:TSJAND:2018:7719).

337 STSJA 1197/2018, de 12 de diciembre (Sala de lo Contencioso), Secc.3ª, Sede: Sevilla, Ponente: Ilma. Sra. María José Pereira Maestre (ECLI:ES:TSJAND:2018:14441).

plazo de un año previsto en la Ley 10/2010[338]. Pese a lo cual y ante esta circunstancia, en relación a los recursos también interpuestos por este motivo, el Tribunal Superior de Justicia de Andalucía determinó que el plazo del año había de contarse a partir del momento en que podía ser ejercida la acción de reclamación de la ayuda. Y así lo declaró en sus SSTSJA 141/2018, de 8 de febrero (TOL6.850.630) —FD 1º—[339] y 1193/2018, de 12 de diciembre (TOL7.049.505) —FD 3º—[340]:

> «[...] si el Ministerio del Interior concede la indicada suma, es en ese momento cuando resulta ser beneficiario de la legislación estatal, y cuando conoce la suma en que ha de ser indemnizado por la Administración autonómica. Ciertamente la solicitud no se presenta dentro del plazo de un año previsto en la LAVTA pero como quiera que la resolución estatal se dicta fuera de dicho plazo de un año previsto en la LAVTA, es a partir de dicho momento cuando puede ejercer la acción de reclamación, que por tanto, no resulta extemporánea, debiendo como ya se dijo en la Sentencia de 4/11/2013 dictada en recurso 807/2012, realizarse la interpretación más favorable a la efectiva aplicación del derecho de indemnización de la víctima».

2.4. Propuesta para una futura reforma de la Ley 10/2010

Tras haber transcurrido trece años de la entrada en vigor de la Ley 10/2010 (TOL1.983.553), creemos importante hacernos eco de la propuesta de modificación de la misma que la Asociación Andaluza Víctimas del Terrorismo (AAVT) presen-

---

338 LADRÓN DE GUEVARA PASCUAL, C., *Avances y carencias en la protección jurídica..., op. cit.*, p. 102.

339 STSJA 141/2018, de 8 de febrero (Sala de lo Contencioso), Secc.3ª, Sede: Sevilla, Ponente: Ilmo. Sr. Juan María Jiménez Jiménez (ECLI:ES:TSJAND:2018:7724).

340 STSJA 1193/2018, de 12 de diciembre (Sala de lo Contencioso), Secc.3ª, Sede: Sevilla, Ponente: Ilma. Sra. María José Pereira Maestre (ECLI:ES:TSJAND:2018:14430).

tó el 10 de noviembre de 2020 a los distintos grupos parlamentarios que conformaban la Cámara Andaluza, en presencia de su entonces Presidenta, con la que se perseguía pasado el tiempo, dar un impulso a la defensa y atención a las víctimas, buscando una mejor respuesta a sus necesidades y derechos[341]. De modo que con arreglo al texto de la citada propuesta, la AAVT pretendió fundamentalmente, aunque no de forma exclusiva, en primer lugar, que los beneficios reconocidos a las víctimas se hicieran extensivos de forma clara a los familiares directos de las mismas, y hasta el segundo grado. Y de otro lado, proponer otras medidas encaminadas a facilitar su inserción laboral, la acreditación de su condición de víctima ante los organismos públicos con la expedición de un certificado que fuera expedido por la Junta de Andalucía, junto al reconocimiento de derechos a los herederos y perjudicados de las víctimas fallecidas que no pudieron acogerse a los beneficios de la Ley 10/2010, otorgándose un nuevo plazo para que pudieran solicitar esas ayudas[342].

Fruto de esta propuesta, el Grupo Parlamentario de Ciudadanos tras mostrar su interés y sensibilidad para sacarla adelante, registró en el Parlamento de Andalucía una Proposición de Ley para la modificación de la Ley 10/2010, 15 de noviembre (11-21/PPL-000008) publicada en el boletín oficial de la Cámara en noviembre de 2021, y en la que a partir de la propues-

---

[341] ASOCIACIÓN ANDALUZA VÍCTIMAS DEL TERRORISMO, *Gran acogida en el Parlamento Andaluz a propuestas de nuestra Asociación para la modificación de la Ley 10/2010*, en: https://www.aavt.net/2020/11/10/gran-acogida-en-el-parlamento-andaluz-a-propuestas-de-nuestra-asociacion-para-la-modificacion-de-ley-10-2010/ [Consulta: 08-01-24].

[342] ASOCIACIÓN ANDALUZA VÍCTIMAS DEL TERRORISMO, «Proposición de reforma de la Ley 10/2010 presentada por la AAVT al Parlamento Andaluz», *ANDALUPAZ, Revista de la Asociación Andaluza Víctimas del Terrorismo*, Nº 24, Diciembre 2020, pp. 30 y 31.

ta de la AAVT se recogían las siguientes modificaciones en el articulado de la norma[343]:

- Art. 3 relativo a los beneficiarios, para prever la expedición por la Junta de Andalucía de un certificado a su favor, cuando así lo soliciten.
- Art. 18 para incluir en su caso junto a la asistencia psicológica, la psiquiátrica a las víctimas y personas afectadas.
- Art. 21 relativo a las becas y ayudas al estudio, para incluir sin excepcionalidad alguna también a los estudios de postgrado.
- Art. 22 sobre medidas en materia de empleo, para que los beneficiarios tengan la consideración de colectivo prioritario en acciones de formación, programas de fomento y talleres de empleo, así como en el acceso al empleo público o en la evaluación de ayudas y subvenciones para la creación de empresas. Además del art. 27 relativo a los empleados públicos, para aplicarles exención de tasas en todas las bases de convocatorias de oposiciones.
- Art. 25 para otorgar preferencia a los beneficiarios de la Ley para su ingreso en centros residenciales de mayores del sistema público y concertado, cuando así lo demanden sin circunscribirla exclusivamente a las situaciones de dependencia.

Tras lo cual el Consejo de Gobierno de la Junta de Andalucía, en sesión celebrada el 10 de noviembre de 2021, manifestó también su acuerdo favorable respecto a la toma en consideración y tramitación de la citada Proposición de Ley. Al considerar que con la misma se ampliaban «las prestaciones a las víctimas del terrorismo en el ámbito de la asistencia psicológica y

---

[343] BOPA núm. 694, 4 de noviembre de 2021.

psiquiátrica, la concesión de becas y ayudas al estudio, en materia de empleo y de acceso al empleo público, así como respecto a la preferencia para su ingreso en los centros residenciales de personas mayores»[344], comportando tan sólo un moderado incremento del gasto de la CA. Y cuya toma en consideración fue aprobada en el Parlamento de Andalucía, por 99 votos a favor, ninguno en contra y 6 abstenciones[345], acordándose que su tramitación se llevara a cabo por el procedimiento de urgencia, con el fin de acortar los plazos de duración a la mitad de los establecidos con carácter ordinario[346]. Pese a lo cual, no se consiguió que la reforma propuesta pudiera ser aprobada, debido al fin anticipado de la legislatura con la consiguiente disolución de la Cámara, sin que hasta la fecha se haya vuelto a reactivar.

3. COMUNIDAD AUTÓNOMA DE ARAGÓN

A través de la Ley 4/2008, de 17 de junio, de medidas a favor de las Víctimas del Terrorismo (TOL1.331.935)[347], la Comunidad de Aragón en el ámbito de las competencias asumidas en su Estatuto, pretende mostrar su solidaridad con ellas[348], creando las bases para desarrollar una política asistencial dirigida, según declara en su preámbulo, a «evitar lo que se ha llamado la doble victimización, que se deriva de dejar a las víctimas en el abandono», sin dar una respuesta adecuada a sus necesidades y a la de sus familiares tras sufrir este tipo de actos.

---

344 BOPA núm. 707, 23 de noviembre de 2021.

345 DSPA núm. 131, 23 de marzo de 2022 y BOPA núm. 789, 25 de marzo de 2022.

346 BOPA núm. 806, 21 de abril de 2022.

347 BOA núm. 94, de 3 de julio de 2008; BOE núm. 189, de 6 de agosto de 2008.

348 CASTAÑON ÁLVAREZ, M. J., *Víctimas del terrorismo…*, op. cit., p. 73.

Esta normativa fue objeto de una primera modificación por la Ley 10/2012, de 27 de diciembre, de Medidas Fiscales y Administrativas de la Comunidad Autónoma de Aragón (TOL3.004.753)[349], que a nuestro juicio, tuvo especial trascendencia en la medida que vino a ampliar el ámbito de aplicación retroactiva de la norma hasta el 1 de enero de 1960, asimilándolo al contemplado en la Ley 29/2011, procediéndose con este fin a una nueva redacción de la DT única, para ampliar los derechos reconocidos bajo su campo de acción. Al disponer que «las víctimas o afectados por actos de terrorismo o hechos perpetrados por persona o personas integradas en bandas o grupos armados o que actuaran con la finalidad de alterar gravemente la paz y seguridad ciudadana, cometidos en el territorio de la Comunidad Autónoma de Aragón o en cualquier otro lugar del territorio español, tienen derecho, previa solicitud, a las ayudas previstas en la presente ley siempre que se cumplan los siguientes requisitos: a) Que las víctimas de los mismos hubieran nacido en Aragón o tuvieran la vecindad administrativa en cualesquiera de los municipios de Aragón en el momento del atentado; b) Y que el acto hubiera acaecido entre el 1 de enero de 1960 y el 9 de agosto de 1982».

Tras la modificación de 2012, ha sido objeto nuevamente de otra importante reforma llevada a efecto por la Ley 5/2023, de 23 de febrero (TOL9.438.194), que entró en vigor al día siguiente de su publicación[350], ampliando el conjunto de derechos a los que éstas pueden acceder con respecto a la regulación que estaba vigente. De manera que con este propósito, se modifica su art. 9, para equiparar las indemnizaciones correspondientes a los daños físicos y psíquicos, conforme a la normativa estatal de la Ley 29/2011, que no lleva a cabo esta dis-

---

[349] BOA núm. 253, de 31 de diciembre de 2012; BOE núm. 36, de 11 de febrero de 2013.

[350] BOA núm. 49, de 13 de marzo de 2023.

tinción, y también su art. 20, relativo a las ayudas en el ámbito del empleo para completar su regulación contemplándose que estas personas tengan también una prioridad para participar en los programas de Formación Profesional para el Empleo.

Asimismo con la Ley 5/2023, se procede a modificar el capítulo V de la Ley 4/2008, que establece medidas para el reconocimiento y la memoria de las víctimas, así como las distinciones honoríficas. De modo que esta nueva regulación sustituye a los supuestos de concesión de la Medalla a las víctimas del terrorismo previstos en art.4.1.f) del Decreto 229/2012, de 23 de octubre, del Gobierno de Aragón, por el que se regulan los honores y distinciones de dicha CA (TOL7.118.622)[351]. Y acorde al principio general que inspira a la norma de intentar prevenir a toda costa la victimización secundaria, establece igualmente medidas para la protección de su intimidad e imagen durante las actuaciones y procedimientos relacionados con el terrorismo en el que deban intervenir sus beneficiarios, contemplándose de forma expresa el ejercicio de la acción popular por parte de la Comunidad Autónoma en los procedimientos penales que puedan seguirse por enaltecimiento o justificación públicos de los delitos de terrorismo y actos de descrédito, menoscabo o humillación de las víctimas. A la par que se añade un nuevo capítulo VI para incorporar a la norma medidas de sensibilización y prevención, dirigidas a la educación para la paz y convivencia, destacándose entre ellas las actuaciones a realizar en el ámbito de la educación no universitaria y de difusión del conocimiento sobre el terrorismo y sus víctimas.

Una vez conocidas las principales reformas llevadas a cabo en la Ley 4/2008, pasaremos a examinar su contenido, que se distribuye en seis capítulos y dos disposiciones adicionales, una transitoria, otra derogatoria y cuatro finales. De los cuales el

---

351 BOA núm. 215, de 5 de noviembre de 2012.

Capítulo I se ocupa de las disposiciones generales de la Ley, determinando su ámbito de aplicación y beneficiarios, naturaleza de las indemnizaciones y ayudas[352] y procedimiento para solicitarlas, que al igual que otras leyes autonómicas tendrán carácter subsidiario y complementario de las establecidas por otros organismos o instituciones públicas o privadas para los mismos supuestos; el Capítulo II establece las indemnizaciones por daños físicos o psíquicos, así como la reparación de daños materiales; el Capítulo III recoge las acciones asistenciales en los ámbitos sanitario, psicológico, social y de la enseñanza; el Capítulo IV regula las subvenciones a las asociaciones que entre otros fines defiendan los intereses de las víctimas incluidas en el ámbito de aplicación de la Ley; el Capítulo V prevé las medidas de reconocimiento, memoria y distinciones honoríficas; y por último, el Capítulo VI añadido a la norma por la Ley 5/2023, recoge las medidas sobre sensibilización y prevención, incluyendo importantes actuaciones en el ámbito universitario para potenciar la investigación sobre el terrorismo, valorándose positivamente que con este fin, se hayan previsto la posibilidad de arbitrar instrumentos de colaboración entre las Universidades y la Administración Autonómica.

Además, y dado que la legislación autonómica de la CA de Aragón sobre víctimas del terrorismo, era anterior en el tiempo a la normativa estatal actualmente vigente representada por la Ley 29/2011, se consideró prioritario su desarrollo reglamentario posterior con el fin de adaptarla a las disposiciones en

---

352 Para un análisis exhaustivo sobre las diferentes indemnizaciones y acciones asistenciales contempladas en la normativa aragonesa, vid. BENLLOCH SANZ, P., «Medidas a favor de las víctimas del terrorismo de la Comunidad Autónoma de Aragón», SEMPERE NAVARRO, A. V., (Dir.) y KAHALE CARRILLO, D. T., (Coord.): *Reconocimiento y protección integral a las víctimas...*, op. cit., pp. 271-316.

ella previstas[353]. Lo que fue llevado a cabo a través del Decreto 89/2014, de 10 de junio, por el que se aprueba el Reglamento de desarrollo parcial de la Ley 4/2008 (TOL4.367.583)[354]. Con el cual se trató de facilitar la aplicación de las disposiciones de la Ley en la práctica, y se actualizaron algunos extremos de ella para que encontraran un mejor acomodo a la normativa estatal que le sirve de marco regulador de referencia, además de incluir el modelo de solicitud para las distintas clases de ayudas por daños personales y materiales que en ella se contemplaban: a) Fallecimiento; b) Daños físicos; c) Daños Psíquicos; d) Daños materiales en vivienda; e) Daños materiales en vehículo; f) Daños materiales en establecimientos mercantiles o industriales; y g) Daños materiales en sedes de partidos políticos, sindicatos y organizaciones sociales. Siendo asimismo de máximo interés a los efectos de aplicación de esta normativa específica, la Orden de 5 de septiembre de 2014, del Consejero de la Presidencia y Justicia, por la que se abría el plazo para la presentación de las solicitudes de indemnización por daños personales a las víctimas y afectados por actos terroristas incluidos en el ámbito de aplicación de la Ley 4/2008 y su Reglamento de desarrollo[355].

4. COMUNIDAD AUTÓNOMA DE CANTABRIA

A las Comunidades Autónomas que ya contaban con una legislación específica sobre asistencia a víctimas del terrorismo se ha sumado en 2023 Cantabria, tras haber aprobado la Ley 1/2023, de 5 de abril, de Reconocimiento, Homenaje, Memo-

---

353 LADRÓN DE GUEVARA PASCUAL, C., *Avances y carencias en la protección jurídica...*, op. cit., p. 94.

354 BOA núm. 118, 19 de junio de 2014.

355 BOA núm. 174, 5 de septiembre; Rect. BOA núm. 175, 8 de septiembre de 2014.

ria y Dignidad a las Víctimas del Terrorismo (TOL9.490.641)[356], cuyo desarrollo reglamentario habrá de llevarse a cabo en el plazo de un año desde su entrada en vigor —que tuvo lugar el 15 de abril de 2023—. Determinándose que la misma tiene por objeto reconocer, rendir homenaje y garantizar la dignidad a las víctimas del terrorismo, prestando a las mismas una atención integral, a través del establecimiento de un conjunto de medidas destinadas a las personas físicas, jurídicas o entidades que representen o defiendan los intereses y reivindicaciones de quienes hayan sufrido o sufran la acción terrorista y se encuentren en su ámbito de aplicación. Para lo cual se entiende como acción terrorista, «la llevada a cabo por personas integradas en organizaciones o grupos criminales que tengan por finalidad o por objeto subvertir el orden constitucional o alterar gravemente la paz pública o la llevada a cabo con estos fines por personas no integradas en organizaciones o grupos criminales» (art. 1.3 Ley).

En cuanto a su ámbito de aplicación y personas beneficiarias, la norma declara al igual que otras disposiciones autonómicas que la precedieron en el tiempo, que será aplicable a los hechos que se hubiesen cometido desde el 1 de enero de 1960, abarcando no sólo las acciones terroristas cometidas en el territorio de Cantabria, sino también, con el requisito del empadronamiento en la Comunidad, a los hechos ocurridos en otros lugares del territorio español o en el extranjero (art. 2 Ley). Al tiempo que se incluyen dentro de la condición de víctima de terrorismo a aquellas personas que hayan sido retenidas, sufrido amenazas, coacciones o situaciones de extorsión o que, por cualquiera de estas causas, hubieran tenido que abandonar su CA de origen y hayan fijado su residencia en la CA de Cantabria. Estableciéndose que, en todo caso, para la tramita-

[356] BOC núm. 72, 14 de abril de 2023; BOE núm. 98, 25 de abril de 2023.

ción y resolución de los expedientes abiertos al amparo de la Ley, será necesario que la condición de víctima del terrorismo haya sido reconocida a través de los procedimientos previstos en la Ley 29/2011, y que la persona interesada haya obtenido previamente del Estado el reconocimiento a las indemnizaciones y compensaciones previstas en su normativa.

Asimismo, al amparo de la Ley 1/2023, se delimitan los distintos tipos de ayudas, medidas y reconocimientos que pueden ser concedidos por la CA de Cantabria, para las víctimas del terrorismo, cuyas solicitudes a partir de su entrada en vigor, se presentarán en el plazo de un año a contar desde la fecha de reconocimiento por el Estado de la condición de víctima de terrorismo:

a) Indemnizaciones por fallecimiento y por daños físicos o psíquicos (Título I), cuya cuantía será equivalente al 30 % de la cantidad concedida por la Administración General del Estado para el mismo supuesto.

b) Ayudas y medidas de reparaciones de daños materiales (Título II, Capítulo I), que comprenderán los causados en las viviendas de las personas físicas, en los elementos comunes de las comunidades de propietarios, en los establecimientos mercantiles, comerciales, o industriales, o en elementos productivos de las empresas, en las sedes de los partidos políticos, sindicatos u organizaciones sociales, así como los producidos en vehículos, con los requisitos y limitaciones establecidos en la norma (art. 7 Ley). Y cuya valoración económica se realizará tomando en cuenta la tasación que hubiera realizado la Administración General del Estado a través de los servicios competentes del Consorcio de Compensación de Seguros y, en su defecto, la llevada a cabo por parte de los técnicos de la Consejería competente de la CA de Cantabria. Entendiéndose que a tales efectos, las mismas han sido asumidas por la Consejería de Presidencia, Justicia, Seguridad y Simplificación Administrativa, conforme al Decreto 6/2023, 7 de julio, de reorganización de Consejerías en la Administración de la CA de Cantabria[357], y concretamente por la Dirección General y Subdirección General de Justicia y Víctimas del Terrorismo, tras el Decreto 54/2023, de 20 de julio, por el que se modifica parcialmente la estructura orgánica básica de las Consejerías del Gobierno de Cantabria (TOL9.648.337)[358].

c) Asistencia sanitaria, psicológica y psicopedagógica (Título II, Capítulo II), destacándose en este apartado el derecho a la asistencia psicológica inmediata, iniciada dentro de las 72 horas siguientes tras haber ocurrido el atentado (art. 17 Ley).

d) Ayudas y medidas educativas (Título II, Capítulo III), con la previsión de ayudas al estudio cuando, como consecuencia de un acto terrorista, se deriven para el propio estudiante, o para sus padres, tutores o guardadores legales, daños personales que sean de especial trascendencia, o los inhabiliten para el ejercicio de su profesión habitual.

e) Medidas en materia de empleo, vivienda pública, cultura y deporte (Título II, Capítulos IV, V y VI).

f) Ayudas extraordinarias (Título II, Capítulo VII), que comprenderán las que excepcionalmente pueda conceder el Consejo de Gobierno para paliar situaciones personales o familiares de necesidad, cuando se observe la insuficiencia del montante de las ayudas ordinarias. Así como las subvenciones y ayudas destinadas a asociaciones, fundaciones, entidades e instituciones sin ánimo

---

357 BOC Extraordinario núm. 52, 7 de julio de 2023.

358 BOC Extraordinario núm. 54, 20 de julio de 2023.

de lucro cuyo objeto principal sea la representación y defensa de los intereses de las víctimas y afectados.

g) Distinciones honoríficas y actuaciones de memoria de las víctimas (Título III), con las que en el primer caso el Gobierno de Cantabria como muestra de reconocimiento a las víctimas del terrorismo, podrá conceder a las personas, instituciones o entidades que se hayan distinguido por su lucha contra el terrorismo o por la defensa de sus víctimas, sin que tengan contenido económico. Y en el segundo, podrá impulsar en el ámbito de sus competencias, las actuaciones necesarias para favorecer, apoyar y preservar su memoria y dignidad.

Por último, la ley cántabra también regula el procedimiento administrativo (Título V) a seguir para la solicitud de las ayudas económicas y demás medidas asistenciales que en la misma se contemplan, remitiéndose a lo dispuesto por las normas del procedimiento administrativo común de las Administraciones Públicas previstas en la Ley 39/2015, de 1 de octubre. Estableciéndose como requisito previo, que la persona interesada haya obtenido de los órganos de la Administración de Justicia o del órgano competente de la Administración General del Estado, el reconocimiento de su derecho a percibir las indemnizaciones y compensaciones previstas para las víctimas del terrorismo en la normativa estatal. Contemplándose que las solicitudes puedan ser presentadas en el plazo de un año desde la entrada en vigor de la norma, y ser resueltas en el plazo máximo de seis meses a contar desde la fecha de inicio del procedimiento, otorgándole valor positivo al silencio administrativo.

No obstante, en este punto del procedimiento a seguir para la tramitación de las ayudas económicas y asistenciales previstas en la norma, lo que más ponemos en valor de esta específica regulación autonómica es que, en atención a la vulnerabilidad del colectivo de víctimas del terrorismo, se le reconozcan una serie de derechos desde el primer contacto con la Administración. Los cuales consideramos que tienen un papel fundamental a la hora de prevenir la victimización secundaria que a menudo suele concurrir en este tipo de actuaciones, y entre los que se plasman los siguientes a modo de estándar mínimo: a) Ser tratadas con especial respeto y deferencia por las diferentes autoridades y empleados públicos para facilitarles el ejercicio de sus derechos; b) Ser informadas desde el inicio del procedimiento sobre todas las ayudas y medidas disponibles; c) Tener derecho a solicitar el apoyo de facilitadores; y d) Obtener una tramitación diligente y urgente de su procedimiento.

5. COMUNIDAD AUTÓNOMA DE CASTILLA Y LEÓN

Esta Comunidad procedió a regular y a reconocer de manera expresa los derechos de las víctimas por los actos de terrorismo acaecidos tanto en el ámbito de su territorio, como del Estado y del mundo, a través de la Ley 4/2017, de 26 de septiembre, de reconocimiento y atención a las víctimas del terrorismo en Castilla y León (TOL6.356.034)[359]. Que siguiendo las líneas directrices que inspiran a la Ley 29/2011, se fundamenta en el compromiso de esta Comunidad con la convivencia en paz y el respeto a los derechos fundamentales que emanan de nuestra Constitución y con la protección integral que merecen estas víctimas, basándose en los principios de prevención, reparación integral, memoria, justicia, verdad y dignidad. Habiéndose apuntado con razón, en relación a la nomenclatura de la norma, en la que se hace referencia a las «víctimas en Castilla y León», en vez de «víctimas de Castilla y León», representa una novedad en la legislación comparada sobre la materia, que ha de ser valorada positivamente al comprender un ámbito de

359 BOCYL núm. 189, 2 de octubre; BOE núm. 263, 30 de octubre de 2017.

protección más amplio que el delimitado únicamente por poseer la condición de castellano y leonés[360].

En cuanto a su ámbito de aplicación, la norma incluye a quienes con anterioridad a su entrada en vigor —que tuvo lugar el 3 de octubre de 2017—, tengan la condición de víctima del terrorismo conforme a lo previsto en sus disposiciones. De manera que entre sus objetivos, se expresan la atención y reconocimiento que merece este colectivo en el ámbito de su territorio, mediante el establecimiento de medidas de protección y actuaciones dirigidas a la reparación de los daños que hayan podido sufrir. Y para conseguirlo sistematiza su contenido de la siguiente forma: a) Disposiciones generales (Título I); b) Medidas de protección, con referencia a las ayudas asistenciales, para el empleo y otras extraordinarias (Título II); c) Las relativas al reconocimiento y memoria (Título III), junto a otras previsiones sobre el apoyo al movimiento asociativo, la información y la creación de un Comisionado (Títulos IV, V y VI).

Al hilo de lo cual, en ella se describen como beneficiarios, los siguientes: a) víctimas de actos terroristas o de actos cometidos con la finalidad o el objeto de subvenir el orden constitucional o alterar gravemente la paz pública; b) para las medidas de protección previstas en el Título II, los hijos, cónyuges o personas con quienes conviviesen de forma permanente con análoga relación de afectividad; y c) para las medidas de reconocimiento y memoria previstas en el Título III, también los nietos, padres, abuelos y hermanos. Sin que se llegue a determinar los requisitos para poder beneficiarse de la Ley, más allá de lo expresado en la exposición de motivos de la norma cuando declara que «el nexo de unión con la Comunidad de Castilla León de las víctimas del

---

360 HEREDERO ORTIZ DE LA TABLA, L., «La aportación de Castilla y León al régimen jurídico de atención a las víctimas del terrorismo en España: La Ley 4/2017 de 26 de septiembre», *Revista Jurídica de Castilla y León,* Nº 47, enero 2019, pp. 181 y 182.

terrorismo será el que establezca, para todos sus destinatarios, la normativa sectorial reguladora de las materias competencia de la Comunidad en los que la Ley incide».

Destacándose por ser una de las normativas específicas de protección a las víctimas del terrorismo en el ámbito autonómico, que junto a la legislación del País Vasco sobre la materia, no regula incrementos indemnizatorios para ellas[361]. Si bien la Ley 4/2017 se remite a la legislación del Estado, que en el art. 15 de la Ley 29/2011 declara compatibles sus ayudas con las del resto de Administraciones, de modo que, aunque en la norma autonómica no se llegue a hablar de diferencias de importes, su art. 1.3 si establece que «en los casos en los que los destinatarios de prestaciones reguladas en esta ley cuenten con cualquier otra ayuda por el mismo concepto, estarán obligados a declararla para prever los posibles conflictos de normas o compatibilidades»[362].

Y dado que muchas de las ayudas y prestaciones previstas en la Ley 4/2017 comparten los criterios seguidos por el resto de normativas autonómicas, queremos destacar como valor propio, la regulación que ésta hace de forma singular de la figura del Comisionado. Que en su art. 26, lo contempla como un órgano de relación, ayuda y orientación a las víctimas, y le atribuye importantes funciones para el impulso, coordinación, seguimiento y balance de todas las actuaciones que la Administración deba llevar a cabo en relación con las víctimas del terrorismo en esta Comunidad[363]. Siguiendo en este punto, el

---

361 LADRÓN DE GUEVARA PASCUAL, C., *Avances y carencias en la protección jurídica...*, op. cit., p. 111.

362 HEREDERO ORTIZ DE LA TABLA, L., *La protección legal a las víctimas del terrorismo...*, op. cit., p. 131.

363 HEREDERO ORTIZ DE LA TABLA, L., «La aportación de Castilla y León al régimen jurídico de atención a las víctimas del terrorismo...», op. cit., p. 216.

patrón de la misma institución creada al amparo de la normativa andaluza en la materia, bajo el nombre de «Consejo de Ayudas a las Víctimas del Terrorismo», o de las que también han sido creadas, como tendremos oportunidad de ver en los siguientes apartados de este capítulo, por la Ley de Navarra con el nombre de «Comisión de ayuda a las víctimas del terrorismo» o la de Valencia bajo la denominación de «Comisión de Coordinación y Seguimiento de Ayuda a las Víctimas del Terrorismo», con las que comparte similar naturaleza y funciones. Habiéndose determinado con arreglo al art. 9.2.c) del Decreto 6/2022, de 5 de mayo, por la que se establece la estructura orgánica de la Consejería de Presidencia[364], que la titularidad de dicho Comisionado para las Víctimas del Terrorismo en la Comunidad de Castilla y León recaiga en la Dirección General de Relaciones con la Sociedad Civil.

6. COMUNIDAD AUTÓNOMA DE EXTREMADURA

Con la finalidad de desarrollar y ampliar normativamente la asistencia y atención a las víctimas del terrorismo en esta Comunidad, fue aprobada la Ley 6/2005, de 27 de diciembre, de medidas para la asistencia y atención de las víctimas del terrorismo y de creación del Centro Extremeño de Estudios para la Paz (TOL775.960)[365], cuyas disposiciones cumplieron un importante papel a la hora de mejorar la atención a este colectivo en ese concreto ámbito de aplicación para el que fue prevista[366]. Sin embargo, como ha ocurrido en otros territorios, el

---

364 BOCYL núm. 86, 6 de mayo de 2022.

365 DOE núm. 150, 31 de diciembre de 2005; BOE núm. 40, 16 de febrero de 2006.

366 Sobre las medidas contempladas en esa Ley ahora derogada, HIERRO HIERRO, F. J., «Medidas para la asistencia y atención de las víctimas del terrorismo de la Comunidad Autónoma de Extremadu-

tiempo transcurrido desde su aprobación, la experiencia normativa de otras comunidades, así como la entrada en vigor posterior a su promulgación de la Ley 29/2011 y su reglamento de desarrollo, hizo que el gobierno extremeño tomara conciencia de la necesidad de proceder a su reforma.

Razón por la cual, procedió a promulgar la Ley 2/2020, de 4 de marzo, sobre asistencia y reconocimiento a las víctimas de terrorismo de esta Comunidad (TOL7.800.416)[367], que viene a derogar a la anterior, entrando en vigor al día siguiente al de su publicación, esto es el 10 de marzo de 2020. Siendo dos las principales novedades que esta nueva norma viene a introducir con respecto al régimen anterior. La primera relativa a su ámbito temporal de aplicación, que se extiende con carácter retroactivo a los hechos que se hubieran cometido desde el 27 de junio de 1960 frente al anterior de 1 de enero de 1968, y la segunda que afecta al reconocimiento de las indemnizaciones reconocidas para los casos de fallecimiento, daños físicos o psíquicos consecuencia de actos terroristas, que será equivalente al 30 % de las cantidades concedidas por la Administración del Estado para estos mismos supuestos[368].

La cual a su vez fue modificada en diversos extremos, por la Ley 5/2022, de 25 de noviembre, de medidas de mejora de los procesos de respuesta administrativa a la ciudadanía y para la prestación útil de los servicios públicos (TOL9.299.664)[369].

---

ra» SEMPERE NAVARRO, A. V., (dir.) y KAHALE CARRILLO, D. T., (coord.): *Reconocimiento y protección integral a las víctimas...*, op. cit., pp. 317-358, y CASTAÑÓN ÁLVAREZ, M. J., *Víctimas del terrorismo...*, op. cit., p. 73.

367 DOE núm. 47, 9 de marzo de 2020.

368 LADRÓN DE GUEVARA PASCUAL, C., *Avances y carencias en la protección jurídica...*, op. cit., p. 131.

369 DOE núm. 229, 29 de noviembre de 2022; BOE núm. 298, 13 de diciembre de 2022.

Pretendiéndose con ella dotar a este colectivo de víctimas de un estatuto específico, y establecer un conjunto de prestaciones y servicios para ayudarlas a superar las consecuencias derivadas de las acciones terroristas, de acuerdo con el concepto de protección plena y global que las mismas merecen. Lo que consideramos un avance en relación al régimen anterior de la Ley 6/2005, cuyas disposiciones tenían en muchos casos un alcance meramente programático y de escasa aplicación en la práctica. Y para cumplirlo articula un conjunto de medidas encaminadas a: a) Reconocer y promover la dignidad y la memoria de las víctimas, y asegurar su reparación efectiva y justicia con las mismas; b) Dotar de una protección integral de las víctimas; c) Resarcirlas, mediante las indemnizaciones y ayudas previstas en la ley, de los daños personales y materiales sufridos como consecuencia de la acción terrorista; f) Fortalecer las medidas de protección; e) Reconocer los derechos exigibles ante las Administraciones públicas de las víctimas, y asegurar su acceso rápido y eficaz a los servicios establecidos[370]; y f) Establecer mecanismos de flexibilización y coordinación en los trámites administrativos necesarios para obtener las indemnizaciones, ayudas y prestaciones previstas[371]. Medidas que se encuentran

---

370 Según su art. 46: «En la página web oficial de la Junta de Extremadura existirá un apartado específico en el que estará disponible de forma sistemática y actualizada toda la información administrativa que afecte expresamente a las víctimas de actos terroristas».

371 Para conseguir con arreglo al art. 22.2, el procedimiento atenderá a los siguientes principios: «a) El trato a las víctimas tendrá carácter prioritario, considerado y cercano, teniendo en cuenta la especial situación de vulnerabilidad y desigualdad en que puedan encontrarse; b) La protección del bienestar físico y psicológico, la intimidad, el honor y la imagen de las víctimas y sus familiares; y c) La instrucción y resolución de los procedimientos estarán presididas por los principios de celeridad y trato favorable a la víctima, evitando trámites formales que alarguen o dificulten el reconocimiento de las ayudas y prestaciones».

en línea con las reconocidas por otras normativas autonómicas con el fin de prevenir su victimización secundaria durante su participación en los procedimientos en los que hayan de intervenir. Lo que se considera muy positivo en la medida que en este punto se ha evitado cualquier tipo de desigualdad entre las regulaciones específicas de las diferentes CA.

No obstante, para acceder a las ayudas y medidas reconocidas en la norma, se exigen dos requisitos: 1º) Que los daños producidos sean consecuencia de un acto terrorista, determinado por sentencias judiciales de carácter firme, o bien por resolución firme de los órganos competentes de la Administración General del Estado; y 2º) Que la víctima ostente la condición política de extremeña o extremeño en los términos previstos en el Estatuto de Autonomía de Extremadura. Si bien se establecen algunas excepciones, cuando entre otras circunstancias la persona interesada pueda acreditar su empadronamiento en cualquier municipio de la región al menos, durante un tiempo equivalente a las dos terceras partes de su vida hasta el momento de perpetrarse el acto, o del periodo transcurrido desde la perpetración del acto terrorista hasta la entrada en vigor de esta ley.

Determinándose además que las ayudas y medidas contempladas, serán en todo caso subsidiarias y complementarias de las establecidas por cualesquiera otros organismos[372], consistiendo básicamente en las siguientes: 1º) Indemnizaciones por

---

372 Según establece su art. 6.1: «A tales efectos, cuando la persona beneficiaria tenga derecho a percibir ayudas de otros organismos, si el importe total de las otorgadas por estos es inferior al de las concedidas por la comunidad autónoma de Extremadura, solo percibirá de esta la diferencia entre ambas ayudas. Si dicho importe total es coincidente o superior al de las ayudas concedidas por la comunidad autónoma de Extremadura, la persona beneficiaria no percibirá ninguna cantidad o prestación de esta última».

fallecimiento y por daños físicos o psíquicos (arts. 10 y 11), cuya cuantía será equivalente al 30 % de las cantidades concedidas por la Administración Estatal para estos mismos supuestos; 2º) Ayudas y medidas de reparación de daños materiales (arts. 12 a 21), que comprenderán los causados en las viviendas de las personas físicas, en los elementos comunes de las comunidades de propietarios, en los establecimientos mercantiles o industriales y empresa, en las sedes de partidos políticos, sindicatos u organizaciones sociales, y los producidos en vehículos; 3º) Acciones asistenciales, que abarcarán el ámbito sanitario, psicológico, educativo, laboral y social (arts. 25 a 29); 4º) Acciones preferentes en materia de vivienda (art. 32); 5º) Medidas en materia de empleo (arts. 30 y 31); 6º) Ayudas extraordinarias (art. 38); 7º) Subvenciones (art. 41) para las asociaciones, fundaciones, entidades e instituciones sin ánimo de lucro cuyo objeto sea la representación y defensa de los intereses de las víctimas y desarrollen programas asistenciales dirigidos a las mismas; 8º) Creación de un fondo de solidaridad (art. 39), y 9º) Beneficios fiscales (DA 3ª).

Con la previsión de un procedimiento para su solicitud, que contempla el plazo de un año a contar desde la fecha de la resolución del órgano competente de la Administración del Estado, al quedar derogada la DT Única de la Ley 2/2020 tras su reforma por la Ley 5/2022, de 25 de noviembre (TOL9.299.664). Y el plazo máximo de seis meses para que esas solicitudes sean resueltas, pudiendo en otro caso las personas interesadas entenderlas estimadas por silencio administrativo positivo. Si bien, una vez devengado el derecho a percibir las cantidades reconocidas, con arreglo a la nueva DA 5ª añadida a la Ley tras la reforma por la Ley 5/2022, las personas beneficiarias podrán recibir su pago fraccionado en tres anualidades sucesivas de igual importe, atendiendo a las disponibilidades presupuestarias. Lo que a nuestro juicio, puede generar problemas en la percepción de las ayudas a causa de las dilaciones por parte de la Administración Autonómica, que ahora cuenta con un respaldo legal para demorar ese pago.

Asimismo, la nueva Ley contiene una mención expresa a la memoria y reconocimiento de las víctimas (Título VI), contemplando acciones de memoria y de reconocimiento por parte, tanto de la Junta de Extremadura como de las entidades locales, así como de la concesión de honores y distinciones a las víctimas del terrorismo y a otras personas, instituciones o entidades que se hayan distinguido por sus actuaciones en la lucha contra el terrorismo o defensa de sus víctimas. Disposiciones que han sido desarrolladas por el Decreto 137/2022, de 16 de noviembre, que regula las distinciones honoríficas a las víctimas del terrorismo de la CA de Extremadura y su procedimiento de concesión (TOL9.294.259)[373]. Y se completan con el Decreto 77/2023, de 21 de julio, por el que se establece la estructura orgánica básica de la Administración de la CA de Extremadura, que atribuye a la Consejería de Presidencia, Interior y Diálogo Social, por desconcentración, las competencias en materia de víctimas del terrorismo en esta Comunidad (TOL9.657.093)[374]. Conforme al cual, se dictó por la citada Consejería Resolución de 25 de agosto de 2023 concediendo las medallas a las víctimas del terrorismo[375].

Por último creemos oportuno destacar, por su singularidad con respecto a otras legislaciones autonómicas, el reforzamiento de la labor a desempeñar por el ahora denominado Centro Extremeño de Estudios para la Erradicación de la Violencia y Atención a sus Víctimas, que viene a sustituir y asumir las funciones del anterior Centro Extremeño de Estudios para la Paz. Adscrito a la Presidencia de la Junta de Extremadura tras la modificación de la Ley 2/2020 por la Ley 5/2022. Y entre cu-

---

373 DOE núm. 224, 22 de noviembre de 2022.

374 DOE núm. 145, 28 de julio de 2023.

375 DOE núm. 165, 28 de agosto de 2023.

yos objetivos, se incluye la importantísima tarea de la «promoción y defensa de los derechos humanos, de los valores democráticos y de los derechos y libertades constitucionales», junto a la de «asistencia y atención especializada a las víctimas del terrorismo y demás personas beneficiarias de esta Ley» (art. 48.1)[376].

7. COMUNIDAD AUTÓNOMA DE LA RIOJA

La Comunidad Autónoma de La Rioja mediante la Ley 4/2018, de 10 de abril, de medidas a favor de las víctimas del terrorismo (TOL6.565.709)[377], persigue al igual que ya lo habían hecho otras, regular y ampliar las medidas de asistencia y atención a las víctimas del terrorismo en su territorio, en el marco de las competencias que le atribuye su estatuto de autonomía. Y con este fin, distribuye su contenido en treinta y seis artículos, distribuidos en seis títulos y otras tantas disposiciones. Destacándose entre ellas, las relativas al desarrollo de las indemnizaciones por daños físicos o psíquicos, para las que se prevé un incremento del 30 % respecto a la cantidad concedida por la Administración del Estado, junto a la de daños materiales (Título III), así como la regulación de las prestaciones asistenciales –sanitaria, psicológica, social, etc.- (Título IV). Que de acuerdo a lo establecido en la Ley 29/2011, tienen

376 Este segundo objetivo del Centro coincide con el asignado al Consejo de Ayuda a las Víctimas del Terrorismo en Andalucía por el art. 2.1.a) del Decreto 331/2011, 2 de noviembre, que lo crea y regula: «Prestar a las víctima del terrorismo y a las personas afectadas por tal acción, el apoyo y asesoramiento necesario para facilitarles el acceso a las ayudas públicas a que tengan derecho conforme a la legislación vigente».

377 BOR núm. 43, 13 de abril de 2018; BOE núm. 114, 10 de mayo de 2018.

un carácter complementario respecto de las establecidas para iguales supuestos por el Estado, y no implicarán la asunción por parte de la Comunidad de responsabilidad subsidiaria alguna (art. 4). Habiendo sido objeto de desarrollo reglamentario por Decreto 23/2021, de 30 de marzo (TOL8.582.083)[378].

Cuyo acceso a los destinatarios se quiere facilitar por la Administración Pública, mediante la red de oficinas de asistencia a las víctimas del delito ya existentes y dependientes del Gobierno de La Rioja[379]. Lo que ha sido confirmado a través del desarrollo reglamentario de la norma —art. 5 Decreto 23/2021—, al reforzar las funciones de información de estas oficinas en relación al colectivo de víctimas del terrorismo en esta CA. Una opción que nos parece muy acertada para aprovechar y rentabilizar al máximo los recursos ya existentes, complementando en este concreto ámbito de aplicación, las funciones de información que como más adelante veremos en el ámbito estatal, vienen siendo desarrolladas por la Oficina de Asistencia a las Víctimas de la Audiencia Nacional y por el propio Ministerio del Interior. Lo que junto a los principios de trato considerado, personalizado y cercano que según la Ley deben observarse en este tipo de procedimientos, sin duda alguna evitará el riesgo de que puedan sufrir una segunda victimización[380].

En cualquier caso es importante destacar que, la Ley será aplicable a las víctimas y demás personas que resulten perjudi-

---

378 BOR núm. 64, 31 de marzo de 2021.

379 Según el art. 6: «La Administración Pública riojana ofrecerá a las personas referidas en el artículo 3, mediante las oficinas de asistencia a las víctima del delito dependientes del Gobierno de La Rioja, la información específica que permita conocer las indemnizaciones, reparaciones, prestaciones y todo tipo de ayudas en general derivadas de la aplicación de esta ley y los procedimientos para su concesión».

380 El art. 17.1 refiere con este fin la «mínima intervención y atención especializada, evitando diligencias o trámites que pudieran afectar sensiblemente a las víctimas o aumentar su sufrimiento».

cadas por sufrir un acto terrorista cometido en el territorio de la Comunidad Autónoma de La Rioja, o fuera, cuando estén empadronadas o tengan residencia en la Comunidad Autónoma de La Rioja a la entrada en vigor de esta ley, o bien durante al menos el año anterior al atentado terrorista. Y a la hora de delimitar sus beneficiarios, se remite a lo establecido por la legislación estatal (art. 3), motivo por el cual, se hace preciso la oportuna certificación de esa condición a través de la resolución dictada por la Administración Estatal, como requisito previo para acceder a las ayudas y prestaciones reguladas en la norma autonómica. Lo que se completa con la delimitación de su ámbito temporal, que reconoce su aplicación retroactiva para los actos terroristas ocurridos desde el 1 de enero de 1960.

Por último, y en lo referente al procedimiento para solicitar las indemnizaciones y reparaciones reguladas en la Ley, se determina que éste se entenderá comenzado desde la fecha en que se inicie de oficio por la Administración Pública o desde el día en que el interesado presente su solicitud ante un registro público habilitado al tal fin —Capítulo V de la Ley en relación al Capítulo IV de su Reglamento—, correspondiéndole su resolución a la Consejería competente en materia de Interior en un plazo máximo de doce meses. Reseñándose asimismo que, conforme al Decreto 155/2023, de 21 de noviembre, por el que se establece la estructura orgánica de la Consejería de Salud y Políticas Sociales (TOL9.777.027) [381], la gestión de las Oficinas de Asistencia a las Víctimas de la Rioja, está encomendada a su Dirección General de Justicia e Interior. Sin olvidar la previsión que realiza la ley al Consejo Consultivo de Participación de las Víctimas (art. 33), que fue creado en su desarrollo reglamentario por el art. 33 del Decreto 23/2021 (TOL8.582.083), al que se atribuyen importantes funciones para velar por el derecho de participación de las víctimas y sus asociaciones, en el diseño,

---

381 BOR núm. 235, 23 de noviembre de 2023.

implementación y evaluación de las políticas públicas en esta materia, e informar sobre las necesidades de este colectivo.

8. COMUNIDAD AUTÓNOMA DE MADRID

La solidaridad de esta Comunidad con las víctimas del terrorismo, ya fue plasmada en la Ley 12/1996, de 19 de diciembre, de ayudas a las víctimas del terrorismo (TOL198.342)[382], que tras entrar en vigor el 1 de enero de 1997 (DA 2ª), sufrió diversas modificaciones que, sin duda, han de considerarse un importante avance para la mejora de los derechos reconocidos a este colectivo a nivel autonómico[383]. Sin embargo transcurridos más de veinte años desde la promulgación de la norma, y dado que la realidad a la que ésta respondía había cambiado con la aparición de nuevas formas de terrorismo, y con una nueva regulación estatal de la materia que también debía ser

---

382 BOCM núm. 307, 27 de diciembre de 1996; Rect. BOCM núm. 14, 17 de enero de 1997 y BOE núm. 93, 18 de abril de 1997, sucesivamente modificada por: - La Ley 7/1997, de 17 de febrero (BOCM núm. 42, 19 de febrero y BOE núm. 207, 29 de agosto) mediante la cual se modifica el capítulo VI, se añade un nuevo art. 18 bis, da nueva redacción al art. 22.1 e introduce un nuevo apartado 4 en su art. 23. - El Decreto 5/2000, de 27 de enero (BOCM núm. 28, de 3 de febrero), Decreto 118/2001, de 12 de julio (BOCM núm. 169, de 18 de julio); Decreto 194/2002, de 19 de diciembre (BOCM núm. 307, de 27 de diciembre); Decreto 51/2004, de 1 de abril (BOCM núm. 79, de 2 de abril), con el fin de actualizar la cuantía de la subvención a fondo perdido prevista para los supuestos con resultado de muerte en el art. 18 bis de la Ley, y Decreto 2/2007, de 10 de enero, por el que se actualiza la cuantía de estas ayudas (BOCM núm. 9, de 11 de enero).

383 Un examen de la misma en CHARRO BAENA, P., «Ayudas a las víctimas del terrorismo de la Comunidad de Madrid», SEMPERE NAVARRO, A. V., (dir.) y KAHALE CARRILLO, D. T., (coord.): *Reconocimiento y protección integral a las víctimas...*, op. cit., pp. 359-390.

considerada, se toma conciencia de la necesidad de elaborar una nueva disposición para incorporar todos esos cambios.

A esa finalidad responde la nueva Ley 5/2018, de 17 de octubre, para la protección, reconocimiento y memoria de las víctimas del terrorismo (TOL6.906.535)[384], que al igual que la anterior normativa persigue establecer un conjunto de ayudas y prestaciones a su favor, que se consideran subsidiarias y complementarias en relación con las que puedan serles concedidas por otras Administraciones y organismos, siguiendo en este punto el mismo criterio que ya proclamaba la Ley 12/1996 ahora derogada[385]. Y que al igual que su predecesora, también ha sido objeto de varias modificaciones, llevadas a cabo por la Ley 2/2019, de 6 de marzo (TOL7.098.462)[386], y posteriormente a través de la Ley 9/2022, de 16 de noviembre (TOL9.292.796)[387], mediante las cuales se han reformado diversos extremos de su articulado.

Así pues, mediante las disposiciones de la Ley 5/2018, no sólo se incorporan nuevas ayudas y medidas para las víctimas del terrorismo, sino que se actualizan otras que ya estaban previstas en la normativa anterior, en los siguientes ámbitos de actuación: a) Indemnizaciones por fallecimiento y por daños físicos o psíquicos que serán equivalentes al 30 % de las cantidades reconocidas por la Administración Estatal para esos mismos supuestos (Capítulo II); b) Ayudas y medidas por daños materiales (Capítulo III), que no podrán exceder nunca del valor de los bienes dañados; c) la asistencia sanitaria, psicológica y psicopedagógica (Capítulo IV); d) las ayudas y medidas educativas (Capítulo V); e) las medidas en materia de empleo,

---

384 BOCM núm. 255, 25 de octubre de 2018; BOE núm. 292, 4 de diciembre de 2018.

385 CASTAÑÓN ÁLVAREZ, M. J., *Víctimas del terrorismo…, op. cit.*, p.71.

386 BOCM núm. 61, 13 de marzo de 2019.

387 BOCM núm. 277, 21 de noviembre de 2022.

vivienda pública y cultura o deporte; f) las ayudas extraordinarias (Capítulo VI); g) Subvenciones a entidades que representan y defienden los intereses de las víctimas del terrorismo (Capítulo VIII); y h) Distinciones honoríficas y actuaciones en memoria de las víctimas (Capítulo IX), que ha sido objeto de desarrollo por el Decreto 238/2021, 9 de diciembre, del Consejo de Gobierno, a través del cual se crean las referidas distinciones honoríficas de la Comunidad de Madrid, para la memoria y reconocimiento a las víctimas del terrorismo y de actuaciones de lucha contra el terrorismo (TOL8.670.987)[388].

Siendo merecedor de ser destacado, que la nueva norma autonómica reconozca, de forma expresa en su preámbulo, que «la concesión de las ayudas y prestaciones, se someta a los principios que, para ser indemnizadas, se establecen en el Convenio Europeo sobre indemnizaciones a las víctimas de delitos violentos». El cual ya fue estudiado en el primer capítulo, donde quedó demostrada la influencia y carácter vinculante que tienen las normas europeas en la posterior gestación de las normas de ámbito estatal y autonómico, como es el caso ahora de la Comunidad de Madrid que en este extremo sigue los pasos de la Ley 29/2011.

Por último, con el fin de agilizar y evitar trámites innecesarios para las víctimas y beneficiarios a la hora de enfrentarse al procedimiento para la solicitud de las ayudas y medidas contempladas, ponemos en valor que la nueva Ley incorpore las nuevas disposiciones en materia de Administración electrónica, canalizando a través de esta vía toda la información necesaria acerca de dicho procedimiento. Con la previsión de que la tramitación de las indemnizaciones por fallecimiento y por daños físicos y psíquicos, así como las subvenciones a entidades cuyo fin sea la atención a las víctimas del terrorismo,

388 BOCM núm. 296, 13 de diciembre de 2021.

corresponda al Comisionado del Gobierno de la Comunidad de Madrid para la Atención a las Víctimas del Terrorismo[389]. Mediante la intervención de personal específicamente formado en materia de protección de los derechos y atención de las víctimas del terrorismo. Además de contemplarse, tras la última modificación de la Ley 5/2018 por la Ley 9/2022, que el plazo máximo de resolución y notificación de la concesión de las ayudas y medidas sea de doce meses, a contar desde la fecha del acuerdo de inicio, si el procedimiento se ha iniciado de oficio, o desde la entrada de la solicitud en el registro electrónico de la Administración competente para su tramitación, si se inicia a solicitud del interesado. Pudiéndose entender estimada la solicitud, si transcurrido dicho plazo no ha sido resuelta.

Actuaciones todas ellas con las que se persigue dispensar a las víctimas el trato más favorable que sea posible, con la expresa previsión de que puedan además ser auxiliadas por un facilitador, cuyo objetivo principal será la de evitar el riesgo de que aquella pueda sufrir una nueva victimización[390]. Una finalidad que ha sido reforzada en el marco de esta Comunidad con la figura del Comisionado para la Atención a las Víctimas del Terrorismo, creado por Decreto 152/2018, de 16 de octubre, del Consejo de Gobierno[391], como un órgano de interlocución, ayuda y orientación a las víctimas del terrorismo. Al que con arreglo al nuevo Capítulo XII de la Ley 5/2018, añadido tras la reforma de la misma por la Ley 9/2022, le corresponden las siguientes funciones: a) La interlocución entre la Administración de la Comunidad de Madrid y las entidades de apoyo

---

389 COMUNIDAD DE MADRID, *Comisionado del Gobierno para la Atención a las Víctimas de Terrorismo,* en: https://www.comunidad.madrid/transparencia/unidad-organizativa-responsable/comisionado-del-gobierno-atencion-victimas-terrorismo [Consulta: 08-01-24].

390 Vid. Art. 27. 2 Ley 5/2018, 18 de octubre.

391 BOCM núm. 248, 17 de octubre de 2018.

a las víctimas del terrorismo, al objeto de identificar y proponer líneas de colaboración que favorezcan la continuidad de la acción asistencial a las víctimas y la defensa de su memoria, dignidad y justicia; b) La gestión y tramitación de las indemnizaciones por fallecimiento y lesiones físicas y psíquicas, las ayudas por daños materiales y las subvenciones a entidades que representen y defiendan los intereses de las víctimas que se aprueben, sin perjuicio de las competencias en este ámbito de la dirección general competente en materia de seguridad; c) La propuesta y elaboración de convenios y acuerdos de colaboración con instituciones sin fines de lucro que presten la ayuda necesaria a las víctimas de la acción terrorista, en cualquiera de sus formas, y a sus familiares.

Funciones que han sido ampliadas, a través del Decreto 229/2023, 6 de septiembre, del Consejo de Gobierno, por el que se establece la estructura orgánica de la Consejería de Presidencia, Justicia y Administración Local[392], a la que ha quedado adscrito, atribuyéndole también «la realización de acciones que promuevan la sensibilización de la sociedad para conseguir el apoyo a las víctimas de estos delitos y la repulsa hacia las actividades terroristas». Entendiéndose que esta labor puede ahora quedar reforzada con el reconocimiento del nuevo art. 25 bis introducido por la Ley 9/2022, mediante el que se prevé el posible ejercicio de la acción popular por la Comunidad de Madrid en los procedimientos penales seguidos por enaltecimiento o justificación públicos de los delitos de terrorismo, así como por actos que entrañen descrédito, menosprecio o humillación de las víctimas de los delitos terroristas o de sus familiares, «en la forma y condiciones establecidas por la legislación procesal».

---

392 BOCM núm. 213, 7 de septiembre de 2023; Rect. BOCM núm. 230, 27 de septiembre de 20023.

9. COMUNIDAD FORAL DE NAVARRA

A partir de la aplicación del Decreto Foral 254/1988, de 27 de octubre, por el que se regulaba la concesión de ayudas a los afectados por atentados terroristas, esta Comunidad sobre la base de estos antecedentes normativos[393], opta por promulgar una nueva normativa a través de la Ley Foral 9/2010, de 28 de abril, de ayuda a las víctimas del terrorismo (TOL1.827.689)[394]. La cual entró en vigor el 11 de mayo de 2010, sin perjuicio de que sus previsiones sean aplicables a todos aquellos actos acaecidos desde el 27 de junio de 1960 conforme a lo previsto en su DF 3ª. Persiguiéndose con ella, al igual que ya hicieron otras Comunidades Autónomas, complementar el sistema de ayudas establecido a favor de este colectivo de víctimas en la normativa estatal, tal como lo expresa el art. 3.2 de la Ley Foral[395].

Así pues, mediante esta normativa, además de rendir homenaje y expresar su reconocimiento a todas aquellas personas que hayan sufrido actos terroristas, se persigue establecer un sistema de atención y asistencia integral dirigido a reparar y aliviar sus daños, a través de la articulación de un conjunto de medidas y actuaciones que atiendan sus circunstancias y necesidades personales, familiares y sociales dentro del ámbito de las competencias autonómicas que en estas materias tiene atribuida.

Y para ello, distribuye su articulado en diez capítulos: el primero se ocupa de las disposiciones generales sobre su objeto, ámbito de aplicación y beneficiarios; el segundo regula los distintos tipos de asistencia a las víctimas, sus requisitos y

---

393 Sobre estos antecedentes, CASTAÑÓN ÁLVAREZ, M. J., *Víctimas del terrorismo...*, op. cit., pp. 71-72.

394 BON núm. 57, 10 de mayo de 2010; BOE núm. 132, 31 de mayo de 2010.

395 CASTAÑÓN ÁLVAREZ, M. J., *Víctimas del terrorismo...*, op. cit., p. 72.

procedimiento para su concesión, que son desarrolladas en el tercero, en lo relativo a las indemnizaciones por daños físicos o psíquicos, daños materiales y por situación de dependencia, el cuarto para las subvenciones, y el sexto, para las diversas acciones asistenciales[396]. El cual se completa con otras disposiciones y medidas, contempladas en el resto de capítulos destinadas a regular un programa de educación para la paz y convivencia (Capítulo V), las distinciones honoríficas (Capítulo VII), determinadas medidas de empleo público y fiscales (Capítulos VIII y IX) y la creación de la Comisión de Ayuda a las Víctimas en esta Comunidad (Capítulo X). Cuya labor consideramos que puede contribuir de forma eficaz a ofrecer una mejor respuesta institucional a todas las necesidades que puedan presentar las víctimas en sus relaciones con la Administración Pública para acceder a las distintas ayudas públicas que se contemplan en la norma autonómica, y entre cuyas funciones la Ley Foral (art. 29.4) le atribuye las siguientes:

> «a) Prestar a las víctimas del terrorismo y familiares la información y asistencia técnica precisa en cada caso para el acceso a cuantas ayudas públicas tengan derecho conforme a la legislación vigente;
>
> b) Promover y fomentar que las convocatorias de subvenciones y ayudas que se realicen por parte de los distintos departamentos del Gobierno de Navarra prioricen a las víctimas del terrorismo en cuanto al acceso a dichas ayudas; y
>
> c) Estudiar cuantas medidas alternativas puedan tener aplicación en aras de conseguir el objetivo fundamental de resarcir de la mejor manera posible a las víctimas y sus familiares».

---

396 Vid. PÉREZ CAMPOS, A. I., «Ayudas a las víctimas del terrorismo de la Comunidad Foral de Navarra», SEMPERE NAVARRO, A. V., (dir.) y KAHALE CARRILLO, D. T., (coord.): *Reconocimiento y protección integral a las víctimas...*, op. cit., pp. 425-465.

Unas funciones que consideramos, han resultado notablemente reforzadas por la implantación por parte del Gobierno de Navarra de un Programa de Atención Personalizada para las Víctimas del terrorismo y otras violencias de motivación política[397]. Cuyo objetivo es precisamente ofrecer un conjunto de herramientas que puedan ayudar y acompañar en el proceso personal de cada víctima y de su familia y, al mismo tiempo, promover un contexto social de apoyo, de reconocimiento del daño padecido y un clima social favorable para la conciliación. El cual se desarrolla a través de la Oficina de Atención a las Víctimas, cuyas actuaciones irán dirigidas a hacerlo efectivo en el contexto de sus competencias[398]. Definidas en el Decreto Foral 239/2023, de 15 de noviembre, por el que se establece la estructura del Departamento de Memoria y Convivencia, Acción Exterior y Euskera[399], que en su art. 8.c) atribuye a la Dirección General de Memoria y Convivencia, «el desarrollo de las políticas de solidaridad, reconocimiento y atención a todas las víctimas de violencia terrorista y política».

En cualquier caso, es importante destacar que, en cuanto al ámbito de aplicación de la Ley Foral 9/2010, este sistema de ayudas irá dirigido a aquellas personas físicas o jurídicas que sufran daños en Navarra como consecuencia de un acto terrorista, o que sufran daños fuera del territorio de Navarra, siempre que ostenten la condición política navarra, así como

---

[397] GOBIERNO DE NAVARRA, Departamento de Memoria y Convivencia, Acción Exterior y Euskera, *Programa de Atención Personalizada a las Víctimas del terrorismo y violencias de motivación política,* en: https://pazyconvivencia.navarra.es/es/programa-de-atencion-a-las-victimas [Consulta: 08-01-24].

[398] GOBIERNO DE NAVARRA, Departamento de Memoria y Convivencia, Acción Exterior y Euskera, *Oficina de Atención a las Víctimas,* en: https://pazyconvivencia.navarra.es/es/oficina-de-atencion-a-las-victimas [Consulta: 08-01-24].

[399] BON núm. 244, 23 de noviembre de 2023.

el cónyuge de la víctima no separado legalmente o de hecho o la persona unida por relación de afectividad. Si bien, también comprende a las personas físicas que hayan sido retenidas por los terroristas para la utilización de su vehículo en un atentado o para la huida, así como aquellas personas que, por vivir bajo amenazas o con protección, encuentren dificultades para poder desarrollar su trabajo con normalidad.

Estableciéndose además como requisitos para poder acogerse a las disposiciones y medidas contempladas en la norma, los siguientes: a) Que los daños producidos sean consecuencia de un acto terrorista, condición que se determinará por las fuerzas y cuerpos de seguridad del Estado, por sentencia judicial o por resolución de la Administración competente; b) Que se haya interpuesto la correspondiente denuncia por parte de la persona interesada; c) Certificación de la Delegación del Gobierno respecto a los hechos producidos; d) Solicitud previa a la Administración General del Estado de las indemnizaciones y compensaciones que, para los mismos supuestos, estén establecidos en la normativa vigente, y e) Compromiso previo de la persona interesada a trasladar al Gobierno de Navarra la información concerniente a otras ayudas recibidas. Y por lo que se refiere al procedimiento para la presentación de las solicitudes, la Ley Foral 9/2010, contempla el plazo de un año desde la resolución del Gobierno de la Nación, o de la curación o determinación del alcance de las secuelas cuando se trate de daños físicos o psíquicos. O bien hasta el 31 de diciembre de 2012 para los actos de terrorismo acaecidos con anterioridad a la entrada en vigor de la Ley Foral 9/2010.

10. COMUNIDAD AUTÓNOMA DEL PAÍS VASCO

En esta Comunidad la promulgación de la Ley 4/2008, de 19 de junio, de Reconocimiento y Reparación a las Víctimas del

Terrorismo (TOL1.331.809)[400], viene a sustituir a la regulación normativa hasta entonces vigente, representada por el Decreto 214/2002, de 24 de septiembre, que regulaba el programa de ayudas a las víctimas del terrorismo (TOL209.817)[401], a su vez modificado por el Decreto 313/2002, de 30 de diciembre[402]. Y cuyas disposiciones fueron derogadas por el nuevo Decreto 290/2010, de 9 de noviembre, de desarrollo del sistema de asistencia integral a las víctimas del terrorismo[403].

De manera que, con arreglo a lo expresado en su propia exposición de motivos, podemos afirmar que la nueva Ley tiene una doble dimensión. Pues si por un lado, una parte de la misma hace referencia a las cuestiones estrictamente materiales o asistenciales con las que pretende mejorar la respuesta a los numerosos problemas relacionados con la vida cotidiana de las víctimas del terrorismo, por otro, y como aspecto más novedoso, trata de compendiar los principios generales que han de informar el conjunto de los derechos que deben ser reconocidos a todas esas víctimas desde una perspectiva ética y política[404].

Y para ello, la propia norma en su art. 2 delimita el ámbito de aplicación de las medidas asistenciales que en ella se con-

---

400 BOPV núm. 124, 1 de julio de 2008; BOE núm. 212, 3 de septiembre de 2011.

401 BOPV núm. 185, 30 de septiembre de 2002.

402 CASTAÑÓN ÁLVAREZ, M. J., *Víctimas del terrorismo...*, op. cit., pp. 69-70.

403 BOPV núm. 239, 15 de diciembre de 2010.

404 PÉREZ MACHÍO, A. I., «Protección y asistencia a las víctimas del terrorismo y de violencia de motivación política en el marco de la Comunidad Autónoma del País Vasco: hacia una política victimal integral», PEGO OTERO, L. (dir.): *Víctimas y derechos: tratamiento normativo, programas de justicia restaurativa y de justicia transicional*, Aranzadi, Cizur Menor (Navarra), 2022, p. 35.

templan[405]: a) Personal, aplicándose a aquellas personas que sufran o hayan sufrido la acción terrorista o la acción de personas que, integradas en bandas o grupos armados, actuaran con la finalidad de alterar gravemente la paz y seguridad ciudadana, abarcando a las víctimas directas de las acciones terroristas y a sus familiares o allegados en los términos que se expresan en cada caso; b) Territorial, al exigir que los hechos se cometan en el territorio de la Comunidad Autónoma de Euskadi o cuando, pese a haber acaecido fuera del mismo, la persona afectada estuviera domiciliada en la CA de Euskadi. Si bien las ayudas por daños materiales en ella reconocidas sólo serán aplicables en caso de acciones terroristas ocurridas en dicho territorio; y c) Objetivo, al brindar protección ante acciones terroristas o la acción de personas que tengan como finalidad la alteración grave de la paz y la seguridad ciudadana.

A partir de lo cual, en el Título III de la Ley se desarrolla el sistema de protección y asistencia integral a las víctimas en esta CA, regulando las prestaciones y medidas administrativas destinadas a la reparación de los efectos dañosos de las acciones terroristas[406] —arts.10 a 24 Ley 4/2008—, tratando de garantizar la restitución completa de lo restituible, y la asistencia integral a las víctimas en todos los aspectos necesarios para la recuperación de una vida social normalizada. Determinando que dichas prestaciones y ayudas, serán compatibles con cualesquiera otras ayudas que los interesados puedan recibir de otras administraciones, siempre que la suma de las mismas no superen el importe del daño, sobrefinanciación de la actividad

---

[405] RODRÍGUEZ INIESTA, G., «La protección a las víctimas del terrorismo en el País Vasco», SEMPERE NAVARRO, A. V., (dir.) y KAHALE CARRILLO, D. T., (coord.): *Reconocimiento y protección integral a las víctimas...*, op. cit., p. 503.

[406] GOBIERNO VASCO, *Ayuda a víctimas del terrorismo,* en: https://www.euskadi.eus/ayuda_subvencion/2022/ayuda-a-victimas-del-terrorismo-2022/web01-tramite/es/ [Consulta: 08-01-24].

a subvencionar o una duplicación del contenido de la concreta modalidad de ayuda que se conceda. Además de fijar unas reglas generales para concretar el alcance de la reparación por estos daños materiales, que comprenderán los causados en bienes muebles o inmuebles a consecuencia de acciones terroristas que hayan tenido lugar en el territorio de la CA de Euskadi, con los requisitos y limitaciones establecidos en la ley. Aunque se excluyen los daños acaecidos en bienes de entidades, corporaciones u organismos nacionales o extranjeros de carácter público o que se encuentren mayoritariamente participados por ellos. Y fijándose el plazo de un año para instar la concesión de estas ayudas, a contar desde el día siguiente a la producción del acto terrorista.

No obstante, junto a la dimensión asistencial aludida, la norma incluye asimismo otra parte en su Título II —arts. 3 a 9 Ley 4/2008—, destinada a compendiar los principios generales que informan el conjunto de derechos de las víctimas del terrorismo desde una perspectiva ética y política que, sin duda, constituye uno de los aspectos más novedosos de dicho texto legal[407]. Para cuyo desarrollo valoramos muy positivamente que se hayan tomado como «fuente de inspiración los documentos internacionales, de Naciones Unidas, el Consejo de Europa o la Unión Europea, sobre la protección de las víctimas ante las violaciones graves y sistemáticas de los derechos humanos», conforme expresa la exposición de motivos del texto legal. Lo que está en estrecha relación con la preocupación mostrada por la Comunidad del País Vasco de crear las bases necesarias para promover una convivencia democrática y una sociedad basada en la defensa de los derechos humanos, la paz y la libertad a partir de la experiencia traumática vivida, entre otras, por las víctimas del terrorismo. Un objetivo al que también pretendió

---

407 LADRÓN DE GUEVARA PASCUAL, C., *Avances y carencias en la protección jurídica...*, op. cit., p. 140.

responder la Ley 4/2014, de 27 de noviembre, de creación del Instituto de la Memoria, la Convivencia y los Derechos Humanos (TOL4.557.607)[408], derogada por la Ley 9/2023, de 28 de septiembre, de Memoria Histórica y Democrática de Euskadi (TOL9.731.460)[409]. Al atribuirle los siguientes fines:

1. Participar en el diseño, promoción, desarrollo y ejecución de la política pública relativa a los valores éticos y principios democráticos que resulten sustanciales a la memoria de la lucha por la libertad, la garantía de los derechos humanos y la convivencia democrática de la sociedad vasca.
2. Ser agente activo en la permanente conmemoración de los valores políticos y sociales que garanticen el conocimiento, comprensión y conciencia de la ciudadanía respecto al proceso sostenido a lo largo de décadas en defensa de la libertad y del desarrollo de la democracia.
3. Velar por la preservación, desarrollo y difusión del patrimonio colectivo que supone la memoria de la defensa de los principios y valores en que se sustenta la convivencia democrática y que encuentra en el testimonio de las víctimas parte insustituible de ese patrimonio.
4. Impulsar la difusión, promoción y defensa de los derechos humanos, y los valores de la paz.

Unos fines que, como pusimos de manifiesto en el capítulo primero de esta obra, constituyen los estándares mínimos que han de guiar la labor legislativa de los diferentes Estados en esta materia. A partir de los cuales, a todas las víctimas del terrorismo se les han de reconocer sus derechos a la justicia, la

---

[408] BOPV núm. 230, 2 de diciembre de 2014; BOE núm. 306, 19 de diciembre de 2014.

[409] BOPV núm. 198, 17 de octubre de 2023; BOE núm. 274, 16 de noviembre de 2023.

dignidad, el reconocimiento y la reparación. Lo que en el marco de la Ley 4/2008 también ha sido plasmado, a partir de las reivindicaciones realizadas por parte del movimiento asociativo que ostentaba la representación de sus intereses, con el fin de hacer valer a su favor «una triada de derechos o principios que deben ser tenidos en cuenta al abordar la situación de las víctimas: verdad, memoria y justicia»[410]. Junto a otros de especial relevancia, como el derecho a la dignidad y a la reparación integral –tanto material como moral–, al perseguir también otros aspectos como una convivencia pacífica, la reconstrucción y la transformación social[411], todos los cuales están estrechamente relacionados entre sí.

A cuyo cumplimiento sin duda alguna, consideramos que puede contribuir activamente el Consejo Vasco de Participación de las Víctimas del Terrorismo, regulado por el Decreto 75/2016, de 17 de mayo (TOL5.723.798)[412]. Al que se le atribuyen entre otras funciones, la de trasladar a las distintas administraciones públicas vascas las iniciativas y propuestas que considere oportunas para el avance y mejora de las políticas públicas destinadas a las víctimas del terrorismo, y crear los cauces de participación para escucharlas, atenderlas, orientarlas y asesorarlas de un modo personalizado, atendiendo sus sugerencias y canalizando sus reclamaciones. Encontrándose el mismo adscrito al Departamento de Igualdad, Justicia y Políticas Sociales, en virtud del art. 2 del Decreto 12/2021, de 19 de enero, por el que se establece la estructura orgánica y funcional de ese departamento[413], modificado por el Decreto

---

410 ARARTEKO, *Informe extraordinario al Parlamento Vaco sobre la atención institucional a las víctimas del terrorismo en Euskadi,* 2009, p. 260.

411 RODRÍGUEZ INIESTA, G., «La protección a las víctimas del terrorismo en el País Vasco», op. cit., p. 507.

412 BOPV núm. 95, 20 de mayo de 2016.

413 BOPV núm. 21, 29 de enero de 2021.

42/2023, de 28 de marzo[414]. En cuyo organigrama se encuentra ubicada también la Dirección de Derechos Humanos, Víctimas y Diversidad que, precisamente en el ámbito territorial del País Vasco, tiene encomendadas las competencias para «diseñar y promover la continuidad, desarrollo y aplicación de las políticas de solidaridad, reconocimiento y atención a todas las víctimas». Lo que abarcaría también las necesarias para el desarrollo de la Ley 12/2016, de 28 de julio (TOL5.789.839)[415], para el reconocimiento y reparación integral de las situaciones de victimización surgidas como consecuencia de violencia de motivación política a partir de 1960[416].

11. COMUNIDAD AUTÓNOMA DE LA REGIÓN DE MURCIA

A través de la Ley 7/2009, de 2 de noviembre, de ayuda a las víctimas del terrorismo de la Comunidad Autónoma de la Región de Murcia (TOL1.639.517)[417], modificada por la Ley 13/2009, de 23 de diciembre (TOL1.743.010)[418], esta Comunidad al igual que otras que ya le habían precedido, también persigue como objetivo complementar las actuaciones estatales llevadas a cabo en este ámbito a favor de las víctimas. Pues, si el beneficiario contara con cualquier otra ayuda por el mismo concepto, únicamente se le concederá la diferencia si la

---

[414] BOPV núm. 71, 14 de abril de 2023.

[415] BOPV núm. 151, 10 de agosto de 2016; BOE núm. 219, 10 de septiembre de 2016.

[416] PÉREZ MACHÍO, A. I., «Protección y asistencia a las víctimas del terrorismo...», op. cit., p. 50.

[417] BORM núm. 264, 14 de noviembre de 2009; Rect. BORM núm. 52, 4 de marzo de 2010; BOE núm. 35, 10 de febrero de 2011.

[418] BORM núm. 300, 30 de diciembre de 2009; BOE núm. 40, 16 de febrero de 2011.

prevista en la norma autonómica fuera superior. A la par que desarrolla nuevas medidas de ayuda específicas para contribuir a mejorar su asistencia y protección, dotándolas de un marco jurídico específico del que hasta ahora carecían, con el fin de garantizar su reparación integral.

Por ello, este concepto de reparación integral a las víctimas del terrorismo que inspira el texto legal, como se declara expresamente en su preámbulo, tiene también un valor decisivo para evitar la doble victimización que pudiera derivarse para ellas como consecuencia de dejarlas abandonadas y no responder a sus necesidades. Razón por la cual, debe entenderse que esta reparación integral, además de tener una dimensión económica, material y asistencial, necesariamente debe contemplar también una dimensión moral[419].

En cuanto al ámbito de aplicación de la norma, desde el punto de vista territorial, se prevé que alcance a las víctimas y afectados que resulten perjudicados por actos de terrorismo cometidos en el territorio de la Comunidad Autónoma de la Región de Murcia, y también a las personas que gocen de la condición política de murciano, en los términos previstos en el Estatuto de Autonomía de la Región de Murcia, aún cuando aquellos hubieran acaecido en cualquier otro lugar del territorio español o en el extranjero. Considerándose afectados a los efectos de la Ley, los familiares de las víctimas hasta el segundo grado de consanguinidad o afinidad, los cónyuges si no estuvieran separados legalmente, o personas con relación de afectividad análoga a la conyugal, así como aquellas otras personas que convivan de forma estable con la víctima y dependan de

---

[419] RUIZ GONZÁLEZ, J. G., «El derecho a la reparación integral de la víctima en la Ley de ayuda a las Víctimas del Terrorismo de la Región de Murcia», *EGUZKILORE, Cuaderno del Instituto Vasco de Criminología,* Nº 25, Diciembre 2011, p. 158.

la misma[420]. Y desde el punto de vista temporal, se contempla la aplicación retroactiva de la norma para aquellos atentados terroristas cometidos a partir del 1 de enero de 1968.

Y en relación a su contenido, el texto legal autonómico se distribuye en siete capítulos, de los cuales el Capítulo I, como hemos concretado en el párrafo anterior se ocupa de las disposiciones generales, para determinar su objeto, ámbito de aplicación y beneficiarios; el Capítulo II regula las indemnizaciones por daños físicos o psíquicos y reparaciones por daños materiales; el Capítulo III describe las diferentes prestaciones asistenciales; el Capítulo IV establece la posibilidad de conceder subvenciones a entidades que entre sus fines se incluya la representación y defensa de los intereses de las víctimas; el Capítulo V regula otras medidas como la concesión de ayudas extraordinarias. Por su parte, el Capítulo VI se refiere al reconocimiento de distinciones honoríficas, debiéndose tener en cuenta en este punto las modificaciones que en la Ley 7/1985, de 8 de noviembre, de Honores, Condecoraciones y Distinciones de la Región de Murcia introdujo la Ley 3/2015, de 17 de febrero (TOL4.717.409)[421]. Y por último, el Capítulo VII se ocupa de regular el procedimiento de concesión de las ayudas. Valorándose muy especialmente que su instrucción y resolución se encuentren presididas por los principios de celeridad y trato favorable a las víctimas, para evitar a toda costa trámites formales que puedan alargar o dificultar su acceso a las ayudas y prestaciones contempladas en la Ley[422]. Unas disposiciones

---

420 GONZÁLEZ DÍAZ, F. A., «Ayudas a las víctimas del terrorismo de la Comunidad Autónoma de la Región de Murcia» SEMPERE NAVARRO, A. V., (dir.) y KAHALE CARRILLO, D. T., (coord.): *Reconocimiento y protección integral a las víctimas…*, op. cit., pp. 397 y 398.

421 BORM núm. 42, 20 de febrero de 2015; BOE núm. 64, 16 de marzo de 2015.

422 GONZÁLEZ DÍAZ, F. A., «Ayudas a las víctimas del terrorismo...», op. cit., p. 419.

que han sido objeto de desarrollo posterior a través del Decreto 105/2012, de 27 de julio, por el que se aprueba el Reglamento de la Ley (TOL2.591.933)[423].

Asimismo, en el marco de la Ley 7/2009, y del Decreto 105/2012 que la desarrolla reglamentariamente, consideramos también de especial interés la aprobación por parte del Consejo de Gobierno de la CA de la Región de Murcia de una «Estrategia de Apoyo a las Víctimas del Terrorismo de la Región de Murcia 2016-2020»[424]. En la cual se recoge un programa de actuación con el que se pretende explicitar, de manera sistemática y ordenada, los principales objetivos y las líneas de trabajo que se habían de desarrollar por el Gobierno regional para ese período temporal en este ámbito. Destacándose que las medidas en ella contempladas, suponen una forma de garantizar el cumplimiento efectivo del conjunto de ayudas previstas para el apoyo a las víctimas del terrorismo en este territorio. Que como ya sabemos incluye, además de las indemnizaciones por daños físicos y psíquicos, la reparación de daños materiales, o prestaciones asistenciales y subvenciones, otras para el reconocimiento de honores y apoyo a las víctimas. Contemplándose la creación de las tarjetas de víctima y afectado por actos terroristas, con el fin de que sus titulares puedan acreditar de forma ágil tal condición. Lo que se llevó a efecto, a través de la Orden de 6 de marzo de 2017 de la Consejería de Presidencia[425], la cual sigue ostentando la competencia para el impulso y coordinación de las estrategias de apoyo a las víctimas del terrorismo en esta CA, al margen de las atribuciones conferidas a las

---

423 BORM núm. 176, 31 de julio de 2012.

424 REGIÓN DE MURCIA, *Estrategia de Apoyo a las Víctimas del Terrorismo de la Región de Murcia 2016-2020,* en: https://www.carm.es/web/pagina?IDCONTENIDO=53275&IDTIPO=100&RASTRO=c1715$m53274 [Consulta: 08-01-24].

425 BORM núm. 58, 11 de marzo de 2017.

distintas Consejerías por la legislación vigente en víctimas del terrorismo. En virtud de lo dispuesto en el Decreto 239/2023, de 22 de septiembre, por el que se establecen los Órganos Directivos de la Consejería de Presidencia, Portavocía y Acción Exterior[426].

12. COMUNIDAD AUTÓNOMA VALENCIANA

El compromiso de esta Comunidad con las víctimas del terrorismo se puso de manifiesto a través de la amplia regulación legal ofrecida en la Ley 1/2004, de 24 de mayo, de ayuda a las víctimas del terrorismo (TOL397.541)[427], cuyas disposiciones fueron objeto de desarrollo por el Decreto 163/2005, de 4 de noviembre, que aprobó su Reglamento[428], derogado posteriormente por el Decreto 109/2010, de 16 de julio (TOL1.891.895), que aprueba el nuevo. Compromiso que, no sólo ha tenido continuidad, sino que se ha acrecentado mediante la promulgación de la Ley 3/2009, de 14 de abril, que procede a modificar la normativa original. Lo que ha sido puesto en valor, en la medida que su propósito principal es el de extender las actuaciones indemnizatorias y asistenciales recogidas en la normativa anterior[429]. Destacándose además que, como gran particularidad de la ley valenciana, es la primera norma autonómica que aúna las tres vertientes —la indemnizatoria, la prestacional y la de reconocimiento de las víctimas—, y que posteriormente incorporarían la mayoría de las leyes au-

---

426 BORM núm. 220, Suplemento, 22 de septiembre de 2023.

427 DOGV núm. 4762, 27 de mayo de 2004; BOE núm. 157, 30 de junio de 2004.

428 DOGV núm. 5131, 9 de noviembre de 2005.

429 CASTAÑÓN ÁLVAREZ, M. J., *Víctimas del terrorismo…*, op. cit., p. 72.

tonómicas que han ido promulgándose[430], considerándose el primer texto normativo con una vocación integral de atención a las víctimas del terrorismo.

En cuanto al ámbito temporal de aplicación de la ley valenciana, se determina que la misma, pueda aplicarse retroactivamente para los actos terroristas cometidos a partir del 1 de enero de 1968, para los daños personales, y a partir del 1 de enero de 2003, para el supuesto de daños materiales. Y en relación a su ámbito personal, la norma delimita entre sus beneficiarios, a los heridos en actos terroristas, y en caso de fallecimiento, a los familiares más allegados, las personas con relación de afectividad análoga a la conyugal u otras personas que convivan de forma estable con la víctima y dependan de la misma. Estas últimas expresiones empleadas en el texto legal se habían considerado demasiado vagas e imprecisas, señalándose la conveniencia de dotarlas de una mayor concreción[431]. Lo que se ha hecho efectivo por vía reglamentaria, a través del Decreto 109/2010 —art. 3— (TOL1.891.895), que con este propósito determina que tendrán la consideración de «familiares más allegados o próximos», el cónyuge o persona ligada por relación de afectividad análoga a la conyugal, los hijos y los padres, además de los menores en acogimiento familiar permanente o preadoptivo, los nietos, los hermanos y los abuelos que dependan económicamente de la víctima. Si bien, en el ámbito de las prestaciones asistenciales, no se exigirá este requisito de la dependencia económica.

---

430 GARCÍA MENGUAL, F., «La incorporación de la protección de las víctimas…», op. cit., p. 230.

431 FERNÁNDEZ ORRICO, J., «Ayudas a las víctimas del terrorismo de la Comunidad Valenciana», SEMPERE NAVARRO, A. V., (dir.) y KAHALE CARRILLO, D. T., (coord.): *Reconocimiento y protección integral a las víctimas…*, op. cit., p. 473.

No obstante, la Ley exige una serie de requisitos para que estos beneficiarios puedan acceder a las ayudas y prestaciones en ella previstas. En primer lugar, que se trate de actos de terrorismo cometidos en el territorio de la Comunidad Valenciana, o en cualquier otro lugar del territorio español o en el extranjero, cuando la víctima ostente la condición de valenciano o valenciana, siempre que en este supuesto no hubiese percibido ayudas por el mismo concepto de la CA donde se hubiera perpetrado. Y de otro lado, que los daños sean consecuencia de un acto terrorista, cuando así se haya considerado por las Fuerzas y Cuerpos de Seguridad, o hubiera sido reivindicado por un grupo terrorista y ratificado por la autoridad judicial mediante resolución.

Así pues, a partir de tales antecedentes, podemos destacar las principales novedades que se han incorporado al texto autonómico tras la reforma llevada a cabo por la Ley 3/2009 en los siguientes ámbitos de aplicación de la norma:

a) En el indemnizatorio, se parte del criterio vigente en otras normativas autonómicas de incrementar las cantidades concedidas por la Administración Estatal en un 30 % en concepto de fallecimiento, daños físicos o psíquicos y daños materiales. Además de contemplar las oportunas mejoras en las ayudas por situación de dependencia —Grado III Gran Dependencia, niveles 1 y 2: 30 %; Grado II Dependencia Severa, niveles 1 y 2: 20 %; y Grado I Dependencia Moderada, niveles 1 y 2: 10 %—. Lo que en relación a este último extremo, resultaba coherente en virtud del reto asumido por los poderes públicos hacia las personas dependientes a través de la Ley estatal 39/2006, de 14 de diciembre, de promoción de la autonomía personal y atención a las personas en situación de dependencia, que obligaba a prever nuevas ayudas para quienes se encuentren en dicha situación de especial vulnerabilidad como consecuencia de la violencia generada por actos terroristas. Determinándose en estos casos, que la solicitud pueda ser formalizada a partir de la fecha del hecho causante hasta un año después de la resolución del Gobierno de la Nación, de la curación o determinación del alcance de las secuelas, o notificación que reconozca la situación de dependencia. Si bien, para aquellos actos de terrorismo acaecidos con anterioridad a la entrada en vigor de la Ley, ese año se contará a partir de su entrada en vigor.

b) En el asistencial, se prevén medidas en materia de enseñanza y vivienda. Destacándose en este apartado, en primer lugar la asistencia psicopedagógica destinada a los alumnos de educación infantil, primaria y secundaria que, como consecuencia del atentado, presenten dificultades de aprendizaje o problemas de adaptación social. Así como las becas y ayudas al estudio en el caso de daños personales de especial trascendencia, a partir de la repercusión económica en la unidad familiar de las lesiones sufridas por el atentado. Y de otro, en relación a las medidas sobre vivienda, el que se facilite el acceso a una vivienda protegida a todas aquellas víctimas o familiares que como consecuencia de un atentado terrorista presenten unas especiales dificultades para conseguirlo.

c) En el fiscal, la previsión de nuevos beneficios fiscales para las personas incluidas en el marco de aplicación de la Ley, en el ámbito de los tributos propios o cedidos a la Generalitat. A favor de quienes tengan la condición de víctima de acto terrorista, y en caso de su fallecimiento, a favor de su cónyuge o persona con relación de afectividad análoga a la conyugal, así como de sus hijos, siempre que en el momento del fallecimiento convivan de forma estable y dependan económicamente de ella.

d) En el del empleo público, se contempla el reconocimiento de nuevos derechos, permisos, licencias y situaciones administrativas para los empleados públicos afectados por actos de terrorismo.

e) Finalmente, en el plano institucional, se crea la Comisión de Coordinación y Seguimiento de Ayuda a las Víctimas del Terrorismo, como órgano colegiado con la función principal de prestar a las víctimas y sus familiares, la información y asistencia técnica precisa en cada caso para el acceso a cuantas ayudas públicas tengan derecho conforme a la legislación vigente, promover su inclusión entre los colectivos necesitados de una especial protección, además de estudiar nuevas medidas para ellas y potenciar las ya existentes con arreglo a la normativa vigente. El cual, tal como hemos comentado en relación a otros organismos autonómicos de similares características, pensamos que puede desempeñar una importante labor a la hora de evitar o reducir el riesgo de que puedan sufrir una victimización secundaria en sus relaciones con las distintas Administraciones Públicas. Debiéndose precisar que, esas funciones las habrá de desarrollar en el marco de las competencias definidas por el Decreto 112/2023, de 25 de julio, que establece la estructura orgánica básica de la Presidencia y demás Consellerías de la Generalitat (TOL9.653.249)[432]. Que atribuye a la Consellería de Justicia e Interior, las relacionadas con las ayudas a las víctimas del terrorismo, desarrollándolas a través de su Dirección General de Atención a las Víctimas, conforme al Decreto 134/2023, de 10 de agosto, que aprueba el Reglamento orgánico y funcional de la citada Consellería (TOL9.675.684)[433].

Asimismo, y en línea con el criterio seguido por otras legislaciones autonómicas, la ley valenciana también contempla

---

432 DOGV núm. 9647, 25 de julio de 2023.

433 DOGV núm. 9661, 14 de agosto de 2023.

la posibilidad de otorgar subvenciones a aquellas asociaciones, fundaciones, entidades e instituciones de asistencia a las víctimas del terrorismo, que desarrollen programas asistenciales dirigidos a paliar situaciones personales o colectivas que éstas padezcan, o bien persigan el desarrollo y ejecución de programas de actividades para su dignificación, o destinadas a la educación y concienciación social acerca del fenómeno terrorista en cualquiera de sus manifestaciones, mediante la defensa de los valores de la convivencia pacífica y democrática[434]. Además de prever la concesión de distinciones honoríficas y honores a las víctimas e instituciones o entidades que se hayan distinguido por su lucha y sacrificio contra el terrorismo, como muestra de solidaridad y reconocimiento de la sociedad valenciana y su Gobierno. Debiéndose proceder, a partir de la regulación prevista en el art. 22 de la ley valenciana, de conformidad a lo dispuesto en el Decreto 28/1986, de 10 de marzo, por el que se crea la «alta distinción de la Generalitat Valenciana», modificado posteriormente por el Decreto 177/2003, de 12 de septiembre[435] y el Decreto 174/2007, de 5 de octubre[436]. Sin olvidar tampoco en este punto, las disposiciones del Decreto 63/2009, de 8 de mayo, que aprueba el reglamento del procedimiento para la concesión de la distinción de la Generalitat a las víctimas del terrorismo (TOL9.421.407)[437].

---

434 FERNÁNDEZ ORRICO, J., «Ayudas a las víctimas del terrorismo...», op. cit., pp. 484 y 485.

435 DOGV núm. 4602, 6 de octubre de 2003.

436 DOGV núm. 5615, 8 de octubre de 2007.

437 DOGV núm. 6011, 12 de mayo de 2009; Rect. DOVG núm. 6161, 12 de mayo de 2009.

Capítulo IV

Reconocimiento y protección integral a las víctimas del terorrismo en el proceso penal

1. LOS NUEVOS DERECHOS PROCESALES RECONOCIDOS A LAS VÍCTIMAS DEL TERRORISMO

En el contexto de la Ley 29/2011, revisten un especial interés las disposiciones incluidas en su Título V —arts. 48 a 51— (TOL2.226.412), destinado en su totalidad a proteger a las víctimas y sus familias en el ámbito procesal. Constituyendo una verdadera novedad respecto a la legislación que sobre protección y asistencia a las víctimas del terrorismo había precedido a esta norma, que guardaba un absoluto silencio sobre dichos derechos[438], centrándose únicamente en detallar el sistema de indemnizaciones, ayudas y prestaciones que podían ser reconocidas a este colectivo.

Así pues, a través de estas disposiciones, junto con la ayuda para garantizar a las víctimas del terrorismo una asistencia jurídica especializada, se consagra el denominado principio de mínima lesividad durante el desarrollo del proceso penal, haciendo posible que puedan ser adoptadas a su favor cuantas medidas protectoras sean oportunas para que éstas no se vean obligadas a mantener un contacto directo visual con los impu-

---

438 GARCÍA RODRÍGUEZ, M. J., «Protección y apoyo a las víctimas del terrorismo...», op. cit., p. 182.

tados o acusados, además de prevenir cualquier tipo de manifestaciones o declaraciones que puedan denigrarlas u ofenderlas, con el fin de evitar su victimización secundaria. Unas disposiciones que se complementan con la previsión contenida en la propia Ley acerca de la creación y establecimiento de una Oficina de Información y Asistencia a las Víctimas del Terrorismo en el marco de la Audiencia Nacional, sin perjuicio de cualesquiera otras oficinas específicas que también pudieran ser puestas en funcionamiento con el fin de poder ofrecerles una atención personalizada en sus relaciones con el sistema de justicia penal.

Si bien, debe señalarse que todas estas previsiones contenidas en la Ley 29/2011, deberán ahora interpretarse a la luz de la Ley 4/2015, de 27 de abril, del Estatuto de la víctima del delito —LEVD— (TOL840.867), y su desarrollo por el Real Decreto 1109/2015, de 11 de diciembre —REVD— (TOL5.597.830). A través de las cuales, se implementan en nuestro ordenamiento jurídico las disposiciones de la ya comentada Directiva 2012/29/UE del Parlamento Europeo y del Consejo, de 25 de octubre, por la que se establecen normas mínimas sobre los derechos, apoyo y protección de las víctimas de delitos, y se sustituye la anterior Decisión marco 2001/220/JAI (TOL2.671.832). Con las que se persigue ofrecer a las mismas una respuesta más amplia y generosa a sus necesidades, presentándose como el catálogo general de los derechos procesales y extraprocesales que a partir de ahora, deberán tener garantizados todas las víctimas, incluidas las del terrorismo, sin perjuicio del trato especializado que éstas puedan merecer tras la evaluación de sus necesidades específicas y situación de vulnerabilidad. Pues este reconocimiento específico que ahora se pretende ofrecer a las víctimas del terrorismo a partir de la evaluación de sus necesidades, supone a nuestro juicio un avance sustancial en la respuesta que estas merecen ante el sistema de justicia penal, y la antesala de otras futuras mejoras legislativas para garantizarles una completa tutela de sus derechos.

De forma que conectando ambas normativas, la general representada por la Ley 4/2015 del estatuto de la víctima y la específica plasmada en la Ley 29/2011, el objeto principal del presente capítulo será exponer y valorar los derechos básicos que han de tener reconocidos las víctimas del terrorismo en el marco del proceso penal, entre los que se encuentran su derecho a la información, participación, protección y asistencia, que pasamos a examinar.

Y para el reconocimiento efectivo de todos esos derechos, valoramos muy positivamente que el Estatuto de la víctima (art. 30 LEVD) implementando las disposiciones de la Directiva 2012/29/UE examinada en el capítulo dos, otorgue un papel fundamental a la formación de todos los profesionales en contacto con las víctimas[439]. Al exigir al Gobierno, al Consejo General del Poder Judicial, la Fiscalía General del Estado, y Comunidades Autónomas en el ámbito de sus respectivas competencias, que aseguren la formación general y específica relativa a la protección de las víctimas en el proceso penal, en los cursos de formación de los Jueces y Magistrados, Fiscales, Letrados de la Administración de Justicia, Fuerzas y Cuerpos de Seguridad, Médicos Forenses, personal al servicio de la Administración de Justicia y del personal de las Oficinas de Asistencia a las Víctimas. Lo que también se prevé acertadamente para otros operadores jurídicos como abogados y procuradores a cargo de sus Colegios Profesionales, que están llamados igualmente a desempeñar un papel destacado en la representación de los intereses de las víctimas del terrorismo.

---

439 GARCÍA RODRÍGUEZ, M. J., «El nuevo estatuto de las víctimas…», op. cit., p. 77.

2. INFORMACIÓN PARA FACILITAR EL ACCESO A LA JUSTICIA

Entre los derechos que la Ley 4/2015 reconoce a las víctimas, merece ser destacado su derecho a recibir información en un lenguaje sencillo y accesible desde su primer contacto con las autoridades (arts. 4 y 5 LEVD), sobre las medidas de asistencia y apoyo disponibles, derecho a denunciar, modo y condiciones para solicitar medidas de protección, procedimiento para obtener asesoramiento y defensa jurídica, indemnizaciones que pueden reclamar, servicios de interpretación y traducción, o forma de obtener el reembolso de los gastos judiciales. El cual consideramos fundamental para el cumplimiento de las garantías de las víctimas en el proceso penal y facilitar que éstas puedan conocer cualquier incidencia sobre su desarrollo[440], superándose las carencias que sobre el mismo ya habían sido puestas de manifiesto por el Defensor del Pueblo al señalar que «la víctima del terrorismo a lo largo del tiempo ha permanecido desinformada acerca del proceso penal en el que se encontraban afectos su derechos»[441].

Y que ahora con muy buen criterio a nuestro juicio, se ha individualizado en el desarrollo reglamentario del Estatuto de la Víctima (art. 7 REVD), al exigir que esta información sea adaptada a las circunstancias y condiciones personales de la víctima, así como a la naturaleza del delito cometido y de los daños y perjuicios sufridos[442]. Por lo que en cada caso, habrá de ser facilitada de una manera apropiada y acorde con la cul-

---

440 GARCÍA RODRÍGUEZ, M. J., «Protección y apoyo a las víctimas del terrorismo...», op. cit., p. 183.

441 DEFENSOR DEL PUEBLO. *Estudio sobre los derechos de las víctimas de ETA..*, op. cit., p. 10.

442 GARCÍA RODRÍGUEZ, M. J., «Los derechos reconocidos a las víctimas del delito en la Ley 4/2015, de 27 de abril», TORRES FERNÁNDEZ, C./ JEREZ RIVERO, W./ DE LA SERNA TUYA, J. M.,

tura y características de la persona que deba recibirla, utilizando para ello las adaptaciones y servicios que sean necesarios[443], lo que se deberá tener especialmente en cuenta en las víctimas del terrorismo, por las consecuencias que se derivan del impacto psicológico tras el atentado[444]. Y si bien, la exposición a factores estresantes extremos constituye un riesgo importante en relación a la salud mental, haciendo necesaria la atención psicológica a corto y medio plazo, esa atención no tiene por qué ser igual para todas las personas afectadas[445], al depender de multitud de factores —impacto y significado de las pérdidas acontecidas, existencia de factores previos de vulnerabilidad, experiencias traumáticas anteriores, creencias y estrategias de afrontamiento, rasgos de personalidad, recursos de apoyo y protección—, u otras circunstancias facilitadoras o adversas[446].

(coords.): *Claves y retos de una justicia del siglo XXI: derechos, garantías y procedimientos,* Dykinson, Madrid, 2022, p. 146.

443 MINISTERIO DEL INTERIOR, *Guía para una atención de calidad a Víctimas del Terrorismo,* Consejo General de Colegios Oficiales de Psicólogos y Fundación Española para la Promoción y el Desarrollo de la Psicología Científica y Profesional, Madrid, 2019, p. 27, en: https://www.interior.gob.es/opencms/pdf/servicios-al-ciudadano/ayudas-y-subvenciones/ayudas-a-victimas-de-actos-terroristas/guia-para-una-atencion-de-calidad/Guia_atencion_espanol.pdf [Consulta: 08-01-24].

444 ECHEBURÚA, E., *Superar un trauma. El tratamiento de las víctimas de sucesos violentos,* Pirámide, Madrid, 2005, p. 88 y ss.

445 GARCÍA-VERA, M.P./ SANZ, J., «El papel de las guías de autoayuda y las pautas de intervención psicológica para los afectados por los atentados del 11-M», GARCÍA-VERA, M.P./ LABRADOR, F.J./ LARROY, C. (eds.): *Ayuda psicológica a las víctimas de atentados y catástrofes. Guía de autoayuda y pautas de intervención psicológica elaboradas tras los atentados del 11-M,* Editorial Complutense, Madrid, 2008, p. 11.

446 GAGO CARRERO, S., «¿Y después de tanto tiempo aún hay personas que necesitan terapia por el 11 M?», LÓPEZ ROMO, R. (ed.): *Memorias del terrorismo en España,* Los libros de la Catarata, Madrid, 2018, p. 297.

Unas previsiones que se habrán de poner en relación con el reconocimiento que de manera específica ya se contemplaba en la Ley 29/2011, sobre el derecho de las víctimas del terrorismo a una información especializada (art. 50 LVT). En virtud del cual, todas las Administraciones Públicas con competencias en materia de medios materiales sobre la Justicia, en colaboración con los órganos de gobierno del Poder Judicial, habían de establecer los mecanismos que permitan a todas las personas señaladas en el art. 4 LVT, a «conocer el estado de los procedimientos en los que sean partes y, en su caso, las acciones judiciales que puedan iniciar en defensa de sus derechos». Y para cuyo cumplimiento efectivo, el Ministerio de Justicia puso en marcha una Oficina de Información y Asistencia a las Víctimas del Terrorismo (OAVT) en la Audiencia Nacional, de cuyas funciones nos ocuparemos en el último apartado del presente capítulo. Considerándose todo un acierto, que en el propio texto legal, se haya exigido como garantía de la calidad en el servicio ofrecido a las víctimas, la necesidad de que las personas que vayan a prestar esa información y atención tengan la formación suficiente «con el fin de evitar la duplicidad de trámites y personaciones innecesarias ante los órganos judiciales».

Un extremo en el que debemos reconocer que la Ley 29/2011, con el fin de promover unas buenas prácticas entre los profesionales en contacto con ellas, se anticipó a las exigencias ahora establecidas con carácter general en la Ley 4/2015, del Estatuto de la víctima del delito (art. 30 LEVD), que como ya sabemos presta una particular atención a aquellos colectivos necesitados de especial protección, entre los que deben incluirse a las víctimas del terrorismo. Colectivo para el que de manera específica, también se ha considerado imprescindible definir unos estándares mínimos que constituyan la hoja de ruta para ofrecerles un trato empático, individualizado y personalizado[447].

Y para garantizar este derecho a la información, nuestro ordenamiento procesal regula en el art. 109 LECR con carácter general, el ofrecimiento de acciones para todos los ofendidos por el delito. Considerada como una de las medidas más eficaces para la tutela de la víctima, y definida como «la llamada a la instrucción de los ofendidos y perjudicados a fin de que puedan ejercitar su derecho fundamental a la tutela judicial efectiva, compareciendo como partes acusadoras o civiles en orden a sostener la pretensión penal o civil dimanante del delito»[448], para permitirles participar activamente en el proceso que surge del mismo[449]. La cual además, es configurada como un trámite procesal que tiene una dimensión constitucional para hacer efectiva la tutela judicial efectiva (art. 24.1 CE)[450], y cuyos límites también se ha encargado de precisar con carácter general la jurisprudencia de nuestro alto Tribunal, a través de la STS

---

447 VARONA MARTÍNEZ, G. (et al.), *Guía general de buenas prácticas en el trato con víctimas del terrorismo que evite la victimización secundaria,* Instituto Vasco de Criminología (IVAC-KREI), 2015, en: https://www.euskadi.eus/contenidos/proyecto/victimas_proyecto006/es_def/adjuntos/Guia_general_buenas_practicas.pdf [Consulta: 08-01-24].

448 GIMENO SENDRA, V., *Manual de Derecho Procesal Penal,* (4ª ed.), Colex, Madrid, 2014, p. 129.

449 MILANS DEL BOSCH, S., «Protección de las víctimas en los procesos penales por terrorismo. La reparación de daños en delitos de terrorismo. Estudio de la posición del Consorcio de Compensación de Seguros», *Revista Jurídica de Castilla y León,* Nº 57, Junio 2022, p. 16.

450 CHOCRÓN GIRALDEZ, A. M., «Fundamento constitucional de la protección a las víctimas en el proceso penal español», *Boletín Mexicano de Derecho Comparado,* Nueva serie, año XLI, Nº 122, mayo-agosto 2008, pp. 700 y 701.

900/2006, de 22 de septiembre (TOL1.025.762) —FD 2º—[451], con el fin de garantizar su observancia:

> «[...] si el ofrecimiento de acciones tiende a posibilitar al ofendido o perjudicado el ejercicio del derecho de defensa en un determinado proceso, su omisión debía ser subsanada si el estado del procedimiento permite aún al sujeto afectado el ejercicio eficaz de ese derecho en el mismo proceso [...]. De no ser así y si el procedimiento se encuentra ya en una fase que no permite esa actuación procesal, la situación que con dicha omisión se genera a aquel perjudicado es de efectiva y manifiesta indefensión, pues aunque se cumpliera formalmente con la instrucción al mismo de cuanto el art. 109 LECR establece, se trataría de una actuación vacía de contenido y carente de toda eficacia, al no poder realizar los actos que son substanciales para la defensa de sus intereses».

Razón por la cual consideramos que reviste una especial trascendencia en la práctica forense, en la medida que permitirá conocer a las víctimas todos y cada uno de los derechos que le asisten en el proceso penal, facilitándoles una información completa y comprensible sobre las acciones y pretensiones que pueden ejercitar, así como de las ayudas y medidas de asistencia previstas para ellas en la legislación vigente. Y que a la hora de hacerla efectiva, entendemos por tanto, que debe ir más allá de la entrega de una mera referencia escrita sobre esos derechos a través de la denominada «acta de información de derechos al ofendido/perjudicado»[452], debiendo ir acompañada de una clara y sencilla explicación verbal sobre el alcance y contenido de cada uno de ellos:

---

451 STS 900/2006, de 22 de septiembre (Sala de lo Penal), Ponente: Ilmo. Sr. Juan Ramón Berdugo Gómez de la Torre (ECLI:ES:TS:2006:7939).

452 GARCÍA RODRÍGUEZ, M. J., «Buenas prácticas para la protección y asistencia de las víctimas en el sistema de justicia penal», *Boletín del Ministerio de Justicia,* Nº 2174, Enero de 2015, p. 26.

- Derecho a la asistencia de intérprete si no comprende o habla la lengua oficial.
- Derecho a mostrarse parte en la causa, sin necesidad de formular querella, antes del trámite de calificación del delito. Y una vez personados en la causa, a tomar conocimiento de lo actuado e instar la práctica de diligencias y cuanto a su derecho convenga.
- Derecho a nombrar abogado o instar el nombramiento de Abogado de oficio, en el caso de ser titulares del derecho a la asistencia jurídica gratuita, como en efecto lo son las víctimas del terrorismo a tenor de lo dispuesto en el art. 2. h) de la Ley 1/1996, de 10 de enero, de asistencia jurídica gratuita (TOL173.195).
- Derecho a ser informado de la fecha y lugar de celebración del juicio correspondiente, y a la notificación personal de la resolución que recaiga, aunque no sea parte en el proceso.
- Derecho cuando exista un peligro grave para su persona, libertad o bienes, su cónyuge o persona a quien se halle unida por análoga relación de afectividad o sus ascendientes, descendientes o hermanos, a obtener las medidas legales de protección previstas en la LO 19/1994, 23 de diciembre, de protección de testigos (TOL1.816.147).
- Derecho, en los procesos que se sigan por alguno de los delitos comprendidos en el artículo 57 CP, a que el Juez le asegure la comunicación de los actos procesales que puedan afectar a su seguridad.
- Derecho a la restitución, reparación del daño e indemnización de perjuicios causados por el delito. Y a ser informada del sistema de ayudas económicas regulado en la Ley 29/2011, de 22 de septiembre, de reconocimiento y protección integral a las víctimas del terrorismo

(TOL2.226.412), facilitándole el acceso a la OAVT de la Audiencia Nacional o a cualquiera otra más próxima a su territorio.

Si bien debe puntualizarse, que con arreglo al nuevo marco legal que instaura la Ley 4/2015, el derecho de las víctimas a recibir información sobre la causa penal estará condicionado a que éstas lo hayan solicitado en el curso de las actuaciones judiciales (art. 5.1 m) y 7 LEVD)[453]. Considerándose que el acto de ofrecimiento de acciones, pueda ser el momento idóneo para recoger esa manifestación de la voluntad de la víctima acerca del contenido de la información que sobre el procedimiento desea recibir dentro del margen legal, y poder instruirle además de la posibilidad que tiene de revocarla en cualquier momento del proceso[454]. De forma que con esta previsión, se atiende a aquellos supuestos en los que las víctimas prefieren no tener conocimiento alguno de las actuaciones judiciales, por considerar que obligarles a tenerlo podría aumentar la sensación de victimización secundaria.

Y aunque a la hora de hacer efectiva esta información sobre estos derechos en el curso del proceso, queremos poner en valor el papel de las Oficinas de Asistencia a las Víctimas del Delito (OAVD), y en particular de la OAVT de la Audiencia Nacional, cuya intervención desde el mismo inicio de las actuaciones judiciales ha demostrado sobradamente su eficacia en la práctica forense, y se ha visto ahora reconocida en el desarrollo reglamentario del Estatuto (art. 27 REVD), tampoco podemos olvidar la insustituible labor que en estrecha coordinación con

---

453 TAMARIT SUMALLA, J. M, «Los derechos de las víctimas», en EL MISMO (coord.): *El estatuto de las víctimas de Delitos. Comentarios a la Ley 4/2015,* Tirant lo Blanch, Valencia, 2015, p. 46.

454 ALBA FIGUERO, M. C., «Derechos, facultades y posibilidades jurídicas de la víctima del terrorismo en el actual marco del proceso penal», *Boletín del Ministerio de Justicia,* Nº 2208, Mayo de 2018, p. 22.

ellas, viene siendo desarrollada por las Fuerzas y Cuerpos de Seguridad. A la que se suma la importantísima función que en este contexto, también tiene encomendada el Ministerio Fiscal, que con arreglo a su Estatuto Orgánico aprobado por la Ley 50/1981, de 30 de diciembre (TOL267.812), le impone «velar por la protección procesal de las víctimas y por la protección de los testigos, promoviendo los mecanismos previstos para que reciban la ayuda y asistencia efectivas» (arts. 3.10 y 4.6 EOMF), en línea a las previsiones de nuestra norma procesal (art. 773.1 LECR).

Una labor que se ha visto reforzada por las numerosas Circulares e Instrucciones promulgadas durante estos últimos años por la Fiscalía General del Estado para guiar su actuación, entre las que merece ser destacada la Instrucción 8/2005, de 26 de julio, sobre el deber de información en la tutela y protección de las víctimas en el proceso penal (TOL682.026)[455], cuya trascendencia ha llegado incluso a justificar la creación de una Fiscal de Sala Delegada de la Fiscal General del Estado para la tutela y protección de los intereses de las víctimas. Sin que podamos dejar de poner en valor las actuaciones de los Letrados de la Administración de Justicia, que como reconoce el propio Estatuto, también desempeñan un papel fundamental a la hora de informar de estos derechos a las víctimas y facilitarles su acceso a los servicios de asistencia y apoyo (art. 10 LEVD), en los términos establecidos en las leyes procesales y ahora previstos en el RD 1109/2015, cuando «resulte necesario en atención a la gravedad del delito, vulnerabilidad de la víctima o en aquellos casos en los que la víctima lo solicite» (art. 35 REVD). Aunque también consideramos, que otra forma eficaz para fa-

---

455 Vid. Instrucción 8/2005, de 26 de junio, sobre el deber de información en la tutela y protección de las víctimas en el proceso penal, en GARCÍA RODRÍGUEZ, M. J. *Código de los Derechos…*, op. cit., pp. 1087-1100.

cilitar a las víctimas del terrorismo el acceso a la información sobre sus derechos, puede ser incorporarla a los sitios web de las entidades, organismos, asociaciones y Administraciones Públicas que deban asumir su protección y asistencia, permitiéndoles tomar las decisiones que más se ajusten a sus necesidades y expectativas en cada momento procesal.

3. PARTICIPACIÓN EN LAS ACTUACIONES JUDICIALES

La Ley 4/2015, sobre el Estatuto de la víctima (TOL4.840.867), reconoce asimismo a las víctimas, su derecho a ejercer la acción penal y civil conforme a lo dispuesto en la Ley de Enjuiciamiento Criminal, y a comparecer ante las autoridades encargadas de la investigación para aportar las fuentes de prueba e información que estimen relevantes para su esclarecimiento (art. 11 LEVD). Y en relación a este derecho de las víctimas a participar en el proceso penal como acusación particular, regulado en nuestro ordenamiento procesal —arts. 109, 110 y 761.2 LECR— (TOL214.466), queremos poner en valor su carácter trascendental, en la medida que les permitirá intervenir de forma activa en el procedimiento judicial que se pueda tramitar, y ejercitar las acciones penales y civiles que le correspondan a través de su personación en las actuaciones, debiendo nombrar para ello un abogado/a que les asista y un procurador/a para que las represente[456].

Mereciendo particular interés en relación a las actuaciones judiciales relacionadas con el terrorismo, las previsiones del nuevo art. 109 bis LECR sobre la posibilidad de que, en el supuesto de pluralidad de víctimas, la autoridad judicial pueda

---

456 GARCÍA RODRÍGUEZ, M. J., «Buenas prácticas para la protección y asistencia...», op. cit., p. 29.

acordar motivadamente que se agrupen en una o varias representaciones, o ser dirigidas por una o varias defensas en razón de sus respectivos intereses. Y que la acción penal pueda ser ejercitada por las Asociaciones de víctimas o personas jurídicas legitimadas para la defensa de sus intereses con arreglo a la Ley, a las que también se les reconoce el derecho a la asistencia jurídica gratuita para el desarrollo de estos fines.

Por esta razón, y teniendo en cuenta que el desconocimiento sobre el significado y alcance de los diferentes trámites que configuran el proceso penal, y la falta de información sobre su desarrollo, es una de las causas que pueden originar la doble victimización de las víctimas, creemos que por el personal que integra los equipos técnicos de las oficinas de asistencia a las víctimas, y en particular de la Oficina de Asistencia a las Víctimas del Terrorismo de la Audiencia Nacional, se deberá promover su personación como parte en las actuaciones judiciales. Explicándoles con un lenguaje sencillo y comprensible las ventajas y derechos que lleva aparejada[457]: a) tomar conocimiento de las actuaciones e intervenir en todas las diligencias del procedimiento, salvo que hayan sido declaradas secretas; b) proponer al Juez la práctica de todas aquellas diligencias de prueba que sean de su interés; c) ser notificadas de todas las resoluciones que se dicten durante la tramitación del proceso, e interponer los oportunos recursos contra ellas; d) formular escrito de acusación, solicitando la condena del acusado y una indemnización por las lesiones, daños y perjuicios sufridos, que podrán ser diferentes a las solicitadas por el Ministerio Fiscal; y e) intervenir activamente en el juicio oral, asesorada con defensa técnica a través de abogado y procurador que represente sus intereses.

---

457 GARCÍA RODRÍGUEZ, M. J., «El nuevo estatuto de las víctimas…», op. cit., p. 47.

Sin perjuicio del papel fundamental que en esta labor de asesoramiento vienen desempeñando las numerosas asociaciones y fundaciones existentes en nuestro país, dirigida precisamente a la asistencia jurídico penal de las víctimas y familiares ante los distintos órganos judiciales penales competentes —Juzgados de Instrucción, Juzgados Centrales de Instrucción y Audiencia Nacional, en Madrid—, además de su asistencia ante los Juzgados de lo Social o Contenciosos Administrativos cuando fuera necesario. Y del que es una buena muestra el trabajo desarrollado en este área por la Asesoría Jurídica de la AAVT, al comprender como refiere MANCERA PULIDO, las siguientes funciones o tareas[458]: 1°) Información lo más exacta posible sobre el hecho acontecido; 2°) Información constante del estado y pormenores del procedimiento penal, tanto en fase de Diligencias Previas, de Sumario, y en especial ante el Juicio Oral, con asesoramiento especializado por parte de Letrados con experiencia en procesos penales así como en la atención a víctimas; 3°) Acompañamiento ante los órganos involucrados tras un atentado —fuerzas de orden público, jueces y magistrados, e incluso médicos forenses—; y muy especialmente 4°) Acompañamiento a los Juicios Orales ante la Audiencia Nacional, habiendo existido previamente contactos jurídicos tanto con el Fiscal encargado del Sumario, así como con el que asistirá al Juicio Oral, y la Oficina de Ayuda a las Víctimas del Terrorismo con sede en la Audiencia Nacional.

Así pues, la víctima que decida personarse podrá proceder a realizar la designación de estos profesionales, por libre elección o bien mediante su nombramiento a través del turno de oficio. Mereciendo ser destacada en este punto, por superar los obstáculos e inconvenientes de la anterior regulación, la

---

458 MANCERA PULIDO, P., «La asistencia jurídica en la AAVT», *ANDALUPAZ, Revista de la Asociación Andaluza Víctimas del Terrorismo,* N° 1, Junio 2008, pp. 22 y 23.

reforma del art. 48 de la Ley 29/2011 por la Ley 42/2015, de 5 de octubre (TOL5.497.672), para reconocer a las víctimas del terrorismo, el derecho a la asistencia jurídica gratuita[459] «en todos los procesos judiciales y procedimientos administrativos que tengan causa directa o indirecta en la situación que provoca la citada condición, con independencia de sus recursos económicos, en los términos establecidos en la Ley 1/1996, de 10 de enero, de asistencia jurídica gratuita». Y del que también se beneficiarán las asociaciones de víctimas del terrorismo, lo que a nuestro juicio está plenamente justificado por la importante labor que éstas vienen desempeñando en la promoción y defensa de los derechos de este colectivo tan vulnerable, con arreglo a dicha Ley 1/1996 —art. 2. j)— (TOL173.195).

Debiendo asimismo ser reseñadas para estos casos, con arreglo a las previsiones del nuevo Estatuto (art. 16 LEVD), las facilidades que pueden ofrecer las oficinas de asistencia a las víctimas, y en particular la de la Audiencia Nacional, para tramitar y presentar estas solicitudes de asistencia jurídica gratuita, coordinándose con los Servicios de Orientación Jurídica de los Colegios de Abogados, que se han visto confirmadas tras su desarrollo reglamentario (arts. 19.3 y 21.4 REVD).

---

459 CATALINA BENAVENTE, M. A., «Algunas consideraciones respecto al ejercicio de la acusación particular y popular en los procesos por terrorismo», VÁZQUEZ-PORTOMEÑE SEIJAS, F./ GUINARTE CABADA, G. (dir.) y PÉREZ RIVAS, N./ SOUTO GARCÍA, E. M. (coord.): *Hacia un sistema penal orientado a las víctimas. El estatuto penal, procesal y asistencial de las víctimas del terrorismo en España,* Tirant lo Blanch, Valencia, 2013, p. 37.

4. LA NUEVA PARTICIPACIÓN DURANTE LA EJECUCIÓN PENAL

Sin perjuicio del importante papel que, como hemos visto en el apartado anterior, se atribuye a las víctimas en el curso de las actuaciones judiciales, una de las novedades más destacadas del estatuto en esta parcela del procedimiento, ha sido el reconocerles determinados derechos durante la fase de ejecución penitenciaria. Lo que si bien ha sido una cuestión polémica y objeto de crítica, a nuestro juicio, compartiendo la opinión manifestada por NISTAL BURÓN es oportuna, al considerar que también esta fase ofrece extraordinarias posibilidades para la satisfacción y atención a los intereses de las víctimas, haciéndolo compatible con el objetivo de resocialización del delincuente, que como fin principal tiene atribuida la pena privativa de libertad a tenor de las previsiones de nuestra Constitución —art. 25.2 CE— (TOL173.304) y legislación penitenciaria —art. 1 LOGP— (TOL230.920)[460].

Señalándose la necesidad de armonizar también en este ámbito de la ejecución penal, los derechos del interno con los propios de su víctima, a la que se le debe conceder la posibilidad de personarse en la tramitación de los expedientes seguidos ante el Juzgado de Vigilancia Penitenciaria, con audiencia, como una parte más, previa resolución judicial, acerca de la solicitud planteada por el penado, y el derecho al recurso, si tal resolución fuera contraria a sus intereses[461]. De manera

---

460 NISTAL BURÓN, J., «El desamparo de la víctima en la fase penitenciaria de la ejecución penal. Algunas consideraciones en torno al objetivo prioritario de la pena», *Diario La Ley*, Nº 7157, 20 de abril de 2009 (D-134), p. 1536; «Implicaciones de la justicia victimal en el Derecho penitenciario», *EGUZKILORE, Cuaderno del Instituto Vasco de Criminología*, Nº 26, 2012, p. 117.

461 TORÁN MUÑOZ, A., «La posición de la víctima en el sistema penal español», ECHANO BASALDÚA, J. I. (coord.): *Estudios Jurídicos en*

que con arreglo a esta nueva regulación del Estatuto (art. 13.1 LEVD), que consideramos puede revestir un particular interés para el colectivo de víctimas del terrorismo, éstas podrían recurrir determinados autos del Juez de Vigilancia Penitenciaria –Juez Central de Vigilancia Penitenciaria, en supuestos de terrorismo-, aunque no se hubieran mostrado parte en la causa, a saber:

1°) El auto por el que se posibilita la clasificación del penado en tercer grado antes de la extinción de la mitad de la condena del art. 36.2 CP (TOL223.185), cuando se trate de un delito de homicidio, de aborto del art. 114 CP, de lesiones, contra la libertad, de tortura y contra la integridad moral, contra la libertad e indemnidad sexual, robo con violencia o intimidación, terrorismo o trata de seres humanos.

2°) El auto por el que se acuerde que los beneficios penitenciarios, permisos de salida, la clasificación en tercer grado y el cómputo de tiempo para la libertad condicional se refieran al límite de cumplimiento de condena, y no a la suma de las penas impuestas, si se trata de los delitos antes citados anteriormente, o cometidos en el seno de un grupo u organización criminal, en el supuesto de acumulación jurídica de penas del art. 78.2 CP.

3°) El auto por el que se conceda al penado la libertad condicional, cuando se trate de cualquiera de los delitos a los que se refiere el art. 36.2 CP o de los mencionados en el apartado 1°, cuando se hubiera impuesto una pena de más de cinco años de prisión.

No obstante, antes de que el Juez Central de Vigilancia Penitenciaria vaya a dictar alguna de estas resoluciones, deberá

Memoria de José María Lidón, Universidad de Deusto, Bilbao, 2002, p. 590.

dar traslado a las víctimas para que en el plazo de cinco días puedan formular alegaciones, cuando previamente hayan solicitado ser notificadas aportando una dirección de correo electrónico o una dirección postal, de acuerdo a lo dispuesto en el art. 5.1. m) en relación con el art. 7.1. f) LEVD. Pues como advierte MANZANARES SAMANIEGO, se trataría en todo caso de derechos condicionados por la previa solicitud de notificación conforme al art. 7.1, pero que se disfrutan como se lee en el propio art. 13.1, «aunque (las víctimas) no se hubieran mostrado parte en la causa»[462].

Reconociéndoles junto a estas prerrogativas, hasta ahora desconocidas en nuestro ordenamiento, legitimación para que con independencia de que estén o no personadas en la causa (art. 13.2 LEVD), puedan solicitar que se impongan al liberado condicional las medidas o reglas de conducta previstas por la Ley y que se consideren necesarias para garantizar su seguridad cuando razonablemente pueda haber una situación de peligro para ellas[463]. Además de ofrecerles también la posibilidad de facilitar al Juez o Tribunal cualquier información que pueda resultar relevante para resolver sobre la ejecución de la pena impuesta, las responsabilidades civiles derivadas del delito o el comiso que se hubiera acordado[464].

De manera que lo que se pretende con esta norma, como señala GOMÉZ COLOMER, es que la víctima sea oída mediante la concesión de un derecho al recurso específico antes de que, en la ejecución de la pena impuesta al autor del delito que le causó

---

462 MANZANARES SAMANIEGO, J. L., «Estatuto de la víctima. Comentario a su regulación procesal penal», *Diario La Ley*, Nº 8351, de 10 de julio de 2014 (D-230), p. 1773.

463 HEREDERO ORTIZ DE LA TABLA, L., *La protección legal a las víctimas del terrorismo...*, op. cit., p. 314.

464 GARCÍA RODRÍGUEZ, M. J., «Los derechos reconocidos a las víctimas...», op. cit., p. 147.

los daños y perjuicios, se dicten resoluciones firmes que puedan afectar a sus derechos. Al favorecer al condenado, o incluso ponerlo en libertad antes de tiempo o cuando proceda sin contraprestación alguna, lo que podría contribuir a su victimización cuando aún no haya sido reparada por los daños y perjuicios sufridos, o incluso significar un riesgo serio para su seguridad personal[465]. Y para conseguirlo, pensamos que las OAVD, también están llamadas a desarrollar una labor fundamental de información en este ámbito, tal como se reconoce ahora con muy buen criterio en el desarrollo reglamentario del Estatuto (art. 38 REVD), llevando a cabo todas aquellas actuaciones necesarias para que puedan ejercerlos de forma efectiva.

Así pues, aunque esta ampliación de las facultades de participación de la víctima en la fase de ejecución no esté contemplada en la Directiva 2012/29/UE, de la que como sabemos trae causa el Estatuto de la víctima español, y haya sido cuestionada por el Consejo de Estado[466], al igual que por un sector de la doctrina, al entender que puede complicar el cumplimiento de los fines de la pena en su compleja y delicada interrelación con el respeto debido a los principios de rango constitucional que deben orientar su cumplimiento[467], nosotros queremos expresar nuestro criterio favorable a dicha regulación. Frente a la

---

465 GÓMEZ COLOMER, J. L., *Estatuto jurídico de la víctima del delito,* Aranzadi, Cizur Menor (Navarra), 2014, p. 352.

466 CONSEJO DE ESTADO, *Dictamen sobre el Anteproyecto de Ley Orgánica del Estatuto de la Víctima del Delito (Ref. 360/2014),* 29 de mayo de 2014, en: http://www.boe.es/buscar/doc.php?id=CE-D-2014-360 [Consulta: 08-01-24].

467 FARALDO CABANA, P., «El papel de la víctima durante la ejecución de condenas por delitos referentes a organizaciones y grupos terroristas y de terrorismo», VÁZQUEZ –PORTOMEÑE SEIJAS, F./ GUINARTE CABADA, G. (dirs): *Hacia un sistema penal orientado a las víctimas. El estatuto penal, procesal y asistencial de las víctimas del terrorismo en España,* Tirant lo Blanch, Valencia, 2013, pp. 75 y 76, y

postura contraria, que defiende que no es sostenible reconocer ese interés legítimo de las víctimas sobre las condiciones de la ejecución penal, que por imperativo constitucional (art. 25.2 CE) está orientada a la reinserción social del condenado[468], sin que ello implique una situación de indefensión o desprotección para ellas, al ser el Ministerio Público quien garantiza la salvaguarda de sus legítimos intereses[469].

Motivo por el cual, compartimos y hacemos nuestros en este punto los argumentos que de forma exhaustiva y magistral son expuestos por DE HOYOS SANCHO[470], para rebatirlos, al señalar cuáles han de ser las líneas generales que orientan la participación de las víctimas en la fase de ejecución de la pena, que a continuación pasamos a examinar:

1°) Frente al hecho de que la Directiva 2012/29/UE guarde silencio sobre este extremo, ello no constituye un obstáculo para que los Estados miembros puedan regular los derechos de las víctimas en esta fase del proceso jurisdiccional, pues hemos de recordar que se trata de una norma de mínimos para tratar de armonizar la respuesta a sus necesidades en todos los ordenamientos jurídicos de los Estados miembros. Pero que no impide a las legislaciones nacionales a incrementar el grado de protección, garantías, derechos y apoyos ofrecidos a las

---

MANZANARES SAMANIEGO, J. L., «Estatuto de la víctima…», op. cit., p. 1773.

468 GARCÍA ARÁN, M., «Protagonismo de la víctima y delitos de terrorismo», PORTILLA CONTRERAS, G./ PÉREZ CEPEDA, A.I. (dirs.): *Terrorismo y contraterrorismo en el siglo XXI. Un análisis penal y político criminal,* Ratio Legis, Salamanca, 2016, p. 201.

469 SALINERO ALONSO, C., «Víctimas del terrorismo y su participación en la ejecución de la pena», *Revista Penal,* N° 42, Julio 2018, p. 192.

470 DE HOYOS SANCHO, M., «Reflexiones sobre la Directiva 2012/29/UE…», op. cit., pp. 50 y ss.

víctimas en sus propias regulaciones internas, según sus propios modelos y sistemas procesales y penales.

2º) Debe tenerse presente que la función jurisdiccional consiste en juzgar y hacer ejecutar lo juzgado, y que la tutela judicial efectiva implica el derecho a obtener de los órganos jurisdiccionales una resolución motivada a las pretensiones ejercitadas, y a que se cumpla lo decidido por los tribunales. Razón por la cual, si la víctima tiene en España ese derecho reconocido y puede tener acceso directo a solicitarla, incluso al margen del Ministerio Fiscal, como acusación particular, no debe excluirse de partida la posibilidad de que intervenga también en esta otra parte o fase de la tutela judicial que es la ejecución de lo juzgado.

3º) El hecho de que el Ministerio Fiscal ya esté personado en la fase de ejecución, y se le atribuyan normativamente funciones en defensa y tutela de los derechos de las víctimas y del interés general, no obsta para que podamos incluir a las víctimas que quieran participar en esta fase y en lo que les afecte. Pues como es sabido, también le corresponde al Ministerio Fiscal el ejercicio de la acción penal en nuestro ordenamiento, y esto no es óbice para que puedan también ejercitarla las víctimas, e incluso la ciudadanía en general.

4º) Entender como regla general que los poderes públicos deben ayudar a las víctimas de hechos delictivos para acompañarla y apoyarla en su recuperación, pero sin contar con su posible intervención activa en la fase de cumplimiento de la pena, incluso cuando expresamente lo deseen hacer, mostrando directamente y sin intermediarios su criterio, es una manifestación de un cierto paternalismo. No entendiéndose muy bien, cómo puede impedir o dificultar seriamente la víctima la rehabilitación o reinserción del condenado, cuando las decisiones a este respecto serán tomadas por la autoridad administrativa y el órgano jurisdiccional competente en último término, aplicando una legislación inspirada precisamente en esos principios rectores de la ejecución penal

Asimismo, y aunque de forma más genérica, también la propia Ley 4/2015 en su exposición de motivos (VI) justifica esta ampliación de las facultades de participación de las víctimas en la fase de ejecución, al señalar que el monopolio estatal en la ejecución de las penas privativas de libertad, no resulta incompatible con que a las víctimas se le puedan facilitar ciertos cauces para participar en la ejecución de la condena, cuando se trate de delitos especialmente graves y afecte a su seguridad, como a menudo suelen ser los relacionados con la criminalidad terrorista. Y considerar que esta posibilidad puede contribuir a garantizar «la confianza y colaboración de las víctimas en la justicia penal, así como la observancia del principio de legalidad, dado que la decisión corresponderá siempre a la autoridad judicial, por lo que no se ve afectada la reinserción del penado». Pues la protección de la víctima en esta fase, hace preciso restituirla en la situación en que se encontraba antes de padecer el daño del delito. Para lo es necesario su «resocialización», lo que puede conseguirse dando a ésta el derecho a figurar como parte jurídica en la fase penitenciaria de ejecución penal en cualquier momento de la relación jurídico-penitenciaria[471].

Una regulación sobre la cual también mostró su acuerdo la Fiscalía General del Estado a través del informe favorable del Consejo Fiscal emitido sobre el Anteproyecto del Estatuto de la Víctima[472], al igual que también lo hizo el Consejo General

---

471 NISTAL BURÓN, J., «El desamparo de la víctima en la fase penitenciaria...», op. cit., p. 1537.

472 FISCALÍA GENERAL DEL ESTADO, *Informe del Consejo Fiscal sobre el Anteproyecto de Ley Orgánica del Estatuto de la Víctima*, 14 de noviembre de 2013, en: https://www.fiscal.es/documents/20142/102607/

del Poder Judicial en el suyo propio[473], aunque con la emisión, en este caso, de un voto particular formulado por siete de sus miembros. Recomendando introducir ciertas mejoras en el referido art. 13 LEVD, al exigir que las víctimas pudieran disponer en estos casos de defensa y representación técnica para articular sus pretensiones; advertir también de algunos problemas prácticos que se podrían plantear a la hora de notificar estas resoluciones a las víctimas en esta fase; y criticar el hecho de que el citado precepto no contuviera previsión alguna sobre la participación de la víctima en relación con la suspensión de las penas privativas de libertad, lo que podría tener para ellas una gran relevancia en lo relativo a la salvaguarda de su seguridad.

Por todas estas razones, mostramos nuestro convencimiento de que el ámbito penitenciario de la ejecución penal también puede constituir un marco idóneo para satisfacer en su más amplia medida, los intereses de las víctimas del delito en general y del terrorismo en particular, lo que es sin duda alguna compatible con el objetivo resocializador que tiene encomendado la pena privativa de libertad en nuestro ordenamiento jurídico constitucional (art. 25.2 CE)[474]. Aunque para conseguir-

---

Informe+del+Consejo+Fiscal+sobre+el+Anteproyecto+de+Ley+Org%C3%A1nica+del+Estatuto+de+las+V%C3%ADctimas+de+delito.pdf/c0af0cb8-0620-a324-7692-52d9b341d456?version=1.1&t=1531291548894 [Consulta: 08-01-24].

473 CONSEJO GENERAL DEL PODER JUDICIAL, *Informe sobre el Anteproyecto de Ley Orgánica del Estatuto de la Víctima del Delito emitido el 31 de enero de 2014, y voto particular,* en: http://www.poderjudicial.es/cgpj/es/Poder_Judicial/Consejo_General_del_Poder_Judicial/Actividad_del_CGPJ/Informes/Informe_al_Anteproyecto_de_Ley_Organica_del_Estatuto_de_las_Victimas_del_delito [Consulta: 08-01-24].

474 GARCÍA RODRÍGUEZ, M. J., «El papel de la víctima en la ejecución penitenciaria ¿un nuevo escenario para su protagonismo en la política criminal española?», CARUSO FONTÁN, V./ MACÍAS CARO, V. M. (dirs.), RODRÍGUEZ RAMOS, M., (coord.): *Nuevas tendencias*

lo, como señala NISTAL BURÓN, es necesario considerar y tener presentes las siguientes puntualizaciones[475]: 1ª) La atención a la víctima no es una cuestión de invertir los términos, de modo que a mayor atención a la víctima más represión para el delincuente, sino de reconocer que el sistema de ejecución penal tiene que tener en cuenta dos elementos: al autor del delito y a la víctima; 2ª) La intervención de la víctima en la fase penitenciaria de ejecución penal tiene que dejar de hacerse desde la perspectiva exclusiva del penado, como se ha hecho hasta ahora, para dar entrada a la víctima con nombre propio y plena legitimación; y 3ª) Los derechos de las víctimas deben ir incorporándose a la práctica penitenciaria, de manera que su valor normativo sea real y efectivo y no meramente programático, pues de ello dependerá su efectivo respeto.

Una posición que, además, es conforme con la sostenida por la jurisprudencia de nuestro Tribunal Supremo, al señalar modernamente que la pena también tiene, junto a la finalidad constitucional de resocialización, una finalidad retributiva, lo que daría pie a la intervención de la víctima en la fase de ejecución penal[476], en la línea manifestada entre otras, por las SSTS 12/2011, de 2 de febrero (TOL2.042.574)[477] y 783/2012, de 25 de octubre (TOL2.666.723)[478], que se refieren específica-

---

y modernos peligros de la Política Criminal, Tiran lo Blanch, Valencia, 2023, p. 167.

475 NISTAL BURÓN, J., «Implicaciones de la justicia victimal...», op. cit., p. 129.º 26, 2012, p. 129.

476 GÓMEZ COLOMER, J. L., «Los aspectos esenciales del proyectado estatuto jurídico de la víctima», *Revista de Derecho y Proceso Penal,* Nº 37, 2015, p. 201.

477 STS 12/2011, de 2 de febrero (Sala de lo Penal), Ponente. Ilmo. Sr. D. José Ramón Berdugo Gómez de la Torre (ECLI:ES:TS:2011:392).

478 STS 783/2012, de 25 de octubre (Sala de lo Penal), Ponente. Ilmo. Sr. D. José Ramón Berdugo Gómez de la Torre (ECLI:ES:TS:2012:6731).

mente a esta cuestión en su primer fundamento de derecho, declarando la segunda de ellas que:

> «[...] Tales previsiones se orientan a reconocer la necesidad de evitar con carácter general que una excesiva prolongación de la privación de libertad pueda producir el efecto de desocializar al penado y profundizar su marginación, es decir, justamente lo contrario de los que señala el artículo 25.2 de la Constitución como fines a los que deben estar orientadas las penas privativas de libertad (STS Nº 1996/2002, de 25 de noviembre). Sin embargo, la resocialización del delincuente, aunque no es una finalidad prescindible en la orientación que debe seguir la ejecución, no es el único fin de la pena privativa de libertad, por lo que tal objetivo no debe hacerse incompatible con otros fines de la pena tradicionalmente reconocidos, como la retribución o especialmente, y en mayor medida, los efectos que de ella se pretenden en orden a la prevención general y especial.
>
> Por ello, la interpretación de los citados preceptos debe hacerse compatible con todos aquellos fines, permitiendo la máxima eficacia en materia de reinserción del penado en la sociedad y evitando que pudiera generarse una situación de impunidad respecto de posibles delitos futuros en aquellos casos en los que las penas impuestas en las primeras sentencias superasen los límites máximos establecidos en la Ley»

Y todo ello, pese a tener en consideración las variadas críticas que desde un sector doctrinal se han vertido contra la regulación ahora prevista en el art. 13 LEVD, que como hemos expuesto en el presente apartado, no compartimos. Tachándola de ignorar la realidad penitenciaria y de no ser muy consistente desde el punto de vista técnico jurídico[479], al destacar el papel vindicativo que el legislador otorga a la víctima hasta el final de la ejecución de la condena, convirtiéndola en un obstáculo en el camino del interno hacia su libertad y sin

---

479 MANZANARES SAMANIEGO, J. L., «Estatuto de la víctima...», op. cit., p. 1773.

ayudarlo en su proceso de asunción de responsabilidad[480]. Sin faltar aquellas otras que ponen de relieve que, a través de la misma, nuestro legislador lo que ha hecho es colmar, de una parte, las aspiraciones de determinados grupos de presión y, de otra, sumar a costa de ella réditos electorales, al sustentarse únicamente en «el populismo y la servidumbre a las exigencias del lobby de las asociaciones de víctimas en general y del terrorismo en particular»[481]. Dado que un uso inadecuado de ese asociacionismo propicia la eventual instrumentalización de las aspiraciones de las víctimas al servicio de políticas criminales neoconservadoras[482]. Asumiendo con este proceder una política criminal emocional poco recomendable y éticamente errónea, al considerar que no se puede exigir a las víctimas que sean objetivas, por lo que su protagonismo procesal debería concluir con el dictado de la sentencia penal[483].

---

480 RODRÍGUEZ YAGÜE, C., *La ejecución de las penas de prisión permanente revisable y de larga duración,* Tirant lo Blanch, Valencia, 2018, p. 224.

481 RENART GARCÍA, F., «Del olvido a la sacralización. La intervención de la víctima en la fase de ejecución de la pena», *Revista Electrónica de Ciencia Penal y Criminología,* 17-14 (2015), pp. 5 y 6, en: http://criminet.ugr.es/recpc/17/recpc17-14.pdf [Consulta: 08-01-24].

482 CEREZO DOMÍNGUEZ, A. I., *El protagonismo de las víctimas en la elaboración de las leyes penales,* Tirant lo Blanch, Valencia, 2010, p. 94.

483 GÓMEZ-ESCOLAR MAZUELA, P., «Derechos del condenado versus derechos de la víctima en la ejecución penitenciaria», JUANATEY DORADO, C./ SÁNCHEZ-MORALEDA VILCHES, N. (dirs.): *Derechos del condenado y necesidad de pena,* Aranzadi, Cizur Menor (Navarra), 2018, p. 288.

5. JUSTICIA RESTAURATIVA ¿OTRA FORMA DE PARTICIPAR LA VÍCTIMA DEL TERRORISMO EN LA EJECUCIÓN?

La ejecución es una fase que puede ofrecer amplias posibilidades para la actuación de los servicios de justicia restaurativa (art. 15 LEVD), que definida por el art. 2.1.d) de la Directiva 2012/29/UE como «cualquier proceso que permita a la víctima y al infractor participar activamente, si dan su consentimiento libremente para ello, en la solución de los problemas resultantes de la infracción penal con la ayuda de un tercero imparcial», es otra de las grandes novedades que incorpora el Estatuto de la Víctima en el ordenamiento español. Cuya intervención, dentro del marco del proceso penal, habrá de estar orientada a la reparación material y moral de la víctima, debiendo además contar en todo caso con su consentimiento libre e informado, y el previo reconocimiento de los hechos por parte del infractor. Excluyéndose su intervención, con muy buen criterio a nuestro juicio, cuando la misma pueda conllevar algún riesgo para la seguridad de la víctima, exista peligro de originarle un perjuicio, o esté prohibida por la Ley para el delito cometido[484].

Si bien, ello no significa que la justicia restaurativa no pueda ser aplicada también a crímenes graves y a casos de victimización graves, entre ellos, el terrorismo. Considerándose ésta una posición errónea al cerrar radicalmente y con carácter general espacios aplicativos donde se podrían alcanzar resultados satisfactorios[485]. Al entender que su adecuación, depende más de las actitudes de las partes en el supuesto concreto que de la

---

[484] GARCÍA RODRÍGUEZ, M. J., «El nuevo estatuto de las víctimas...», op. cit., p. 56.

[485] MACULAN, E., «Encuentros restaurativos, petición de perdón y resocialización: replanteando los mecanismos restaurativos con con-

gravedad del delito en cuestión[486]. Como quedó demostrado a través de los encuentros restaurativos que en 2011 se llevaron a cabo en el centro penitenciario de Nanclares de Oca, entre ex miembros de la banda terrorista ETA que cumplían su condena en dicho centro y víctimas de crímenes cometidos por ellos mismos o por otros miembros de la banda. Que necesariamente iban precedidos de entrevistas preparatorias individuales con cada una de las partes, con las cuales, no sólo se pretendía informar sobre el papel del mediador a lo largo del proceso y las posibles ventajas de llevarlo a cabo, sino analizar personalmente, antes de participar en la experiencia, el porqué de querer hacerlo y los motivos que podían impulsarle a ello[487].

Así pues, a partir de estas nuevas previsiones legales, debemos de entender que también se abre un camino alentador para la creación y puesta en práctica de programas de justicia restaurativa —que incluirán a la mediación—, en el contexto penitenciario, en virtud de las disposiciones de los artículos 72 LOGP (TOL230.920) y 90.1 CP (TOL223.185), que exigen al penado haber satisfecho la responsabilidad civil derivada del delito, como condición para la progresión al tercer grado penitenciario y la concesión de la libertad condicional. Pudiéndose afirmar desde una visión amplia que, estos elementos de la justicia restaurativa, se encontrarían presentes en todas aquellas

---

denados por delitos de terrorismo», *Revista de Derecho Penal y Criminología,* Nº 26, julio de 2021, p. 90.

486 VARONA MARTÍNEZ, G., «Justicia restaurativa en victimizaciones graves», DE LA CUESTA ARZAMENDI, J. L. (dir.): *Terrorismo e impunidad. Significado y respuestas desde la justicia victimal*, Dilex, Madrid, 2014, p. 120.

487 PASCUAL RODRÍGUEZ, E. «La preparación del encuentro entre personas que han sufrido la violencia de ETA y quienes la causaron», LA MISMA (coord.): *Los ojos del otro. Encuentros restaurativos entre víctimas y ex miembros de ETA,* SalTerrae (2ª ed.), Maliaño (Cantabria), 2013, p. 125.

instituciones penitenciarias que hagan una valoración de la conducta del interno[488], al coincidir básicamente con los postulados del tratamiento penitenciario como son la voluntariedad y el carácter incentivador en el sistema de cumplimiento, además de ajustarse a la flexibilidad propia de la clasificación penitenciaria[489].

De modo que entre los variados efectos que pueden anudarse al desarrollo de estos programas, y en especial de la mediación durante la fase de ejecución, cuando una de las partes se encuentre cumpliendo condena en un centro penitenciario, RÍOS MARTÍN refiere los siguientes[490]:

a) *Variable a tener en cuenta para la clasificación en régimen abierto en la clasificación inicial*, pues la clasificación o progresión a tercer grado de tratamiento requerirá, además de los requisitos previstos en el CP, que la persona penada haya satisfecho la responsabilidad civil derivada del delito, considerando a tales efectos la conducta efectivamente observada en orden a restituir lo sustraído, reparar el daño e indemnizar los perjuicios materiales y morales;

b) *Valoración positiva a los efectos de concesión de permisos*, ya que la asunción de la responsabilidad por los hechos cometidos viene siendo valorada como un indicador de evolución tratamental;

---

488 MARCOS MADRUGA, F., «La justicia restaurativa en la ejecución penitenciaria», *Revista de Derecho Penal y Criminología*, Nº 26, julio de 2021, p. 31.

489 NISTAL BURÓN, J., *La víctima en el Derecho penitenciario*, Tirant lo Blanch, Valencia, 2019, p. 217.

490 RÍOS MARTIN, J. C., «La mediación en la fase de ejecución penitenciaria», *Revista de Estudios Penitenciarios. Homenaje al Profesor Francisco Bueno Arús*, Extra 2006, pp. 173 y 174.

c) *Valoración positiva a los efectos de exclusión del período de seguridad* –art. 36.2 CP-, para personas condenadas a penas superiores a 5 años, pues a estos efectos la reparación del daño a través de la mediación/conciliación con la víctima se puede considerar una circunstancia favorable en el tratamiento reeducador para que el/la Juez de Vigilancia pueda valorarla para excluir el período de seguridad; y

d) *Valoración positiva a los efectos de concesión de la libertad condicional*, toda vez que la implicación voluntaria de la persona penada en la obtención de un acuerdo de reparación, puede ser considerado como una manifestación práctica y concreta de interpretación del concepto jurídico indeterminado "buena conducta". Y por otra parte, la voluntad, unida a la reparación, puede facilitar la emisión de un pronóstico favorable de reinserción social.

Todo ello sin perjuicio de la facultad del JVP para adelantar, una vez cumplida la mitad de la condena, la concesión de la libertad condicional, hasta un máximo de noventa días por cada año transcurrido de cumplimiento efectivo, cuando entre otras circunstancias, acredite «la participación efectiva y favorable en programas de reparación a las víctimas» (art. 90. 2 CP), que se habrá de llevar a cabo tomando como referencia la fecha del cumplimiento de las 2/3 partes de la condena[491]. Apuntándose en el sentido antes señalado que la valoración de asumir esa responsabilidad por el daño causado, así como el aprendizaje de conductas de diálogo, escucha y empatía, que suponen una disminución de la peligrosidad a efectos de reincidencia, deberían ser tomadas en consideración, para la clasificación inicial en tercer grado, o la progresión al mismo a lo largo de la condena, y servir como elemento para una valo-

---

[491] VÁZQUEZ-PORTOMEÑE SEIJAS, F., *La mediación-reparación en el Derecho penal de adultos,* Dykinson, Madrid, 2022, p. 96.

ración positiva a los efectos de exclusión del periodo de seguridad, además de establecerse como un indicio favorable para la concesión de la libertad condicional[492]. Y no cabe duda que la mediación con esa finalidad reparadora, se podría facilitar a través de este tipo de programas previstos de forma expresa en el CP, necesarios para articular entre otros beneficios, esa vía extraordinaria de acceso a la libertad condicional, constituyendo una seria invitación a la necesidad también de su previsión y diseño en el ámbito penitenciario[493].

Consideraciones todas ellas que, a nuestro juicio, tienen una gran trascendencia para proteger los intereses de las víctimas durante la fase de ejecución de la pena, y que asimismo, se han tenido presentes en el CP para poder otorgar este tipo de beneficios a aquellas personas condenadas por delitos cometidos en el seno de organizaciones criminales o en el ámbito del terrorismo (art. 90. 8 CP), sin perjuicio de que será el equipo mediador quien haya de evaluar especialmente en cada caso su viabilidad, en atención a la situación psicológica de la víctima y la relación con la persona infractora[494]. Al requerirse también en estos casos que, para proceder a la suspensión de

---

492 GONZÁLEZ CANO, M. I., «La mediación penal en España», BARONA VILAR, S. (dir.): *La mediación penal para adultos. Una realidad en los ordenamientos jurídicos (Experiencias en España, EEUU, Inglaterra y Gales, Países Escandinavos, Francia, Alemania, Portugal, Brasil y Chile),* Tirant lo Blanch, Valencia, 2009, pp. 48 y 49, y en el mismo sentido CASTILLEJO MANZANARES, R., *Hacia un nuevo proceso penal. Cambios necesarios,* La Ley, Madrid, 2010, p. 188.

493 VALL RIUS, A., «El desarrollo de la Justicia restaurativa en Europa: Estudio comparado con la legislación española», *Diario La Ley,* Nº 6528, 18 de julio de 2006, p. 1420, y TAMARIT SUMALLA, J. «La articulación de la justicia restaurativa con el sistema de justicia penal», EL MISMO (coord.): *La justicia restaurativa: desarrollo y aplicaciones,* Comares, Granada, 2012, p. 71.

494 RÍOS MARTIN, J. C., «La mediación en la fase de ejecución...», op. cit., p. 175.

la ejecución del resto de la pena impuesta y concesión de la libertad condicional «el penado muestre signos inequívocos de haber abandonado los fines y los medios de la actividad terrorista y haya colaborado activamente con las autoridades, bien para impedir la actuación o el desarrollo de las organizaciones o asociaciones a las que haya pertenecido o con las que haya colaborado». Un extremo que podrá acreditarse, no sólo mediante una declaración expresa de repudio a sus actividades delictivas y de abandono de la violencia, sino también a través de «una petición expresa de perdón a las víctimas de su delito», que entendemos que podrá ser obtenida como resultado de un proceso de mediación en el que el interno haya podido participar de forma voluntaria[495].

E igual valoración positiva nos merece la inclusión expresa de este tipo de declaraciones por parte del penado, entre los requisitos exigidos para que el tribunal pueda acordar la suspensión de la ejecución de la pena de prisión permanente revisable, contemplada en nuestro CP tras la reforma llevada a cabo por la LO 1/2015, 30 de marzo, cuando se trate como en el párrafo anterior de delitos referentes a organizaciones y grupos criminales o de terrorismo que pueden causar graves daños en sus víctimas. Al establecer también en estos casos, para que el tribunal pueda acordar esta suspensión que «el penado muestre signos inequívocos de haber abandonado los fines y los medios de la actividad terrorista y haya colaborado activamente con las autoridades, bien para impedir la producción de estos delitos por parte de la organización o grupo terrorista, bien para atenuar los efectos de su delito» entre otras circunstancias. Que podrán acreditarse mediante «una declaración expresa de repudio de sus actividades delictivas y de abandono de la violencia y una petición expresa de perdón a las víctimas

---

495 GONZÁLEZ CANO, M. I., «La mediación penal en España», op. cit., p. 48.

de su delito», que como dijimos podrá ser obtenida en el seno de un programa de justicia restaurativa desarrollado en el medio penitenciario.

Así pues, mediante este mecanismo de la justicia restaurativa, se facilitaría una intervención de la víctima en la fase de ejecución de la pena impuesta que podría incluir también a los delitos de terrorismo, modulada desde una perspectiva reparadora y no retributiva, y que contribuiría asimismo, desde la perspectiva del penado, a la consecución de los fines de la pena[496]. Al superar el habitual tratamiento punitivista en la respuesta penitenciaria a esta delincuencia, que contradice las finalidades que debe perseguir la ejecución de la pena[497], y permitir explorar nuevas alternativas frente a las llamadas medidas de Derecho penal del enemigo que han caracterizado la lucha contra el terrorismo[498]. Valorándose muy positivamente que su aplicación, pueda contribuir a cambiar el papel de la víctima como obstáculo para el condenado en su trayectoria de reinserción y el carácter vindicativo del sistema diseñado en el art. 13 LEVD, que en lugar de reparar, contribuye a la confrontación de sujetos –víctima y condenado–, cuyos intereses aparecen enfrentados[499]. Pues las prácticas restaurativas, como la mediación y otras, pretenden que los infractores se respon-

---

496 NISTAL BURÓN, J, «La participación de la víctima en la ejecución penal...», op. cit., p. 12.

497 ACALE SÁNCHEZ, M., «Terrorismo y tratamiento punitivista: más allá de la prisión», DEL CARPIO DELGADO, J. (dir.)/ DE PABLO SERRANO, A. (coord.): *Criminalidad en un mundo global*, Tirant lo Blanch, Valencia, 2020, p. 293.

498 POLAINO-ORTS, M., «¿Cómo combate el Estado de Derecho el terrorismo?», op. cit., p. 88.

499 SOLAR CALVO, P./ LACAL CUENCA, P., «Consecuencias penitenciarias del estatuto de la víctima», *Diario La Ley*, Nº 9179, 17 de abril de 2018, p. 4., y en el mismo sentido CERVELLÓ DONDERIS, V., *Derecho Penitenciario* (4ª ed.), Tirant lo Blanch, Valencia, 2016, p. 188.

sabilicen de sus conductas, haciéndoles comprender en qué medida su acción ha perjudicado a la víctima y a la sociedad en su conjunto y de este modo prevenir su reincidencia en el futuro[500], configurándose como un instrumento conectado a su reinserción[501]. Permitiendo de este modo, satisfacer a las dos partes de la relación delictiva -victimario y víctima-, desarrollando un centro imparcial en el que ambas puedan resultar satisfechas, superando la hasta ahora manifiesta incompatibilidad entre sus respectivos intereses[502].

6. LA NECESARIA PROTECCIÓN ¿CÓMO CONSEGUIR QUE EL PROCESO PENAL SEA LO MENOS LESIVO PARA LAS VÍCTIMAS?

En línea con los estándares europeos, la Ley 29/2011, garantiza a las víctimas del terrorismo incluidas en su ámbito subjetivo de aplicación, esto es, a las personas que hayan sufrido daños físicos o psíquicos como consecuencia de la actividad terrorista y a sus familiares en caso de haberse producido el fallecimiento de la víctima directa (art. 4. 1 y 2 LVT), que su participación en el proceso sea lo menos lesiva posible para ellas (art. 49 LVT). De forma que los Tribunales habrán de velar en todo caso, para que cualquier declaración o intervención de estas personas durante las actuaciones judiciales que se desarrollen por estos hechos, «se realice de forma que les suponga

---

500 LEGANÉS GÓMEZ, S., «La víctima del delito en la ejecución penitenciaria», *Diario La Ley*, Nº 8619, 6 de octubre de 2015, pp. 10 y 11.

501 MARCOS MADRUGA, F. «Especialidades penitenciarias en penas de prisión por delitos de terrorismo. Políticas de concentración y dispersión. Reinserción y arraigo», *Revista Jurídica de Castilla y León*, Nº 57, Junio 2022, p. 114.

502 NISTAL BURÓN, J, «La participación de la víctima en la ejecución penal...», op. cit., p. 12.

las mínimas incomodidades y perjuicios»[503], tratando de evitar su victimización institucional de acuerdo al nuevo reconocimiento que éstas merecen en el Derecho procesal moderno[504].

Unas medidas que tienen muy presente las específicas características de las víctimas de la agresión terrorista que se ve acrecentada, no solo por las propias circunstancias que rodean a la estructura procesal y/o las condiciones fácticas en que se desarrollan estos actos, sino por el hecho de que la víctima del terrorismo ha de enfrentarse con una circunstancia relativamente inédita en el campo de los procesos penales. Como es «el hecho que el presunto agresor, no solo no va a considerar negativa o moralmente condenable su acción, sino que va a intentar dejar claro por todos los medios a su alcance (verbales y gestuales), que se reafirma en la misma y que considera a la víctima, no como alguien que ha sido dañado por él mismo, sino como alguien que es culpable de la situación que ha provocado la agresión»[505]. Siendo ésta una nota característica de la segunda victimización en el caso de las víctimas del terrorismo, que les genera un gran desconcierto y aumento de la sensación de abandono por la falta de apoyo social, que precisamente constituye uno de los factores más importantes de protección

---

503 GUTIÉRREZ PÉREZ, M., «Protección de las víctimas en los procesos judiciales...», op. cit., pp. 149 y 150.

504 REDONDO HERMIDA, A., «La víctima del terrorismo: una reflexión jurídica», *Diario La Ley,* Nº 6807, 25 de octubre de 2007 (D-226), p. 946.

505 CABANAS ARRATE, M. L./ BACA BALDOMERO, E./ MORALES RODRÍGUEZ, A./ CORREDOR PÉREZ, J. A./ BACA-GARCÍA, E., «El proceso contra el agresor como segunda victimización: acciones y programas de prevención», BACA BALDOMERO, E./ CABANAS ARRATE, M. L., (eds.): *Las víctimas de la violencia. Estudios psicopatológicos,* Triacastela, Madrid, 2003, p. 202.

ante los efectos psicológicos de un atentado[506]. Una situación de indefensión y desesperanza que se agravará haciéndolas más vulnerables, cuando además, se acompañe de una falta de apoyo institucional, es decir, del sistema judicial, de la policía o de los medios de comunicación[507].

De manera que en estas víctimas, a la importancia de las reacciones de indefensión, angustia e impotencia, se unen todas las consecuencias derivadas de la naturaleza misma del acto terrorista y de las circunstancias del contexto social que lo rodea, haciendo que los problemas derivados de la segunda victimización, se agraven y se compliquen necesariamente. Razón por la cual, se habrá de procurar por todos los medios previstos en las leyes que las víctimas durante tales actuaciones no tengan relación directa visual o sonora con los imputados o acusados. Debiendo asimismo y en todo caso, los Jueces y Tribunales velar y proteger su intimidad, dignidad y seguridad personal durante toda la tramitación del proceso. Lo que también incumbirá a los medios de comunicación, que en su labor informativa sobre las víctimas del terrorismo, conforme a las previsiones de la Ley 29/2011, habrán de proteger y salvaguardar su imagen, respetando en todo caso su dignidad y la de sus familias (arts. 42 a 47 LVT), considerándose muy positivo la propuesta de suscribir acuerdos de autorregulación con este fin[508], en línea con la

---

506 BACA BALDOMERO, E., «Terrorismo», BACA BALDOMERO, E./ ECHEBURÚA ODRIOZOLA, E./ TAMARIT SUMALLA, J. M., (coords.): *Manual de Victimología,* Tirant lo Blanch, Valencia, 2006, p. 198.

507 ECHEBURÚA ODRIOZOLA, E., «Secuelas psicológicas en las víctimas de sucesos traumáticos», VARONA MARTÍNEZ, G. (dir.): *Victimología: en busca de un enfoque integrador para repensar la intervención con víctimas,* Aranzadi, Cizur Menor (Navarra), 2018, p. 93.

508 HEREDERO ORTIZ DE LA TABLA, L., «¿Por qué una política pública de reconocimiento y protección a las víctimas del terrorismo en España? Análisis de las medidas adoptadas, con especial atención

previsión que con carácter general ahora también contempla el Estatuto de la víctima (art. 34 LEVD). Pues en un Estado de Derecho, los medios deben compartir la defensa y promoción de los principios constitucionales relativos a la divulgación de los valores democráticos, la defensa de los derechos humanos y la libertad, del que deriva su compromiso contra el terrorismo y el pleno apoyo a sus víctimas[509].

Y para conseguir esa protección, se podrán aplicar todas las medidas que se arbitran con este fin en nuestro ordenamiento jurídico, reforzadas ahora por la Ley 4/2015, sobre el Estatuto de la Víctima (art. 19 y 20 LEVD), y en particular por las previstas en la LO 19/1994, de 23 de diciembre, de protección a testigos y peritos en causas criminales (TOL1.816.147), cuando hayan de participar en esta condición en el proceso penal y exista una situación de peligro grave para ellas. De manera que en estos casos, los Jueces o Tribunales podrán acordar motivadamente, de oficio o a instancia de parte, y cuando lo estimen necesario en atención al grado de riesgo o peligro, las medidas necesarias para preservar su identidad, domicilio, profesión o lugar de trabajo (art. 2), entre las que se incluyen las siguientes: a) Que no consten en las diligencias que se practiquen su nombre, apellidos, domicilio, lugar de trabajo y profesión, ni cualquier dato que pudiera servir para su identificación, admitiendo que pueda ser utilizado un número o clase para este fin; b) Que comparezcan para la práctica de diligencias utilizando cualquier procedimiento que imposibilite su identificación visual normal; o c) Que se fije como domicilio, a efectos de cita-

---

a la Administración educativa», *Revista Jurídica de Castilla y León,* Nº 57, Junio 2022, p. 146.

509 SÁNCHEZ, A., «Por una autorregulación responsable. Informar sobre el terrorismo, pero sin concesiones», FUNDACIÓN VÍCTIMAS DEL TERRORISMO, *Terrorismo, víctimas y medios de comunicación,* Madrid, 2003, p. 131.

ciones y notificaciones, la sede del órgano judicial competente, el cual las hará llegar reservadamente a su destinatario[510].

Sin perjuicio de aplicar otras también previstas en el mismo texto legal (art. 3), en virtud de las cuales las Fuerzas y Cuerpos de Seguridad, el Ministerio Fiscal y la autoridad judicial, evitarán que se les hagan fotografías o se tome su imagen por cualquier otro procedimiento, pudiéndoles brindar protección policial para todo el proceso o ser conducidas en vehículos oficiales a las dependencias judiciales, donde se les facilitará un local reservado convenientemente custodiado. O las específicamente reguladas en nuestro sistema procesal —arts. 325 y 731 bis LECR— (TOL214.466) en relación con el art. 229.3° LOPJ (TOL268.267), a través de las cuales, se permite al Juez o Tribunal, de oficio o a instancia de parte, por razones de seguridad o de orden público, así como en aquellos supuestos en que la comparecencia de quien haya de intervenir en cualquier tipo de procedimiento penal como testigo o en cualquier otra condición resulte gravosa o perjudicial, poder acordar que su actuación se realice a través de videoconferencia u otro sistema similar que permita la comunicación bidireccional y simultánea de la imagen y el sonido. Así, como la de acordar que todos o algunos de los actos y sesiones del juicio puedan celebrarse a puerta cerrada, o disponer su carácter reservado, limitando la presencia de los medios de comunicación (arts. 681, 682 LECR y 232.3 LOPJ). Unas restricciones a la publicidad de las actuaciones, que se encuentran avaladas asimismo con la inclusión de un nuevo art. 301 bis LECR, y se reconocen también expresamente para las víctimas del terrorismo en el art. 42 de la Ley 29/2011, al señalar que, en «las actuaciones y procedimientos relacionados con el terrorismo, se protegerá la intimidad de las víctimas; en especial sus datos personales, los

---

[510] GARCÍA RODRÍGUEZ, M. J., «Protección y apoyo a las víctimas del terrorismo...», op. cit., p. 191.

de sus descendientes y los de cualquier otra persona que esté bajo su guarda y custodia».

Si bien en este ámbito, ahora también deberemos tener presentes las previsiones de la Ley 4/2015, que contempla como gran novedad que estas medidas protectoras y el acceso a determinados servicios de apoyo, hayan de ir siempre precedidas de una evaluación individualizada y personalizada de las víctimas (arts. 23 y 24 LEVD), para determinar sus necesidades de protección específica y las eventuales medidas especiales que hayan de ser aplicadas en estas situaciones (art. 25 LEVD), que podrán ser actualizadas durante el transcurso del proceso penal en función de las circunstancias. Y no cabe duda que, entre los colectivos que merecen esa especial tutela, se encuentran las víctimas del terrorismo, junto a la tutela reforzada que merecen también las personas menores y con alguna discapacidad (art. 26 LEVD)[511].

Una labor en la que creemos imprescindible dar voz y escuchar a las víctimas, teniendo en consideración sus necesidades y la voluntad que éstas hayan manifestado, especialmente relevantes junto a la información que, sobre sus circunstancias particulares, puedan facilitar las oficinas de asistencia que las hayan podido atender (arts. 28.2 LEVD y 30 REVD), que entendemos ocupan una posición privilegiada a la hora de conocer y tutelar sus intereses a través de la intervención de los profesionales que integran sus equipos técnicos[512].

Y por ello, consideramos un gran acierto que con arreglo a las disposiciones de desarrollo del Estatuto por el RD 1109/15, se determine que sean estas oficinas las competentes para rea-

---

511 GARCÍA RODRÍGUEZ, M. J., «Evaluación individual de las víctimas para determinar sus necesidades...», op. cit., p. 18.

512 DAZA BONACHELA, M. M., *Escuchar a las víctimas. Victimología, Derecho Victimal y Atención a las Víctimas,* Tirant lo Blanch, Valencia, 2016, p. 282.

lizar los informes de evaluación, que habrán de ir acompañados de la propuesta de aquellas medidas que se estimen más oportunas y pertinentes para su asistencia y protección (arts. 28.a), b) y 31 REVD)[513]. Así como las encargadas de elaborar los planes de apoyo psicológico cuando se trate de víctimas especialmente vulnerables o necesitadas de una especial protección (arts. 28.d) y 32 REVD), como a menudo sucederá con las víctimas del terrorismo, con el fin de que puedan «seguir el proceso penal sin volver a vivenciar angustia, fortalecer su autoestima y fortalecer la toma de decisiones y, en particular, aquellas que tienen relación con medidas judiciales». De manera que, el apoyo que a partir de ahora habrán de ofrecer estas oficinas –en particular la Oficina de Asistencia a Víctimas del Terrorismo de la Audiencia Nacional- con la emisión de estos informes, constituye una tarea técnica fundamental para que los jueces y fiscales competentes puedan contar con una asistencia profesional especializada a la hora de motivar y dictar este tipo de resoluciones tuitivas.

7. EL PAPEL DE LA OFICINA DE ASISTENCIA A LAS VÍCTIMAS DEL TERRORISMO DE LA AUDIENCIA NACIONAL

Pese a que el funcionamiento de esta oficina se remonta al año 2006, hasta la aprobación de la Ley 29/2011, no se estableció legalmente la previsión de una asistencia específica a cargo del Ministerio de Justicia para las víctimas del terrorismo mediante la creación de una Oficina destinada a cubrir sus ne-

513 GARCÍA RODRÍGUEZ, M. J., «Evaluación individual de las víctimas para determinar sus necesidades…», op. cit., p. 13.

cesidades en la sede de la Audiencia Nacional (art. 51 LVT)[514]. Concebida ésta como una de las medidas idóneas para evitar o reducir su victimización secundaria ante la Administración de Justicia, creando para ellas un espacio de acogida desde el que puedan canalizar sus peticiones[515], que se complementa y debe ponerse en relación con el resto de medidas previstas en el mismo texto legal, para garantizar sus derechos y reforzar su estatuto jurídico en el ámbito procesal.

Un objetivo al que, sin duda alguna, contribuyó el Programa Estatal de Derechos Humanos, aprobado por Acuerdo del Consejo de Ministros de 12 de diciembre de 2008, que precisamente incluía un capítulo específico dedicado a las víctimas del terrorismo[516]. Donde, entre las medidas a desarrollar y a las que se comprometía el Gobierno de España, se incluía el reforzar el estatus de la víctima del terrorismo en el proceso penal,

---

514 Sobre las características y funciones de esta Oficina, *vid.* ALBA FIGUERO, M. C., «La oficina de asistencia e información a las víctimas del terrorismo de la Audiencia Nacional. Luces y sombras de la asistencia a la víctima del terrorismo en el seno de la Administración de Justicia», *La Ley Penal,* Nº 111, Noviembre-Diciembre 2014, pp. 26-49, y «Un espacio de acogida para las víctimas del terrorismo en la Audiencia Nacional», *Revista de la Fundación Víctimas del Terrorismo,* Nº 44, Septiembre 2013, pp. 14-15; CASTANÓN ÁLVAREZ, M. J., *Víctimas del terrorismo...,* op. cit., pp. 91-92.

515 ALBA FIGUERO, M. C., «Un espacio de acogida para las víctimas del terrorismo...», op. cit., p. 14, y NAVARRO, J. R., «La posición procesal de la víctima del delito en el Proyecto de Ley que regula su estatuto», *Revista de la Fundación Víctimas del Terrorismo,* Nº 48, Septiembre 2014, p. 25.

516 RODRÍGUEZ URIBES, J. M., «El apoyo institucional a las víctimas del terrorismo en España», VÁZQUEZ-PORTOMEÑE SEIJAS, F./ GUINARTE CABADA, G. (dir.) y PÉREZ RIVAS, N./ SOUTO GARCÍA, E. M. (coord.): *Hacia un sistema penal orientado a las víctimas. El estatuto penal, procesal y asistencial de las víctimas del terrorismo en España,* Tirant lo Blanch, Valencia, 2013, pp. 230 y 231.

de acuerdo con los estándares establecidos en nuestro derecho interno y europeo para las víctimas de delitos violentos o de orden sexual. Promoviendo con este propósito, las siguientes acciones: «a) Mejoramiento de los mecanismos de información y comunicación de la oficina de atención a víctimas dependiente del Ministerio de Justicia, con sede en la Audiencia Nacional y del Fiscal Especial para Víctimas; y b) Consolidación de los programas de acompañamiento judicial y de preparación psico-social desarrollados desde la Dirección General de Apoyo a Víctimas del Terrorismo del Ministerio del Interior, tanto durante la celebración del juicio, como, en el caso de las personas heridas, en su visita a los médicos forenses».

Fines que están en sintonía con el papel atribuido a la Oficina de Información y Asistencia a las Víctimas del Terrorismo de la Audiencia Nacional conforme a lo dispuesto en el art. 51 de la Ley 29/2011. Que pese a no haber sido objeto de desarrollo normativo en el RD 671/2013, por el que se aprobó el Reglamento de la Ley (TOL3.914.296), sí lo ha sido a través del art. 33 del RD 1109/2015, que desarrolla reglamentariamente las disposiciones del Estatuto sobre la víctima del delito (TOL5.597.830). De manera que, con arreglo a ambas normativas que han de entenderse complementarias la una de la otra, es importante destacar y poner en valor que cuando por razones de urgencia o de cercanía las víctimas del terrorismo no puedan acudir a la OAVT puedan acceder a la OAVD de su provincia, que se coordinará con la primera para ofrecerles la orientación, acompañamiento y protección que precisen.

De manera que, a la OAVT de la Audiencia Nacional, se le encomienda un conjunto de funciones básicamente orientadas a informar a la víctima de sus procedimientos judiciales, establecer los cauces para que puedan obtener información sobre la situación penitenciaria de los condenados, y acompañarlas a los juicios procurando en todo momento su seguridad. Si bien, tal como se desprende de la expresión «entre las funciones» utilizada en el texto del art. 51 LVT, debe entenderse que el legislador ha optado por un sistema de *numerus apertus* para establecer los cometidos que debe realizar esta Oficina. Al recoger tan sólo un mínimo de aquellas funciones que necesariamente habrá de desarrollar, pero dejando abierta la puerta a la realización por parte de aquélla de otras muchas tareas adicionales y/o complementarias de las contempladas en el precepto[517]:

a) *Facilitar información sobre el estado de los procedimientos que afecten a las víctimas del terrorismo.* Dentro de la cual se podrá incluir tanto la información de carácter general de interés para la víctima relativa a los servicios y derechos asistenciales, económicos y procesales a que aquella pueda tener acceso, junto a la relativa a cuestiones generales de los procedimientos administrativos, penales y contencioso-administrativos, como también aquella información específica relativa a la concreta causa judicial en la que se encuentran afectos sus intereses. Y que, en todo caso, habrá de ser ofrecida de forma inteligible para la víctima, esto es, en términos sencillos y con un lenguaje accesible que tenga en cuenta sus circunstancias individuales (edad, madurez, capacidad intelectual y emocional, alfabetización, etc.), y facilitada por diversos medios, entre los que se destaca, la puesta en funcionamiento desde enero de 2013 de una página electrónica a través de la cual las víctimas tras registrarse, podrán acceder a ella para conocer la información general y específica relativa a su proceso.

b) *Asesorar a las víctimas del terrorismo en todo lo relacionado con los procesos penales y contencioso-administrativos que les afecten,* entendiendo, tal como expone ALBA FIGUERO, que este asesoramiento ofrecido por la Oficina

---

517 ALBA FIGUERO, M. C., «La oficina de asistencia e información a las víctimas del terrorismo...», op. cit., p. 33 y ss., y NAVARRO, J. R. «La posición procesal de la víctima...», op. cit., p. 25.

debe comprender la obligación de comunicar a la víctima la existencia de una normativa y su contenido en lo que afecta a sus derechos, las cuestiones generales del procedimiento en el que se haya sustanciado su causa judicial, así como acercar a su conocimiento conceptos generales del Derecho. Explicándole, por ejemplo, su derecho a la asistencia jurídica gratuita, o cómo acceder a los órganos de apoyo creados en el Ministerio del Interior o en su Comunidad Autónoma, o cómo prevenir la victimización secundaria, pero en ningún caso implicar una asistencia jurídica de carácter técnico[518].

c) *Ofrecer acompañamiento personal a los juicios que se celebren en relación a los actos terroristas de los que traigan causa los afectados*, que, entre las diferentes labores de la oficina, constituye una de las principales manifestaciones de la cercanía de la Administración de Justicia con las víctimas para que éstas se sientan, en todo momento, arropadas durante su intervención en el proceso. Si bien, tal acompañamiento podrá ser ofrecido, no sólo para la asistencia al acto del juicio oral, sino para otros muchos actos procesales, siempre que la autoridad judicial lo permita, o extraprocesales relacionados con el proceso, como puede ser una reunión con el Fiscal para la Tutela de las Víctimas o cualquier otra autoridad judicial que se preste a explicar a la víctima algún extremo relativo al proceso que pueda afectarle.

Considerándose que, esta última función de la OAVT, pone en valor y refuerza el papel de la misma como un interlocutor válido de los intereses de las víctimas ante el sistema de justicia, al actuar como instrumento de mediación en sus relaciones

---

518 ALBA FIGUERO, M. C., «La oficina de asistencia e información a las víctimas del terrorismo...», op. cit., p. 38.

con las diversas instancias que forman parte del mismo[519]. Paliando de esta forma las dificultades e inconvenientes a las que suelen enfrentarse las víctimas durante el proceso, donde las circunstancias más dolorosas suelen producirse en el momento de la fase oral a la que éstas llegaban sin conocimiento alguno sobre cuál es la mecánica de su desarrollo[520]. Y ser plenamente acorde al papel que ahora tiene atribuido la misma por la Ley 4/2015 del Estatuto de la Víctima y el RD 1109/2015 que procede a su desarrollo reglamentario, al encomendarle entre sus funciones, la labor de coordinación con otros centros y organismos que igualmente tengan como finalidad dar respuesta a las necesidades de las víctimas[521].

Y para cuyo cumplimiento es vital la colaboración de los Letrados de la Administración de Justicia con la Oficina, puesto que son éstos los que tienen encomendado por Ley efectuar los señalamientos conforme a las instrucciones de los Presidentes de la Sección correspondiente (arts. 659 y 785 LECR), y a los que además, compete la comunicación de la fecha y lugar de celebración del juicio, tanto a las víctimas que deban intervenir como a las que no, y tanto si son parte como si no lo son[522]. Así como su coordinación con otros programas que, con la misma finalidad, puedan ser creados por otras Administraciones Públicas, como el puesto en marcha por la Dirección General de Apoyo a Víctimas del Terrorismo del Ministerio del Interior, que en colaboración con la OAVT de la Audiencia Nacional, va

---

519 CASTAÑON ÁLVAREZ, M. J., *Víctimas del terrorismo...*, op. cit. p. 91.

520 ARROYO ZURIARRAIN, S., «La victimización relatada por las víctimas del terrorismo», en *Panorama actual y perspectivas de la Victimología: La Victimología y el sistema penal, Estudios de Derecho Judicial,* Nº 121, CGPJ, 2007, p. 287.

521 GARCÍA RODRÍGUEZ, M. J., «El nuevo estatuto de las víctimas del delito en el proceso penal...», op. cit., p. 70.

522 ALBA FIGUERO, M. C., «La oficina de asistencia e información a las víctimas del terrorismo...», op. cit., p. 38.

más allá de la localización de las víctimas y sus familias para notificarles la celebración del juicio y acompañarlas si lo desean, pues tras el dictado de la sentencia, también contacta con ellas para remitírsela y explicarle su contenido[523].

d) *Promover la salvaguarda de la seguridad e intimidad de las víctimas en su participación en los procesos judiciales, para protegerlas de injerencias ilegítimas o actos de intimidación y represalia y cualquier otro acto de ofensa y denigración.* La cual habrá de ponerse en relación con la obligación que incumbe a jueces y tribunales, y de manera muy especial al Ministerio Fiscal, de salvaguardar la seguridad y la dignidad de las víctimas durante el desarrollo del proceso, aplicando todos los mecanismos previstos en nuestro ordenamiento procesal. Estando plenamente justificada que, en este tipo de causas, la protección de las víctimas por la Fiscalía de la Audiencia Nacional, sea realizada a través de un servicio específico que asuma la coordinación del trabajo de los respectivos fiscales en cada uno de los procedimientos de su responsabilidad y la atención directa a las víctimas y asociaciones, así como de las relaciones con la Dirección General de Apoyo a las Víctimas del Terrorismo del Ministerio del Interior, pues a través del mismo, se consigue hacer efectiva su protección durante el proceso penal, procurándoles la atención y ayuda necesarias, así como las indemnizaciones que sean procedentes[524]. Debiendo ser interpretada

---

523 RODRÍGUEZ URIBES, J. M., «El apoyo institucional a las víctimas...», op. cit., p. 233.

524 DOLZ LAGO, M. J., «Las actuaciones del Ministerio Fiscal en defensa de la dignidad de las víctimas del terrorismo», CATALÀ I BAS, A. H. (dir.)/ GARCÍA MENGUAL, F. (coord.): *El reconocimiento de las víctimas del terrorismo a través de la legislación y la jurisprudencia,* Cátedra de Derecho Autonómico Valenciano, Fundación Profesor Manuel Broseta, Universitat de València, 2013, p. 153.

en todo caso, de acuerdo con el principio de mínima lesividad, que, como ya sabemos debe presidir la participación de la víctima en este tipo de procesos por terrorismo, según lo establecido en el art. 49 de la Ley 29/2011.

e) *Establecer cauces de información a la víctima acerca de todo lo relacionado con la ejecución penitenciaria, hasta el momento del cumplimiento íntegro de las penas, particularmente en los supuestos que supongan concesión de beneficios o excarcelación de los penados.* De modo que, como señala ALBA FIGUERO, para entender este cometido de la Oficina, debe ponerse en relación este apartado del art. 51 de la Ley 29/2011 con el mandato previsto en el art. 990.6º LECR, y de la conjunción de ambos, llegar a la conclusión de que esta labor informativa consiste en servir de puente entre la víctima y el Juzgado Central de Vigilancia Penitenciaria, a fin de que aquélla pueda obtener toda la información que el Juzgado pueda proporcionarle en materia de ejecución penitenciaria[525]. De forma que, en este ámbito y a falta de una mayor definición normativa, en la práctica, se viene facilitando por la Oficina todos aquellos cauces para obtener de ese Juzgado Central, información de los siguientes extremos: aprobación de las propuestas del art. 100.2 del Reglamento Penitenciario (RP), clasificación, resoluciones acerca de la libertad condicional y modificación de sus condiciones, permisos, pieza de refundición de condenas, redenciones, o resoluciones sobre aplicación del régimen general de penados, entre otras.

En cualquier caso, a la hora de articular este sistema de información, debe destacarse la importancia de implantar pro-

---

525 ALBA FIGUERO, M. C., «La oficina de asistencia e información a las víctimas del terrorismo...», op. cit., p. 40.

tocolos para coordinar la intervención de todos los posibles agentes implicados —JVP, Jueces y Tribunales sentenciadores, Oficinas de Asistencia a las Víctimas, Instituciones Penitenciarias, y de las Fuerzas y Cuerpos de Seguridad—, para garantizar a las víctimas ese derecho a recibir esa información en virtud de lo establecido por el art. 5.1.m) en relación con el art. 7.1 LEVD[526]. Y para conseguir esta coordinación, pensamos que entre todos ellos, las oficinas de asistencia las víctimas están llamadas a desarrollar una labor fundamental de información en este ámbito de la ejecución penitenciaria, tal como reconoce, con muy buen criterio, el art. 38 REVD, llevando a cabo todas aquellas actuaciones necesarias para que puedan ejercer sus derechos de forma efectiva[527]. De manera que, con arreglo a esta regulación, estas oficinas deberán facilitar a las víctimas «información sobre la posibilidad de participar en la ejecución penitenciaria, en los términos previstos en el art. 13 del Estatuto de la víctima del delito, y realizarán las actuaciones de asistencia que resulten precisas para que pueda ejercer los derechos que la ley les reconoce en este ámbito».

Función a la que, sin duda alguna, puede coadyuvar también la labor desarrollada por los Letrados de la Administración de Justicia, que, en aplicación del art. 10 REVD, habrán de derivar a las víctimas a las Oficinas de Asistencia[528], en los términos establecidos en las leyes procesales, siempre que resulte necesario en atención a la gravedad del delito, vulnerabilidad

---

526 GÓMEZ-ESCOLAR MAZUELA, P., «Derechos del condenado versus derechos de la víctima...», op. cit., p. 294.

527 GARCÍA RODRÍGUEZ, M. J., «El papel de la víctima en la ejecución penitenciaria...», op. cit., p. 73.

528 FERNÁNDEZ APARICIO, J. M., «Algunas observaciones sobre la intervención de las víctimas ante el Tribunal sentenciador y el Juzgado de Vigilancia Penitenciaria», Centro de Estudios Jurídicos. Ministerio de Justicia, 2016, p. 8, en: https://www.cej-mjusticia.es/sede/publicaciones/ver/11716 [Consulta: 08-01-24].

de la víctima o en aquellos casos en los que éstas lo soliciten. Haciéndose efectivo, de este modo, el derecho de las víctimas a recibir información sobre la causa penal (art. 7.1 LEVD) y, en concreto, por lo que nos interesa en el ámbito penitenciario, sobre aquellas resoluciones o decisiones de cualquier autoridad judicial o penitenciaria que afecte a sujetos condenados por delitos cometidos con violencia o intimidación y que supongan un riesgo para la seguridad de la víctima, entre los que lógicamente se encuentran los de terrorismo[529].

---

[529] CONDE RUIZ, A. M., «Regulación de las oficinas de asistencia a las víctimas y funciones en la fase de ejecución penitenciaria de la pena conforme a la Ley 4/2015 de 27 de abril del Estatuto de la Víctima del Delito y el Real Decreto 1109/2015 de 11 de diciembre», Centro de Estudios Jurídicos, Ministerio de Justicia, 2016, p. 8, en: https://www.cej-mjusticia.es/sede/publicaciones/ver/11239 [Consulta: 08-01-24].

Capítulo V

Conclusiones

PRIMERA. En el plano general o universal de las Naciones Unidas no existe aún ninguna norma internacional que se refiera particularmente a las víctimas del terrorismo y contemple sus derechos de una forma específica. Encontrándonos tan solo con pronunciamientos de carácter ético o moral que, pese a su valor programático a la hora de orientar la acción de los Estados en esta materia, no generan obligaciones jurídicas en sus respectivos ordenamientos nacionales. No obstante, tras el desarrollo de nuestra investigación, se ha podido comprobar cómo esta situación empieza a revertir ahora, al haberse tomado conciencia de que el apoyo a las víctimas del terrorismo constituye una finalidad y eje fundamental de la política de lucha contra este fenómeno, en el contexto de la defensa de los derechos humanos. Debiéndose valorar muy positivamente, como primera conclusión de la presente investigación, que este objetivo haya recibido un importante impulso durante los últimos años en el marco de la Estrategia Global de las Naciones Unidas contra el terrorismo, al hacer hincapié de forma expresa en la necesidad de que las víctimas de este fenómeno reciban un apoyo específico en este contexto internacional.

Una finalidad que nos congratula también haya formado parte de la agenda de los trabajos desarrollados con ocasión del Primer Congreso Mundial de Víctimas del Terrorismo de las Naciones Unidas, celebrado en Nueva York en septiembre de 2022. En el cual, uno de sus temas centrales de debate lo constituyó el lanzamiento de unas «Disposiciones Legislativas Modelo para apoyar y proteger los derechos y necesidades de las víctimas del terrorismo», propuestas por la Oficina de Naciones Unidas contra el Terrorismo (UNOCT), la Unión Inter-Parlamentaria (IPU) y la Oficina de Naciones Unidas contra la

Droga y el Delito (UNODC). Con el propósito de servir de referente para la revisión de las leyes y procedimientos existentes sobre víctimas del terrorismo en los diferentes Estados miembros, y desarrollar una legislación en aquéllos donde aún no existe, sin perjuicio de considerar que, a través de las mismas, también se pueda allanar el camino hacia la deseada elaboración y aprobación de un futuro estatuto internacional para las víctimas del terrorismo.

SEGUNDA. Frente a la ausencia de instrumentos específicos que se hayan ocupado de forma particular de este colectivo en el Derecho internacional, dentro del marco regional europeo, el Consejo de Europa sí lo ha hecho de forma más amplia y minuciosa. Si bien, donde se han registrado los avances más significativos ha sido en el derecho de la Unión Europea, a partir de la Directiva 2012/29/UE, por la que se establecen normas mínimas sobre los derechos, apoyo y protección de las víctimas de delitos. De forma que en este último contexto, tras analizar la Directiva (UE) 2017/541 del Parlamento y del Consejo, de 15 de marzo, relativa a la lucha contra el terrorismo y por la que se sustituye la Decisión marco 2002/475/JAI del Consejo y se modifica la Decisión 2005/671/JAI del Consejo, podemos afirmar que con ella se inaugura un nuevo camino para ofrecer un tratamiento específico a las víctimas de este fenómeno en el Derecho de la UE, y articular a su favor un amplio catálogo de derechos, siguiendo los pasos ya dados por el legislador comunitario en esta línea para otros colectivos especialmente vulnerables.

Por ello, consideramos que la Directiva de 2017 representa un importante avance para la construcción de un nuevo estatuto jurídico europeo para las víctimas del terrorismo. Pues, tras definirlas como «toda persona física que haya sufrido un daño o perjuicio, en particular lesiones físicas o mentales, daños emocionales o un perjuicio económico, directamente causados por un delito de terrorismo, o el familiar de una persona cuya muerte haya sido directamente causada por un delito de terrorismo y que haya sufrido un daño o perjuicio como consecuencia de la muerte de dicha persona», establece unas normas, de carácter mínimo y a escala de la Unión, sobre los derechos que éstas deben tener reconocidos. Poniéndose en valor, además, que este catálogo de derechos haya sido desarrollado en la norma, adaptándolo adecuadamente a las necesidades y características específicas que concurren en este colectivo en atención a su vulnerabilidad. Con el fin que, tras ser evaluadas en cada caso, puedan comprender y seguir los procesos judiciales incoados por los delitos de terrorismo, recibir protección en relación a su seguridad e intimidad, acceder a los servicios de apoyo con carácter inmediato tras el atentado y durante el tiempo después que sea necesario, así como recibir una indemnización justa y adecuada por los daños y perjuicios sufridos.

Cuestión, esta última, relativa a la indemnización que, como hemos podido comprobar en la presente investigación, reviste especial interés en el caso de situaciones transfronterizas, cuando la víctima reside en un Estado miembro diferente a aquel donde se haya cometido el delito de terrorismo. En las cuales, la Directiva de 2017 con remisión a las disposiciones de la Directiva 2004/80/CE, prevé muy acertadamente que cuando resulte imposible hacer efectiva esa indemnización con cargo a los bienes del obligado al pago, por haber sido declarada su insolvencia, no ser identificado o estar en paradero desconocido, se les facilite subsidiariamente acceso a una compensación económica justa y adecuada a cargo de fondos públicos, en cualquiera de los Estados miembros de la UE.

No obstante, analizado el ambicioso catálogo de derechos que regula la Directiva de 2017 para las víctimas del terrorismo, y tras evaluar las consideraciones realizadas por la Comisión Europea en los respectivos informes emitidos sobre la aplicación de esta norma en 2020 y 2021 con arreglo a su art. 29, también debemos destacar como conclusión de este trabajo, que la implementación de estos derechos no ha sido satisfactoria en todos los Estados miembros y que, a diferencia de España, no han adoptado las disposiciones necesarias para hacerlos efectivos en sus respectivos ordenamientos nacionales en los términos previstos en la norma comunitaria.

Razón por la cual aplaudimos que, en el momento de cerrar estas líneas, y bajo la todavía Presidencia española del Consejo de la Unión Europea, éste haya aprobado el 4 de diciembre de 2023, unas Conclusiones sobre la mejora del apoyo y el reconocimiento a las víctimas del terrorismo, que persiguen precisamente corregir algunas de las deficiencias puestas de manifiesto en la aplicación de la normativa europea por los diferentes países, y para cuya realización, consideramos muy acertado, que la normativa comunitaria siga apostando por la formación de todos los profesionales que puedan entrar en contacto con ellas. Una labor de capacitación en la que, creemos, la Universidad puede desempeñar un destacado papel en colaboración con el resto de las Administraciones competentes y el movimiento asociativo, cuya experiencia en la defensa de los derechos de las víctimas, pensamos, que es imprescindible tener en cuenta para generar unas buenas prácticas con el fin de ofrecerles una asistencia y apoyo adaptado a sus necesidades específicas.

TERCERA. Esos estándares internacionales y europeos consideramos que se han tenido presentes por el legislador español a la hora de definir las principales necesidades de las víctimas del terrorismo que debían ser atendidas en nuestro ordenamiento, con la aprobación de la Ley 29/2011, de 22 de septiembre, de reconocimiento y protección integral de este colectivo, y su reglamento de desarrollo aprobado por el RD 671/2013, de 6 de septiembre. Que, tras asumir en su articulado la idea novedosa de que las víctimas del terrorismo son víctimas de violaciones de derechos humanos, establece para ellas, como se ha analizado en el segundo capítulo de esta obra, un completísimo sistema de indemnizaciones, prestaciones y ayudas asistenciales para compensar los daños personales y materiales que sufran como consecuencia de la acción terrorista.

Sin perjuicio de otras medidas contempladas en ella para el reconocimiento público y social de las víctimas, a través de la regulación de un sistema de condecoraciones y honores públicos, o aquellas otras dirigidas a garantizarles el máximo respeto y dignificación.

Y, si bien en la aplicación de este sistema de protección integral, la Ley 29/2011 otorga una papel destacado al Ministerio del Interior, a través de la Dirección General de Apoyo a las Víctimas del Terrorismo, nosotros hemos querido también destacar en este trabajo, la esencial labor desarrollada con este mismo fin por el movimiento asociativo de víctimas en nuestro país, sin la cual, no pueden entenderse los sucesivos avances registrados para una mejor tutela de sus derechos. Para lo cual, hemos delimitado el concreto ámbito de actuaciones que corresponde a cada uno de ellos, habida cuenta que, con arreglo a nuestro ordenamiento jurídico, se instaura un sistema mixto de atención y asistencia a este colectivo, al combinar el apoyo público institucional con el ofrecido por las asociaciones y entidades más representativas, que lo viene a complementar.

Sin embargo, pese a que, esta normativa la hemos calificado como una de las más avanzadas y completas a nivel no solo europeo sino mundial, tras el balance y evaluación de su aplicación en sus más de doce años de vigencia, hemos puesto de manifiesto la necesidad de reformarla en algunos de sus extremos, compartiendo los objetivos generales y específicos hechos públicos en 2018 a través de la propuesta presentada por el Ministerio del Interior que no prosperó. De manera que, aunque algunos de esos objetivos, como el de mejorar el apoyo a las víctimas españolas de atentados ocurridos en el extranjero, se ha conseguido gracias a la reforma acometida en el articulado de la norma estatal por la DF 19ª de la Ley 22/2021, de 28 de diciembre, de Presupuestos Generales del Estado para 2022, criticamos que otros de esos objetivos, como el relativo a la necesaria creación de un Registro Oficial de Víctimas del Terrorismo o la ampliación de algunos de sus derechos, sigan pendientes de llevarse a la práctica, pese a las recomendaciones que, en este sentido, se formularon en su día por el Defensor del Pueblo al Ministerio del Interior, entre otras dirigidas también a otros Ministerios y a la Fiscalía General del Estado.

CUARTA. El sistema estatal de protección y asistencia a las víctimas del terrorismo que hoy representa la Ley 29/2011 y su Reglamento aprobado por el RD 671/2013, se completa, como se ha comprobado en nuestra investigación, con la normativa aprobada en el ámbito autonómico. Con la cual diversas Comunidades Autónomas, en el marco de sus competencias y al amparo del art. 148 CE, han promulgado numerosas disposiciones normativas con el objetivo principal de ampliar y desarrollar la atención dispensada a estas víctimas en sus respectivos territorios. Lo que merece nuestro aplauso, en la medida que ha contribuido de forma decisiva a mejorar la cobertura estatal ofrecida a este colectivo tan vulnerable y necesitado de una especial protección.

De manera que el desarrollo de esta normativa autonómica comprende en la actualidad a once Comunidades Autónomas –Andalucía, Aragón, Cantabria, Castilla y León, Extremadura, La Rioja, Madrid, Navarra, País Vasco, Región de Murcia y Valencia-, cuyos regímenes, por su relevancia a la hora de mejorar los derechos del colectivo, han sido analizados, si bien se ha prestado una especial atención al establecido en la CA de Andalucía. Teniendo todos ellos un carácter subsidiario y complementario respecto a la regulación contemplada en la legislación estatal, pues lo que realmente se persigue con esta legislación autonómica es que las víctimas del terrorismo puedan acceder a otras ayudas, viendo incrementadas en determinados supuestos las cantidades o asistencia ya reconocida por la Administración estatal.

No obstante, pese a manifestar nuestro criterio favorable a este sistema autonómico de ayudas y asistencia a las víctimas del terrorismo por estar destinado a mejorar el establecido en la normativa estatal, hemos señalado que el mismo no está exento de polémica, por el riesgo de crear desigualdades entre ellas según la Comunidad Autónoma en la que residan o hayan sufrido el atentado terrorista. No sólo por las diferencias de trato que, como se ha comprobado, pueden existir entre los distintos textos normativos ya vigentes en cada una de esas comunidades, sino por el hecho de existir comunidades que aún no han procedido a desarrollar dicha regulación normativa. De ahí que, ante esta realidad, hayamos considerado prioritario promover, de un lado, la promulgación de nuevas leyes en aquellas CA que aún no las han aprobado, y de otro, aspirar a una posible armonización mediante la oportuna modificación de todas las ya vigentes, para evitar esos agravios comparativos.

Una realidad a la que precisamente se le ha tratado de dar respuesta con la promulgación de numerosas leyes en los últimos años, como la Ley 5/2018, de 17 de octubre, para la protección, reconocimiento y memoria de las víctimas del terrorismo de la CA de Madrid, modificada posteriormente por la Ley 9/2022; la Ley 4/2018, de 10 de abril, de medidas a favor de las víctimas del terrorismo de la CA de La Rioja, con su desarrollo reglamentario por Decreto 23/2021; la Ley 2/2020, de 4 de marzo, sobre asistencia y reconocimiento a las víctimas de terrorismo de la CA de Extremadura, modificada por la Ley 5/2022. Y otras más recientes, como la Ley 5/2023, de 23 de febrero, de modificación de la Ley 4/2008 de medidas a favor de las víctimas del terrorismo de la CA de Aragón, o la Ley 1/2023, de 5 de abril, de reconocimiento, homenaje, memoria y dignidad a las víctimas del terrorismo de la CA de Cantabria. Si bien, quedan otras pendientes de esa actualización, como la Ley 10/2010, de 15 de noviembre, relativa a la asistencia y atención a las víctimas del terrorismo de la CA de Andalucía, cuyo trámite parlamentario para su reforma creemos oportuno reactivar a partir de la propuesta que fue presentada en 2020 por la Asociación Andaluza Víctimas del Terrorismo (AAVT).

QUINTA. En la parte final de esta investigación, hemos puesto en valor la importancia de las disposiciones previstas en el Título V de la Ley 29/2011, con el fin de proteger a las víctimas del terrorismo y sus familias en el ámbito del proceso penal. Pues constituyen una verdadera novedad respecto a la legislación que, sobre protección y asistencia a este colectivo, había precedido a esta norma, y que guardaba absoluto silencio sobre dichos derechos, centrándose únicamente en detallar el sistema de indemnizaciones, ayudas y prestaciones que tenían reconocidas.

Pues, a través de estas disposiciones, se consagra el denominado principio de mínima lesividad para las víctimas durante el desarrollo del procedimiento judicial, haciendo posible que puedan ser adoptadas a su favor cuantas medidas protectoras sean oportunas para que no se vean obligadas a mantener un contacto visual directo con los acusados, además de prevenir cualquier tipo de manifestaciones o declaraciones que puedan denigrarlas u ofenderlas, con el fin de evitar su victimización secundaria. Que además se complementan, de forma muy acertada, con la creación de la Oficina de Asistencia a las Víctimas del Terrorismo en el marco de la Audiencia Nacional, sin perjuicio de otras que en coordinación con ella también puedan ofrecerles una atención personalizada en sus relaciones con el sistema de justicia penal.

No obstante, pese a la importancia de esas previsiones tuitivas contenidas de forma específica en la Ley 29/2011, debe destacarse que todas ellas habrán de ser ahora interpretadas y completadas con las disposiciones de la Ley 4/2015, de 27 de abril, sobre el Estatuto de la víctima del delito (LEVD) y su desarrollo por el RD 1109/2015, de 11 de diciembre (REVD). A través de las cuales, se ha implementado en nuestro ordenamiento jurídico la Directiva 2012/29/UE sobre derechos de las víctimas, con la que se persigue ofrecer desde los poderes públicos una respuesta más amplia y generosa a sus necesidades. Presentándose como el catálogo general de los derechos procesales y extraprocesales que a partir de ahora deberán tener garantizados todas las víctimas, incluidas las de terrorismo, sin perjuicio del trato especializado que éstas puedan merecer tras ser evaluada su situación de vulnerabilidad. Pudiéndose concluir que, este reconocimiento específico a las víctimas del terrorismo a partir de la evaluación individualizada de sus necesidades, supone un avance sustancial en la respuesta que éstas merecen ante el sistema de justicia penal, y la antesala de otras futuras mejoras legislativas para garantizarles una completa tutela de sus derechos a la información, participación, protección y asistencia.

SEXTA. Por último, creemos que para garantizar la efectiva aplicación del estatuto jurídico a las víctimas del terrorismo propuesto en la presente investigación, es imprescindible contar con la implicación activa de todas las personas que puedan tener cualquier tipo de contacto con ellas. A las que se les deberá facilitar que puedan adquirir las competencias y habilidades para ofrecerles una respuesta adecuada a sus necesidades, tratarlas con respeto, profesionalidad y empatía, además de darles a conocer todos los recursos existentes en su ámbito de actuación a los que puedan acudir para solicitar ayuda. Razón por la cual consideramos que, esta formación y sensibilización constituye un pilar fundamental para hacer posible esa deseada atención profesional de calidad, que habrá de ser promovida por las distintas Administraciones, y en la que, desde el ámbito académico de la Universidad, pensamos que se puede hacer una importante contribución. Para fomentar, no sólo esas buenas prácticas profesionales en relación a las víctimas del terrorismo, sino también para promover y desarrollar en colaboración con aquellas entidades o asociaciones que actúan en defensa de sus derechos, otras actividades para su dignificación o destinadas a la educación y concienciación social de las nuevas generaciones contra el terrorismo en cualquiera de sus manifestaciones, defendiendo los valores de convivencia pacífica y democrática que son la base de nuestro Estado de Derecho.

Una labor formativa a la cual no ha sido ajeno ni el legislador europeo ni el nacional, reforzándola a través del Estatuto de la víctima (art. 30 LEVD) en aplicación de la Directiva 2012/29/UE sobre derechos de las víctimas. Al exigir al Gobierno, al Consejo General del Poder Judicial, a la Fiscalía General del Estado y a las Comunidades Autónomas, en el ámbito de sus respectivas competencias, que aseguren la formación general y específica relativa a la protección de las víctimas en el proceso penal, en los cursos de formación de los Jueces y Magistrados, Fiscales, Letrados de la Administración de Justicia, Fuerzas y Cuerpos de Seguridad, Médicos Forenses, personal al servicio de la Administración de Justicia y del personal de las Oficinas de Asistencia a las Víctimas. Lo que se contempla acertadamente para otros operadores jurídicos como los abogados y procuradores a cargo de sus respectivos Colegios Profesionales, llamados a desempeñar también un papel destacado en la representación de los intereses de las víctimas del terrorismo.

Bibliografía

ACALE SÁNCHEZ, M., «Terrorismo y tratamiento punitivista: más allá de la prisión», DEL CARPIO DELGADO, J. (dir.)/DE PABLO SERRANO, A. (coord.): *Criminalidad en un mundo global,* Tirant lo Blanch, Valencia, 2020, 293-325.

ALBA FIGUERO, M. C., «Derechos, facultades y posibilidades jurídicas de la víctima del terrorismo en el actual marco del proceso penal», *Boletín del Ministerio de Justicia,* Nº 2208, Mayo de 2018, 1-58.

ALBA FIGUERO, M. C., «La oficina de asistencia e información a las víctimas del terrorismo de la Audiencia Nacional. Luces y sombras de la asistencia a la víctima del terrorismo en el seno de la Administración de Justicia», *La Ley Penal,* Nº 111, Noviembre-Diciembre 2014, 26-49

ALBA FIGUERO, M. C., «Un espacio de acogida para las víctimas del terrorismo en la Audiencia Nacional», *Revista de la Fundación Víctimas del Terrorismo,* Nº 44, Septiembre 2013, 14-15.

ALONSO, R./ DOMÍNGUEZ, F./GARCÍA REY, M., *Vidas rotas. Historia de los hombres, mujeres y niños víctimas de ETA* (2ª ed.), Espasa Libros, Madrid, 2010.

ARROYO ZURIARRAIN, S., «La victimización relatada por las víctimas del terrorismo», *Panorama actual y perspectivas de la Victimología: La Victimología y el sistema penal, Estudios de Derecho Judicial,* Nº 121, CGPJ, 2007, 283-290.

ARARTEKO. *Atención Institucional a las Víctimas del Terrorismo en Euskadi, Informe extraordinario de la Institución del Ararteko al Parlamento Vasco,* 2009.

ASOCIACIÓN ANDALUZA VÍCTIMAS DEL TERRORISMO, *Una pelea andaluza contra el terror. Historia y memoria de la AAVT,* Sevilla, 2016.

ASOCIACIÓN ANDALUZA VÍCTIMAS DEL TERRORISMO, «Proposición de reforma de la Ley 10/2010 presentada por la AAVT al Parlamento Andaluz», *ANDALUPAZ, Revista de la Asociación Andaluza Víctimas del Terrorismo,* Nº 24, Diciembre 2020, 30-34.

ASOCIACIÓN ANDALUZA VÍCTIMAS DEL TERRORISMO, *Gran acogida en el Parlamento Andaluz a propuestas de nuestra Asociación para la modificación de la Ley 10/2010,* en: https://www.aavt.net/2020/11/10/gran-acogida-en-el-parlamento-andaluz-a-propuestas-de-nuestra-asociacion-para-la-modificacion-de-ley-10-2010/ [Consulta: 08-01-24].

ASOCIACIÓN ANDALUZA VÍCTIMAS DEL TERRORISMO, *Áreas de trabajo*, en: https://www.aavt.net/areas-de-trabajo/ [Consulta: 08-01-24].

ASOCIACIÓN VÍCTIMAS DEL TERRORISMO, *¿Quiénes somos?*, en: https://avt.org/es/d/avt [Consulta: 08-01-24].

BACA BALDOMERO, E., «Terrorismo», BACA BALDOMERO, E./ ECHEBURÚA ODRIOZOLA, E./ TAMARIT SUMALLA, J. M., (coords.): *Manual de Victimología,* Tirant lo Blanch, Valencia, 2006, 190-206.

BASSIOUNI, M. C., «Internacional Recognition of Victims´ Rights», *Human Rights Law Review,* 6 (2006), 203-279, en: https://academic.oup.com/hrlr/article-abstract/6/2/203/676407 [Consulta: 08-01-24]

BELINCHÓN, C., «Atención a las víctimas del terrorismo en Andalucía», *ANDALUPAZ, Revista de la Asociación Andaluza Víctimas del Terrorismo,* Nº 8, Enero 2012, 24-27.

BENLLOCH SANZ, P., «Medidas a favor de las víctimas del terrorismo de la Comunidad Autónoma de Aragón», SEMPERE NAVARRO, A. V., (dir.) y KAHALE CARRILLO, D. T., (coord.): *Reconocimiento y protección integral a las víctimas del terrorismo. Estudio de la normativa básica estatal y autonómica,* Eolas Ediciones, 2014, 271-316.

BERISTAIN IPIÑA, A., *Víctimas del terrorismo. Nueva justicia, sanción y ética,* Tirant lo Blanch, Valencia, 2007.

BERISTAIN, A., *Protagonismo de las víctimas de hoy y mañana (Evolución en el campo jurídico penal, prisional y ético),* Tirant lo Blanch, Valencia, 2004.

BERISTAIN IPIÑA, A., «Nuevo proceso penal desde las víctimas», SAMPEDRO ARRUBLA, J. A./ MESSUTI, A. (coords.): *La Administración de Justicia en los albores del tercer milenio,* Universidad, Buenos Aires, 2001, 17-33.

BLÁZQUEZ PEINADO, M. D., «La Directiva 2012/29/UE ¿Un paso adelante en materia de protección a las víctimas en la Unión Europea?», *Revista de Derecho Comunitario Europeo,* Nº 46, septiembre/diciembre, 2013, 897-934.

BUENO ARUS, F., «La atención a la víctima del delito», *Actualidad Penal,* Nº 27, 2 a 8 de julio de 1990, 297-314.

CABANAS ARRATE, M. L./ BACA BALDOMERO, E./ MORALES RODRÍGUEZ, A./ CORREDOR PÉREZ, J. A./BACA-GARCÍA, E., «El proceso contra el agresor como segunda victimización: acciones y programas de prevención», BACA BALDOMERO, E./ CABANAS

ARRATE, M. L., (eds.): *Las víctimas de la violencia. Estudios psicopatológicos,* Triacastela, Madrid, 2003, 187-204.

CASTAÑÓN ÁLVAREZ, M. J., *Víctimas del terrorismo: Protección y tutela,* Comares, Granada, 2013.

CASTILLEJO MANZANARES, R., *Hacia un nuevo proceso penal. Cambios necesarios,* La Ley, Madrid, 2010.

CATALINA BENAVENTE, M. A., «Algunas consideraciones respecto al ejercicio de la acusación particular y popular en los procesos por terrorismo», VÁZQUEZ-PORTOMEÑE SEIJAS, F./ GUINARTE CABADA, G. (dir.) y PÉREZ RIVAS, N./ SOUTO GARCÍA, E. M. (coord.): *Hacia un sistema penal orientado a las víctimas. El estatuto penal, procesal y asistencial de las víctimas del terrorismo en España,* Tirant lo Blanch, Valencia, 2013, 13-46.

CENTRO EUROPEO DE ASESORAMIENTO PARA LAS VÍCTIMAS DEL TERRORISMO, *Manual de la UE sobre víctimas del terrorismo,* 2021, en: https://home-affairs.ec.europa.eu/system/files/2021-03/eu_handbook_es.pdf [Consulta: 08-01-24].

CENTRO MEMORIAL DE LAS VÍCTIMAS DEL TERRORISMO, *Órganos de gobierno,* en: https://www.memorialvt.com/organos-de-gobierno/ [Consulta: 08-01-24].

CEREZO DOMÍNGUEZ, A. I., *El protagonismo de las víctimas en la elaboración de las leyes penales,* Tirant lo Blanch, Valencia, 2010.

CISNEROS TRUJILLO, C., «El rol y los derechos de las víctimas del terrorismo en España», *La Ley Penal,* N° 133, julio-agosto 2018, 1-25.

COLECTIVO DE VÍCTIMAS DEL TERRORISMO (COVITE), *Estatutos,* en: https://covite.org/nosotros/estatutos/ [Consulta: 08-01-24].

COMISIÓN INTERNACIONAL DE JURISTAS. *Lucha contra el terrorismo y promoción y protección de derechos humanos ante los tribunales. Orientación a jueces, fiscales y abogados sobre la aplicación de la Directiva (UE) 2017/441 de la Unión Europea relativa a la lucha contra el terrorismo,* 2020, en: https://www.icj.org/wp-content/uploads/2020/11/digital-ICJ-guidance-counterterrorism-ESP-2020.pdf [Consulta: 08-01-24].

COMUNIDAD DE MADRID, *Comisionado del Gobierno para la Atención a las Víctimas de Terrorismo,* en: https://www.comunidad.madrid/transparencia/unidad-organizativa-responsable/comisionado-del-gobierno-atencion-victimas-terrorismo [Consulta: 08-01-24].

CONDE RUIZ, A. M., «Regulación de las oficinas de asistencia a las víctimas y funciones en la fase de ejecución penitenciaria de la pena conforme a la Ley 4/2015 de 27 de abril del Estatuto de la Víctima del Delito y el Real Decreto 1109/2015 de 11 de diciembre», Centro de Estudios Jurídicos, Ministerio de Justicia, 2016, 1-14, en: https://www.cej-mjusticia.es/sede/publicaciones/ver/11239 [Consulta: 08-01-24].

CONSEJO DE ESTADO, *Dictamen sobre el Anteproyecto de Ley Orgánica del Estatuto de la Víctimas del Delito* (Ref. 360/2014), emitido el 29 de mayo de 2014, en: http://www.boe.es/buscar/doc.php?id=CE-D-2014-360 [Consulta: 08-01-24].

CONSEJO DE EUROPA, Directrices sobre Derechos Humanos y la Lucha contra el Terrorismo, adoptadas el 11 de julio de 2002, *Protection of Victims of Terrorist Acts,* Council of Europe, 2018, en: https://rm.coe.int/protection-of-victims-of-terrorist-acts/168078ab54#:~:text=States%20should%20provide%20for%20appropriate,enjoyed%20before%20the%20terrorist%20act. [Consulta: 08-01-24].

CONSEJO DE EUROPA, Directrices revisadas sobre protección a las víctimas de actos terroristas (Nicosia, 19 de mayo de 2017), *Protection of Victims of Terrorist Acts,* Council of Europe, 2018, en: https://rm.coe.int/protection-of-victims-of-terrorist-acts/168078ab54#:~:text=States%20should%20provide%20for%20appropriate,enjoyed%20before%20the%20terrorist%20act. [Consulta: 08-01-24].

CONSEJO GENERAL DEL PODER JUDICIAL, *Informe sobre el Anteproyecto de Ley Orgánica del Estatuto de la Víctima del Delito emitido el 31 de enero de 2014, y voto particular,* en: http://www.poderjudicial.es/cgpj/es/Poder Judicial/Consejo General del Poder Judicial/Actividad del CGPJ/Informes/Informe al Anteproyecto de Ley Organica del Estatuto de las Victimas del delito [Consulta: 08-01-24].

CHARRO BAENA, P., «Ayudas a las víctimas del terrorismo de la Comunidad de Madrid», SEMPERE NAVARRO, A. V., (dir.) y KAHALE CARRILLO, D. T., (coord.): *Reconocimiento y protección integral a las víctimas d/-el terrorismo. Estudio de la normativa básica estatal y autonómica,* Eolas Ediciones, 2014, 359-390.

CHOCRÓN GIRALDEZ, A. M., «Fundamento constitucional de la protección a las víctimas en el proceso penal español», *Boletín Mexicano de Derecho Comparado,* Nueva serie, año XLI, N° 122, mayo-agosto 2008, 175-188.

DAZA BONACHELA, M. M., *Escuchar a las víctimas. Victimología, Derecho Victimal y Atención a las Víctimas,* Tirant lo Blanch, Valencia, 2016.

DAZA BONACHELA, M. M./ JIMÉNEZ DÍAZ, M. J., «Compensación a las víctimas de delitos violentos en España: distintos raseros», *Cuadernos de Política Criminal,* Nº 110, septiembre 2013, 115-153.

DE HOYOS SANCHO, M., «Reflexiones sobre la Directiva 2012/29/UE, por la que se establecen normas mínimas sobre los derechos, el apoyo y la protección de las víctimas de delitos, y su transposición al ordenamiento español», *Revista General de Derecho Procesal,* Nº 34, 2014, 1-53.

DE LA CUESTA ARZAMENDI, J. L., «La normativa internacional como respuesta a los procesos de victimización», VARONA MARTÍNEZ, G. (dir.): *Victimología: En busca de un enfoque integrador para repensar la intervención con víctimas,* Aranzadi, Cizur Menor (Navarra), 2018, 229-248.

DE LA CUESTA ARZAMENDI, J. L., «El principio de humanidad en Derecho penal», *Revista Penal México,* Nº 47-48, 16 a 29 de diciembre de 2002, 1267-1286.

DE MIGUEL ZARAGOZA, J., «Hacia un sistema europeo de indemnización a las víctimas de delitos (sobre el recurso prejudicial Nº 186/1987 planteado ante el Tribunal de Justicia de las Comunidades Europeas por el Tribunal de Gran Instancia de París, por Decisión de 5 de junio de 1987)», *Boletín de Información del Ministerio de Justicia,* Nº 1462, 25 de julio de 1987, 61-71.

DEFENSOR DEL PUEBLO. *Estudio sobre los derechos de las víctimas de ETA. Su situación actual,* Madrid, 2016, en: https://www.defensordelpueblo.es/informe-monografico/victimas_terrorismo/ [Consulta: 08-01-24].

DOLZ LAGO, M. J., «Las actuaciones del Ministerio Fiscal en defensa de la dignidad de las víctimas del terrorismo», CATALÀ I BAS, A. H. (dir.)/ GARCÍA MENGUAL, F. (coord.): *El reconocimiento de las víctimas del terrorismo a través de la legislación y la jurisprudencia,* Cátedra de Derecho Autonómico Valenciano, Fundación Profesor Manuel Broseta, Universitat de València, 2013, 143-175.

DOMÍNGUEZ IRIBARREN, F., «Las víctimas, visibles por su propio esfuerzo», MATEO SANTAMARÍA, E./ RIVERA BLANCO, A. (eds.): *Víctimas ¿Todas iguales o todas diferentes? Caracterización y respuestas ante un fenómeno complejo,* Fundación Fernando Buesa Blanco e Instituto de Historia Social Valentín de Foronda, Vitoria-Gasteiz, 2017, 137-145.

ECHEBURÚA, E., *Superar un trauma. El tratamiento de las víctimas de sucesos violentos,* Pirámide, Madrid, 2005.

ECHEBURÚA ODRIOZOLA, E., «Secuelas psicológicas en las víctimas de sucesos traumáticos», VARONA MARTÍNEZ, G. (dir.): *Victimología: en busca de un enfoque integrador para repensar la intervención con víctimas,* Aranzadi, Cizur Menor (Navarra), 2018, 77-98.

EU CENTRE OF EXPERTISE FOR VICTIMS OF TERRORISM, en: https://commission.europa.eu/strategy-and-policy/policies/justice-and-fundamental-rights/criminal-justice/protecting-victims-rights/eu-centre-expertise-victims-terrorism_en [Consulta: 08-01-24].

FARALDO CABANA, P., «El papel de la víctima durante la ejecución de condenas por delitos referentes a organizaciones y grupos terroristas y de terrorismo», VÁZQUEZ –PORTOMEÑE SEIJAS, F./ GUINARTE CABADA, G. (dirs): *Hacia un sistema penal orientado a las víctimas. El estatuto penal, procesal y asistencial de las víctimas del terrorismo en España,* Tirant lo Blanch, Valencia, 2013, 47-80.

FERNÁNDEZ APARICIO, J. M., «Algunas observaciones sobre la intervención de las víctimas ante el Tribunal sentenciador y el Juzgado de Vigilancia Penitenciaria», Centro de Estudios Jurídicos. Ministerio de Justicia, 2016: 1-19, en: https://www.cej-mjusticia.es/sede/publicaciones/ver/11716 [Consulta: 08-01-24].

FERNÁNDEZ COLLADOS, M. B., «Medidas para la asistencia y atención a las víctimas del terrorismo de la Comunidad Autónoma de Andalucía», SEMPERE NAVARRO, A. V., (dir.) y KAHALE CARRILLO, D. T., (coord.): *Reconocimiento y protección integral a las víctimas del terrorismo. Estudio de la normativa básica estatal y autonómica,* Eolas Ediciones, 2014, 229-269.

FERNÁNDEZ DE CASADEVANTE ROMANI, C., *El Estatuto Jurídico de las Víctimas del Terrorismo en Europa,* PAGAZAURTUNDUA, M. (Pról.), Dilex, Madrid, 2013.

FERNÁNDEZ DE CASADEVANTE ROMANI, C., *El Derecho Internacional de las Víctimas,* Porrúa, México, 2011.

FERNÁNDEZ DE CASADEVANTE, C., «Impacto de la normativa internacional en materia de víctimas de delitos graves, especialmente de terrorismo y de abuso de poder», *EGUZKILORE, Cuaderno del Instituto Vasco de Criminología,* Nº 26, 2012, 157-171.

FERNÁNDEZ DE CASADEVANTE ROMANI, C., «La protección de las víctimas en el ámbito regional europeo», HINOJOS ROJAS, M. (coord.), *Liber Amicorum Profesor José Manuel Peláez Marón: Derecho Internacional y Derecho de la Unión Europea,* Servicio de Publicaciones de la Universidad de Córdoba, Córdoba, 2012, 321-342.

FERNÁNDEZ DE CASADEVANTE ROMANI, C., «Las víctimas y el Derecho internacional», *Anuario Español de Derecho Internacional,* vol. XXV, 2009, 3-66.

FERNÁNDEZ MARTÍN-GRANIZO, M., «La obligación de indemnizar por parte del Estado en los supuestos de daños a las personas causados por bandas o grupos armados (Real Decreto-Ley 3/1979, de 26 de enero», *Anuario de Derecho Civil,* Fascículo 4, 1980, 865-913.

FERNÁNDEZ ORRICO, J., «Ayudas a las víctimas del terrorismo de la Comunidad Valenciana», SEMPERE NAVARRO, A. V., (dir.) y KAHALE CARRILLO, D. T., (coord.): *Reconocimiento y protección integral a las víctimas del terrorismo. Estudio de la normativa básica estatal y autonómica,* Eolas Ediciones, 2014, 467-496.

FERNÁNDEZ SOLDEVILLA, G./ AGUILAR GUTIÉRREZ, M., *Muerte en Amara. La violencia del DRIL a la luz de Begoña Urroz,* Informe del Centro Memorial de las Víctimas del Terrorismo, Nº 6, junio 2019, en: https://www.memorialvt.com/wp-content/uploads/2019/06/Informe06.pdf [Consulta: 08-01-24].

FERREIRO BAAMONDE, X., *La víctima en el proceso penal,* La Ley, Madrid, 2005.

FIODOROVA, A., *La víctima en el proceso: perspectiva nacional y europea,* Aranzadi, Cizur Menor (Navarra), 2023.

FISCALÍA GENERAL DEL ESTADO, Circular Nº 2/1998, sobre ayudas públicas a las víctimas de delitos dolosos violentos y contra la libertad sexual, *Boletín de Información del Ministerio de Justicia,* Suplemento Nº 1841, 15 de marzo de 1999, 21-34.

FISCALÍA GENERAL DEL ESTADO, *Informe del Consejo Fiscal sobre el Anteproyecto de Ley Orgánica del Estatuto de la Víctima,* 11 de noviembre de 2013, en: https://www.fiscal.es/documents/20142/102607/Informe+del+Consejo+Fiscal+sobre+el+Anteproyecto+de+Ley+Org%C3%A1nica+del+Estatuto+de+las+V%C3%ADctimas+de+delito.pdf/c0af0cb8-0620-a324-7692-52d9b341d456?version=1.1&t=1531291548894 [Consulta: 08-01-24].

FUNDACIÓN ALBERTO JIMÉNEZ-BECERRIL, *Información institucional y organizativa,* en: https://fundacionalbertojimenez-becerril.org/informacion-institucional-y-organizativa/ [Consulta: 08-01-24].

FUNDACIÓN VÍCTIMAS DEL TERRORISMO, *Ayudas a Víctimas del Terrorismo,* en: https://fundacionvt.org/ayudas/ [Consulta: 08-01-24].

GAGO CARRERO, S., «¿Y después de tanto tiempo aún hay personas que necesitan terapia por el 11 M?», LÓPEZ ROMO, R. (ed.): *Memorias del terrorismo en España,* Los libros de la Catarata, Madrid, 2018, 296-301.

GARCÍA ARÁN, M., «Protagonismo de la víctima y delitos de terrorismo», PORTILLA CONTRERAS, G./ PÉREZ CEPEDA, A.I. (dirs.): *Terrorismo y contraterrorismo en el siglo XXI. Un análisis penal y político criminal,* Ratio Legis, Salamanca, 2016: 193-203.

GARCÍA RODRÍGUEZ, M. J., *Código de los Derechos de las Víctimas,* TAMARIT SUMALLA, J. M., (prol.), (3ª ed.), Instituto Andaluz de Administración Pública, Sevilla, 2019, en: http://www.juntadeandalucia.es/institutodeadministracionpublica/publico/libros/derechoVictimas/ [Consulta: 08-01-24].

GARCÍA RODRÍGUEZ, M. J., *Curso de Victimología y Asistencia a las Víctimas en el Proceso Penal,* Instituto Andaluz de Administración Pública, Sevilla, 2006.

GARCÍA RODRÍGUEZ, M. J., «Marco jurídico y nuevos instrumentos para un sistema europeo de indemnización a las víctimas de delitos», *Boletín de Información del Ministerio de Justicia,* Nº 1980-81, 15 de enero de 2005, 7-32.

GARCÍA RODRÍGUEZ, M. J., «Nuevos progresos para garantizar la protección de las víctimas de delitos y sus derechos en el espacio judicial europeo», *La Ley Unión Europea,* Nº 14, abril de 2014, 47-58.

GARCÍA RODRÍGUEZ, M. J., «Buenas prácticas para la protección y asistencia a las víctimas en el Sistema de Justicia Penal», *Boletín del Ministerio de Justicia,* Nº 2174, Enero de 2015, 1-52.

GARCÍA RODRÍGUEZ, M. J., «El nuevo estatuto de las víctimas del delito en el proceso penal según la Directiva Europea 2012/29/UE, de 25 de octubre, y su transposición al ordenamiento jurídico español», *Revista Electrónica de Ciencia Penal y Criminología,* 18-24 (2016), 1-84, en: http://criminet.ugr.es/recpc/18/recpc18-24.pdf [Consulta: 08-01-24].

GARCÍA RODRÍGUEZ, M. J., «Evaluación individual de las víctimas para determinar sus necesidades especiales de protección y asistencia en el marco del proceso penal», *Revista General de Derecho Procesal,* Nº 41, 2017, 1-41.

GARCÍA RODRÍGUEZ, M. J., «Los derechos reconocidos a las víctimas del delito en la Ley 4/2015, de 27 de abril», TORRES FERNÁNDEZ, C./ JEREZ RIVERO, W./ DE LA SERNA TUYA, J. M., (coords.): *Cla-*

ves y retos de una justicia del siglo XXI: derechos, garantías y procedimientos, Dykinson, Madrid, 2022, 143-161.

GARCÍA RODRÍGUEZ, M. J., «Protección y apoyo a las víctimas del terrorismo durante el procedimiento judicial», PAYÁ SANTOS, C. A./ LUQUE JUÁREZ, J. M. (dirs.): *Repercusiones de la radicalización yihadista en la seguridad europea, mediterránea y latinoamericana,* Aranzadi, Cizur Menor (Navarra), 2023, 181-200.

GARCÍA RODRÍGUEZ, M. J., «El papel de la víctima en la ejecución penitenciaria ¿un nuevo escenario para su protagonismo en la política criminal española?», CARUSO FONTÁN, V./ MACÍAS CARO, V. M. (dirs.), RODRÍGUEZ RAMOS, M., (coord.): *Nuevas tendencias y modernos peligros de la Política Criminal,* Tirant lo Blanch, Valencia, 2023, 155-187.

GARCÍA RODRÍGUEZ, M. J., «Bases para un nuevo estatuto jurídico de las víctimas del terrorismo en la Unión Europea», *La Ley Unión Europea,* Nº 118, octubre de 2023, 1-24.

GARCÍA-VERA, M. P., SANZ, J., «El papel de las guías de autoayuda y las pautas de intervención psicológica para los afectados por los atentados del 11-M», GARCÍA-VERA, M.P./ LABRADOR, F.J./ LARROY, C. (eds.): *Ayuda psicológica a las víctimas de atentados y catástrofes. Guía de autoayuda y pautas de intervención psicológica elaboradas tras los atentados del 11-M,* Editorial Complutense, Madrid, 2008, 1-34.

GARRIDO MAYOL, V., «La reparación a las víctimas del terrorismo: de la responsabilidad a la solidaridad», CATALÀ I BAS, A. H. (dir.), GARCÍA MENGUAL, F. (coord.): *El reconocimiento de las víctimas del terrorismo a través de la legislación y la jurisprudencia,* Cátedra de Derecho Autonómico Valenciano, Fundación Profesor Manuel Broseta, Universitat de València, 2013, 121-139.

GIMENO SENDRA, V., *Manual de Derecho Procesal Penal,* (4ª ed.), Colex, Madrid, 2014.

GOBIERNO DE CASTILLA-LA MANCHA, *Anteproyecto de Ley de Apoyo a Víctimas del Terrorismo,* en: https://www.castillalamancha.es/gobierno/vicepresidencia/estructura/vicrelins/actuaciones/anteproyecto-de-ley-de-apoyo-v%C3%ADctimas-del-terrorismo [Consulta: 08-01-24].

GOBIERNO DE NAVARRA, Departamento de Memoria y Convivencia, Acción Exterior y Euskera, *Programa de Atención Personalizada a las Víctimas del terrorismo y violencias de motivación política,* en: https://

pazyconvivencia.navarra.es/es/programa-de-atencion-a-las-victimas [Consulta: 08-01-24].

GOBIERNO DE NAVARRA, Departamento de Memoria y Convivencia, Acción Exterior y Euskera, *Oficina de Atención a las Víctimas,* en: https://pazyconvivencia.navarra.es/es/oficina-de-atencion-a-las-victimas [Consulta: 08-01-24].

GOBIERNO VASCO, *Ayuda a víctimas del terrorismo,* en: https://www.euskadi.eus/ayuda_subvencion/2022/ayuda-a-victimas-del-terrorismo-2022/web01-tramite/es/ [Consulta: 08-01-24].

GÓMEZ COLOMER, J. L., *Estatuto jurídico de la víctima del delito,* Aranzadi, Cizur Menor (Navarra), 2014.

GÓMEZ COLOMER, J. L., «Los aspectos esenciales del proyectado estatuto jurídico de la víctima», *Revista de Derecho y Proceso Penal,* N° 37, Enero-Mazo 2015: 181-220.

GÓMEZ-ESCOLAR MAZUELA, P., «Derechos del condenado versus derechos de la víctima en la ejecución penitenciaria», JUANATEY DORADO, C./SÁNCHEZ-MORALEDA VILCHES, N. (dirs.): *Derechos del condenado y necesidad de pena,* Aranzadi, Cizur Menor (Navarra), 2018, 285-309.

GONZÁLEZ CANO, M. I., «La mediación penal en España», BARONA VILAR, S. (dir.): *La mediación penal para adultos. Una realidad en los ordenamientos jurídicos (Experiencias en España, EEUU, Inglaterra y Gales, Países Escandinavos, Francia, Alemania, Portugal, Brasil y Chile),* Tirant lo Blanch, Valencia, 2009, 19-52.

GONZÁLEZ DÍAZ, F. A., «Ayudas a las víctimas del terrorismo de la Comunidad Autónoma de la Región de Murcia» SEMPERE NAVARRO, A. V., (dir.) y KAHALE CARRILLO, D. T., (coord.): *Reconocimiento y protección integral a las víctimas del terrorismo. Estudio de la normativa básica estatal y autonómica,* Eolas Ediciones, 2014, 391-424.

GÓRRIZ ROYO, E., «Contraterrorismo emergente a raíz de la reforma penal de LO 1/2019 de 20 de febrero y de la Directiva 2017/541/UE: ¿europeización del Derecho penal del enemigo?», *Revista Electrónica de Ciencia Penal y Criminología,* 22-01, 2020, 1-55, en: http://criminet.ugr.es/recpc/22/recpc22-01.pdf [Consulta: 08-01-24].

GROENHUIJSEN, M./ LETSCHERT, R., «Reflections on the Development and Legal Status of Victims´ Rights Instruments», GROENHUIJSEN, M./ LETSCHERT, R. (eds.), *Compilation of International Victims´ Rights Instruments,* Wold Legal Publishers (WLP), Nijmegen, The Nethelands, 2006.

GUTIÉRREZ PÉREZ, M., «Protección de las víctimas en los procesos judiciales, reconocimientos y condecoraciones», SEMPERE NAVARRO, A. V., (dir.) y KAHALE CARRILLO, D. T., (coord.): *Reconocimiento y protección integral a las víctimas del terrorismo. Estudio de la normativa básica estatal y autonómica,* Eolas Ediciones, 2014, 145-183.

HEREDERO ORTÍZ DE LA TABLA, L., *La protección legal a las víctimas del terrorismo en España: nuevos retos y perspectivas,* Aranzadi, Cizur Menor (Navarra), 2019.

HEREDERO ORTIZ DE LA TABLA, L., «¿Por qué una política pública de reconocimiento y protección a las víctimas del terrorismo en España? Análisis de las medidas adoptadas, con especial atención a la Administración educativa», *Revista Jurídica de Castilla y León,* Nº 57, Junio 2022, 115-167.

HEREDERO ORTÍZ DE LA TABLA, L., «Propuestas para una reforma legal del sistema de reconocimiento y protección integral a las víctimas del terrorismo», *Revista de Derechos Humanos y Educación,* Nº 3, 2020, 157-180.

HEREDERO ORTIZ DE LA TABLA, L., «La aportación de Castilla y León al régimen jurídico de atención a las víctimas del terrorismo en España: La Ley 4/2017 de 26 de septiembre», *Revista Jurídica de Castilla y León,* Nº 47, enero 2019, 171-216.

HERRERA MORENO, M., *La hora de la víctima. Compendio de Victimología,* POLAINO NAVARRETE, M. (pról.), Edersa, Madrid, 1996.

HIERRO HIERRO, F. J., «Medidas para la asistencia y atención de las víctimas del terrorismo de la Comunidad Autónoma de Extremadura», SEMPERE NAVARRO, A. V., (dir.) y KAHALE CARRILLO, D. T., (coord.): *Reconocimiento y protección integral a las víctimas del terrorismo. Estudio de la normativa básica estatal y autonómica,* Eolas Ediciones, 2014, 317-358.

IZQUIERDO MARTÍN, P., «Solidaridad y reconocimiento», *ANDALUPAZ, Revista de la Asociación Andaluza Víctimas del Terrorismo,* Nº 6, Enero 2011, 28-30.

J.M.A.G., «Tras el rastro de la primera víctima del terrorismo en España», La Tribuna del País Vasco, 8 de junio de 2018, en: https://latribunadelpaisvasco.com/art/9130/tras-el-rastro-de-la-primera-victima-del-terrorismo-en-espana [Consulta: 08-01-24].

JOUTSEN, M, *The role of the victim of crime in European criminal Justice Systems. A crossnational study of the role of the victim,* HEUNI, Helsinki Institute for Crime Prevention and Control, Helsinki, 1987.

JUNTA DE ANDALUCÍA. Consejería de Justicia, Administración Local y Función Pública, *Asistencia a víctimas del terrorismo*, en: https://www.juntadeandalucia.es/organismos/justiciaadministracionlocalyfuncionpublica/areas/asistencia-victimas/terrorismo.html [Consulta: 08-01-24].

JUNTA DE ANDALUCÍA, Consejería de Justicia, Administración Local y Función Pública, *Subvenciones para la defensa de las víctimas del terrorismo*, en: https://www.juntadeandalucia.es/organismos/justiciaadministracionlocalyfuncionpublica/areas/asistencia-victimas/terrorismo.html#toc-subvenciones-para-la-defensa-de-v-ctimas-del-terrorismo [Consulta: 08-01-24].

LADRÓN DE GUEVARA PASCUAL, C., *Avances y carencias en la protección jurídica a las víctimas del terrorismo*, Colex, A Coruña, 2021.

LANDROVE DÍAZ, G., *La moderna Victimología*, Tirant lo Blanch, Valencia, 1998.

LECANDA CROOKE, I., «Evolución legislativa del régimen jurídico de las víctimas del terrorismo en España», *Revista de Documentación del Ministerio del Interior*, Nº 17, 1998, 79-89.

LEGANÉS GÓMEZ, S., «La víctima del delito en la ejecución penitenciaria», *Diario La Ley*, Nº 8619, 6 de octubre de 2015, 1-19.

LÓPEZ JACOISTE, E., «La Unión Europea ante los combatientes terroristas extranjeros», *Revista de Estudios Europeos*, Nº 67, 2016, 47-71.

LÓPEZ ROMO, R., *Informe Foronda. Los efectos del terrorismo en la sociedad vasca*, Los libros de la Catarata, Madrid, 2015.

LLOVERAS, M. R., «Indemnizaciones a las víctimas del terrorismo. Evolución normativa y aplicación jurisprudencial», *InDret* 3/2002, 1-25.

MACULAN, E., «Encuentros restaurativos, petición de perdón y resocialización: replanteando los mecanismos restaurativos con condenados por delitos de terrorismo», *Revista de Derecho Penal y Criminología*, Nº 26, julio de 2021: 77-120.

MANCERA PULIDO, P., «La Ley Andaluza de medidas para la asistencia y atención a las víctimas del terrorismo», *ANDALUPAZ, Revista de la Asociación Andaluza Víctimas del Terrorismo*, Nº 5, Julio 2010, 23-25.

MANCERA PULIDO, P., «La asistencia jurídica en la AAVT», *ANDALUPAZ, Revista de la Asociación Andaluza Víctimas del Terrorismo*, Nº 1, Junio 2008, 22-23.

MANZANARES SAMANIEGO, J. L., «Estatuto de la víctima. Comentario a su regulación procesal penal», *Diario La Ley,* Nº 8351, de 10 de julio de 2014 (D-230), 1767-1773.

MAPELLI CAFFARENA, B./ TERRADILLOS BASOCO, J., *Las consecuencias jurídicas del delito,* Civitas (3ª ed.), Madrid, 1996.

MARCOS MADRUGA, F. «Especialidades penitenciarias en penas de prisión por delitos de terrorismo. Políticas de concentración y dispersión. Reinserción y arraigo», *Revista Jurídica de Castilla y León,* Nº 57, Junio 2022, 75-114.

MARCOS MADRUGA, F., «La justicia restaurativa en la ejecución penitenciaria», *Revista de Derecho Penal y Criminología,* Nº 26, julio de 2021, 19-38.

MARTÍNEZ ARRIETA, A., «Hacia una Ley de protección a las víctimas de delitos», *Actualidad Jurídica Aranzadi,* Nº 31, 6 de diciembre de 1991, 1-3.

MATE, R., *Justicia de las víctimas. Terrorismo, memoria, reconciliación,* Anthropos, Rubí (Barcelona), 2008.

MATEO SANTAMARÍA, E., «La contribución del movimiento asociativo y fundacional a la visibilidad de las víctimas del terrorismo en España», *Revista de Victimología,* Nº 7, 2018, 9-46.

MAYORDOMO RODRIGO, V., «La protección a los colectivos vulnerables en la normativa internacional y española», FERNÁNDEZ DE CASADEVANTE ROMANÍ, C. (dir.): *Nuevos desarrollos en el Derecho Internacional de los derechos humanos: los derechos de las víctimas,* Aranzadi-Thomson Reuters, Cizur Menor (Navarra), 2014, 219-254.

MILANS DEL BOSCH, S., «Protección de las víctimas en los procesos penales por terrorismo. La reparación de daños en delitos de terrorismo. Estudio de la posición del Consorcio de Compensación de Seguros», *Revista Jurídica de Castilla y León,* Nº 57, Junio 2022, 9-32.

MINISTERIO DE ASUNTOS EXTERIORES, UNIÓN EUROPEA Y COOPERACIÓN, *Grupo de Amigos de Víctimas del Terrorismo,* en: https://www.exteriores.gob.es/RepresentacionesPermanentes/onu/es/Areas-tematicas/Paginas/Grupo-de-Amigos-de-V%c3%adctimas-del-Terrorismo.aspx [Consulta: 08-01-24].

MINISTERIO DE INCLUSIÓN, SEGURIDAD SOCIAL Y MIGRACIONES, *Pensiones derivadas de actos de terrorismo,* en: https://www.portalclasespasivas.gob.es/sitios/clasespasivas/es-ES/PENSIONES-

CLASESPASIVAS/PENSIONESACTOSTERRORISMO/Paginas/Terrorismo.aspx [Consulta: 08-01-24].

MINISTERIO DE JUSTICIA, *Recomendaciones y Resoluciones del Comité de Ministros del Consejo de Europa en materia jurídica,* Secretaría General Técnica, Centro de Publicaciones, Madrid, 1992.

MINISTERIO DEL INTERIOR, *Consulta pública previa sobre posibles reformas de la Ley 29/2011, 22 de septiembre, de Reconocimiento y Protección Integral a las Víctimas del Terrorismo,* en: https://www.interior.gob.es/opencms/pdf/servicios-al-ciudadano/participacion-ciudadana/Participacion-publica-en-proyectos-normativos/Consulta-publica-previa/Consulta_publica_previa_reforma_Ley_29_2011.pdf [Consulta: 08-01-24].

MINISTERIO DEL INTERIOR, *Guía para una atención de calidad a Víctimas del Terrorismo,* Consejo General de Colegios Oficiales de Psicólogos y Fundación Española para la Promoción y el Desarrollo de la Psicología Científica y Profesional, Madrid, 2019, en: https://www.interior.gob.es/opencms/pdf/servicios-al-ciudadano/ayudas-y-subvenciones/ayudas-a-victimas-de-actos-terroristas/guia-para-una-atencion-de-calidad/Guia_atencion_espanol.pdf [Consulta: 08-01-24].

MINISTERIO DEL INTERIOR, *Unidades didácticas del Proyecto Educativo "Memoria y Prevención del Terrorismo",* en: https://www.interior.gob.es/opencms/es/servicios-al-ciudadano/tramites-y-gestiones/ayudas-y-subvenciones/ayudas-a-victimas-de-actos-terroristas/unidades-didacticas-del-proyecto-educativo-memoria-y-prevencion-del-terrorismo/ [Consulta: 08-01-24].

MIR PUIGPELAT, O., «Indemnizaciones a las víctimas del terrorismo. Ley 32/1999, de 8 de octubre, de solidaridad con las víctimas del terrorismo, y su Reglamento de desarrollo», *InDret* 1/2000, 1-10.

MORILLAS FERNÁNDEZ, D. L./ PATRÓ HERNÁNDEZ, R. M./ AGUILAR CÁRCELES, M. M., *Victimología: un estudio sobre la víctima y los procesos de victimización,* Dykinson, Madrid, 2011.

MUÑAGORRI LAGUÍA, I./ PÉREZ MACHÍO, A. I., «Aproximación al sentido y alcance del artículo 8.2 del Convenio Europeo sobre indemnizaciones a víctimas de delitos violentos de 1983. Tensiones con el principio de legalidad», *Revista Vasca de Administración Pública,* Nº Especial 99-100, Mayo-Diciembre 2014, 2107-2128.

MUÑOZ ESCANDELL, I., *Estatuto jurídico de las víctimas del terrorismo en Europa: Estudio de Derecho Comparado,* ALDE. Alliance of Liberals and

Democrats for Europe, 2017, en: https://www.arovite.com/documentos/Sf_Mu%C3%B1oz.pdf [Consulta: 08-01-24].

MUÑOZ ESCANDELL, I., *Los Derechos de las víctimas del terrorismo en el ámbito internacional,* Dykinson, Madrid, 2012.

NACIONES UNIDAS, *Informe del Secretario General (A/74/790),* en: https://www.un.org/victimsofterrorism/sites/www.un.org.victimsofterrorism/files/a_74_790_sp_sg_report_on_progress_made_by_the_united_nations_system_in_supporting_member_states_in_assisting_victims_of_terrorism.pdf [Consulta: 08-01-24].

NACIONES UNIDAS, *Estrategia Global de las Naciones Unidas contra el Terrorismo,* en: https://www.un.org/counterterrorism/es/un-global-counter-terrorism-strategy [Consulta: 20-12-23].

NACIONES UNIDAS, *Informe del Simposio sobre apoyo a las víctimas del terrorismo,* en: https://www.un.org/victimsofterrorism/en/documents [Consulta: 08-01-24].

NACIONES UNIDAS, *Congreso Mundial de Víctimas del Terrorismo,* Nueva York, 8 y 9 de septiembre 2022, en: https://www.un.org/counterterrorism/2022-un-global-congress-victims-terrorism [Consulta: 08-01-24].

NACIONES UNIDAS, *Disposiciones Legislativas Modelo para proteger y apoyar las necesidades de las víctimas del terrorismo,* en: https://www.un.org/counterterrorism/publication/The-Model-Legislative-Provisions [Consulta: 08-01-24].

NACIONES UNIDAS, *Portal de Apoyo a las Víctimas del Terrorismo de las Naciones Unidas,* en: https://www.un.org/victimsofterrorism/es [Consulta: 08-01-24].

NAVARRO, J. R., «La posición procesal de la víctima dcl delito en el Proyecto de Ley que regula su estatuto», *Revista de la Fundación Víctimas del Terrorismo,* N° 48, Septiembre 2014, 22-25.

NEUMAN, E., *Victimología. El rol de la víctima en los delitos convencionales y no convencionales,* Universidad (3ª ed.), Buenos Aires, 2001.

NISTAL BURÓN, J., *La víctima en el Derecho penitenciario,* Tirant lo Blanch, Valencia, 2019.

NISTAL BURÓN, J., «El desamparo de la víctima en la fase penitenciaria de la ejecución penal. Algunas consideraciones en torno al objetivo prioritario de la pena», *Diario La Ley,* N° 7157, 20 de abril de 2009 (D-134), 1535-1547.

NISTAL BURÓN, J., «Implicaciones de la justicia victimal en el Derecho penitenciario», *EGUZKILORE, Cuaderno del Instituto Vasco de Criminología,* Nº 26, 2012, 117-129.

PASCUAL RODRÍGUEZ, E. «La preparación del encuentro entre personas que han sufrido la violencia de ETA y quienes la causaron», LA MISMA (coord.): *Los ojos del otro. Encuentros restaurativos entre víctimas y ex miembros de ETA,* SalTerrae (2ª ed.), Maliaño (Cantabria), 2013, 121-151.

PEREIRA PUIGVERT, S., «Normas mínimas para las víctimas de delitos: análisis de la Directiva 2012/29/UE. Especial referencia al derecho de información y apoyo», *Revista General de Derecho Europeo,* Nº 30, 2013, 1-21.

PÉREZ CAMPOS, A. I., «Ayudas a las víctimas del terrorismo de la Comunidad Foral de Navarra», SEMPERE NAVARRO, A. V., (dir.) y KAHALE CARRILLO, D. T., (coord.): *Reconocimiento y protección integral a las víctimas del terrorismo. Estudio de la normativa básica estatal y autonómica,* Eolas Ediciones, 2014, 425-465.

PÉREZ MACHÍO, A. I., «Protección y asistencia a las víctimas del terrorismo y de violencia de motivación política en el marco de la Comunidad Autónoma del País Vasco: hacia una política victimal integral», PEGO OTERO, L. (dir.): *Víctimas y derechos: tratamiento normativo, programas de justicia restaurativa y de justicia transicional,* Aranzadi, Cizur Menor (Navarra), 2022, 31-56.

PÉREZ RIVAS, N., *Los derechos de la víctima en el sistema penal español,* Tirant lo Blanch, Valencia, 2017.

PÉREZ RIVAS, N., «El nuevo régimen de ayudas e indemnización a las víctimas de terrorismo», VÁZQUEZ-PORTOMEÑE SEIJAS, F./ GUINARTE CABADA, G., (dirs.), PÉREZ RIVAS, N./ SOUTO GARCÍA, E. M., (coords.): *Hacia un sistema penal orientado a las víctimas. El estatuto penal, procesal y asistencial de las víctimas del terrorismo en España,* Tirant lo Blanch, Valencia, 2013, 159-186.

PÉREZ RIVAS, N., «Los derechos de las víctimas en la Unión Europea. Análisis de la Directiva 2012/29/UE», *Boletín CeDe UsC,* Vol. II, Febrero 2014, 1-10.

PÉREZ RIVAS, N., «Las ayudas compensatorias a las víctimas de terrorismo: análisis de la Ley 29/2011 y su Reglamento de desarrollo», *Estudios de Deusto,* Vol. 64/2, Julio-Diciembre 2016, 157-188.

PÉREZ RIVAS, N., «El sistema de asistencia integral a las víctimas del terrorismo en el ordenamiento español», *Revista Boliviana de Derecho,*

Nº 24, julio 2017: 262-295, en: https://www.revista-rbd.com/articulos/2017/262-295.pdf [Consulta: 08-01-24].

PIERNAS LÓPEZ, J. J., «La vuelta de la UE a reaccionar frente a los atentados y la Directiva (UE) 2017/541 relativa a la lucha contra el terrorismo», *Revista General de Derecho Europeo,* Nº 44, 2018, 55-93.

POLAINO NAVARRETE, M., *Criminalidad actual y Derecho Penal,* Servicio de Publicaciones de la Universidad de Córdoba, Córdoba, 1988.

POLAINO-ORTS, M., «¿Cómo combate el Estado de Derecho el terrorismo?», JAKOBS, G./POLAINO-ORTS, M. *Persona y enemigo. Teoría y práctica del Derecho penal del enemigo,* ARA Editores, Lima (Perú), 2011, 83-125.

PREUS CORRALERO, A., «La actividad o acción indemnizatoria o de resarcimiento a las víctimas del terrorismo. Evolución legal y reglamentaria estatal. Otras ayudas estatales o autonómicas», *Revista de Documentación del Ministerio del Interior,* Nº 19, 1998, 11-38.

PULGAR GUTIÉRREZ, M. B., *Víctimas del terrorismo (1998-2004),* Dykinson, Madrid, 2004.

REDONDO HERMIDA, A., «La víctima del terrorismo: una reflexión jurídica», *Diario La Ley,* Nº 6807, 25 de octubre de 2007 (D-226), 945-948.

REGIÓN DE MURCIA, *Estrategia de Apoyo a las Víctimas del Terrorismo de la Región de Murcia 2016-2020,* en: https://www.carm.es/web/pagina?IDCONTENIDO=53275&IDTIPO=100&RASTRO=c1715$m53274 [Consulta: 08-01-24].

RENART GARCÍA, F., «Del olvido a la sacralización. La intervención de la víctima en la fase de ejecución de la pena», *Revista Electrónica de Ciencia Penal y Criminología,* 17-14 (2015), 1-68, en: http://criminet.ugr.es/recpc/17/recpc17-14.pdf [Consulta: 08-01-24].

RÍOS MARTIN, J. C., «La mediación en la fase de ejecución penitenciaria», *Revista de Estudios Penitenciarios. Homenaje al Profesor Francisco Bueno Arús,* Extra 2006, 169-190.

ROCA AGAPITO, L., «Análisis del nuevo régimen jurídico-económico de las víctimas del terrorismo», *Diario La Ley,* Nº 7776, 16 de enero de 2012 (D-17), 1305-1313.

RODRÍGUEZ INIESTA, G., «La protección a las víctimas del terrorismo en el País Vasco», SEMPERE NAVARRO, A. V., (dir.) y KAHALE CARRILLO, D. T., (coord.): *Reconocimiento y protección integral a las víc-*

timas del terrorismo. Estudio de la normativa básica estatal y autonómica, Eolas Ediciones, 2014, 497-535.

RODRÍGUEZ MANZANERA, L., *Victimología,* Porrúa, México, 2003.

RODRIGUEZ PUERTA, M. J., «Sistemas de asistencia, protección y reparación de las víctimas», BACA BALDOMERO, E./ ECHEBURÚA ODRIOZOLA, E./ TAMARIT SUMALLA, J. M., (coords.): *Manual de Victimología,* Tirant lo Blanch, Valencia, 2006, 407-437.

RODRÍGUEZ URIBES, J. M., *Las víctimas del terrorismo en España,* Dykinson, Madrid, 2013.

RODRÍGUEZ URIBES, J. M., «El apoyo institucional a las víctimas del terrorismo en España», VÁZQUEZ-PORTOMEÑE SEIJAS, F./ GUINARTE CABADA, G. (dir.) y PÉREZ RIVAS, N./ SOUTO GARCÍA, E. M. (coords.): *Hacia un sistema penal orientado a las víctimas. El estatuto penal, procesal y asistencial de las víctimas del terrorismo en España,* Tirant lo Blanch, Valencia, 2013, 217-237.

RODRÍGUEZ YAGÜE, C., *La ejecución de las penas de prisión permanente revisable y de larga duración,* Tirant lo Blanch, Valencia, 2018.

ROIG TORRES, M., *La reparación del daño causado por el delito (Aspectos civiles y penales),* Tirant lo Blanch, Valencia, 2000.

RUIZ GONZÁLEZ, J. G., «El derecho a la reparación integral de la víctima en la Ley de ayuda a las Víctimas del Terrorismo de la Región de Murcia», *EGUZKILORE, Cuaderno del Instituto Vasco de Criminología,* Nº 25, Diciembre 2011, 147-163.

SALINERO ALONSO, C., «Víctimas del terrorismo y su participación en la ejecución de la pena», *Revista Penal,* Nº 42, Julio 2018, 180-202.

SALINERO ALONSO, C., «Las víctimas de delitos en el espacio judicial europeo: Hacia una necesaria protección de sus derechos», PÉREZ ÁLVAREZ, F., (ed.), NUÑEZ PAZ, M./ GARCÍA ALFARAZ, A. I. (coords.): *«Universitas Vitae» Homenaje a Ruperto Núñez Barbero,* Universidad de Salamanca, 2007, 691-727.

SALINERO ALONSO, C., «La indemnización de víctimas de delitos. Comentario a la Directiva 2004/80/CE del Consejo, de 29 de abril de 2004, sobre indemnización a las víctimas de delitos», *Revista General de Derecho Europeo,* Nº 7, 2005: 1-32.

SÁNCHEZ, A., «Por una autorregulación responsable. Informar sobre el terrorismo, pero sin concesiones», FUNDACIÓN VÍCTIMAS DEL TERRORISMO, *Terrorismo, víctimas y medios de comunicación,* Madrid, 2003, 131-134.

SANZ HERMIDA, Á. M., *Víctimas de delitos: derechos, protección y asistencia,* Iustel, Madrid, 2009.

SANZ-DÍEZ DE ULZURRUN LLUCH, M., «Normas internacionales relativas a las víctimas de delitos», FERNÁNDEZ DE CASADEVANTE ROMANI, C. (dir.): *Nuevos desarrollos en el Derecho Internacional de los derechos humanos: los derechos de las víctimas,* Aranzadi, Cizur Menor (Navarra), 2014, 19-55.

SANZ-DÍEZ ULZURRUN LLUCH, M., «La víctima ante el Derecho. La regulación de la posición de la víctima en el Derecho internacional, en el Derecho europeo y en el Derecho positivo español», *ADPCP,* Tomo LVII, 2006, 219-309.

SERRANO, A., *Las víctimas del terrorismo: de la invisibilidad a los derechos,* Aranzadi, Cizur Menor (Navarra), 2018.

SOLAR CALVO, P., y LACAL CUENCA, P., «Consecuencias penitenciarias del estatuto de la víctima», *Diario La Ley,* N° 9179, 17 de abril de 2018, 1-18.

SOLÉ RIERA, J., *La tutela de la víctima en el proceso penal,* J. M. BOSCH, Barcelona, 1997.

SUBIJANA ZUNZUNEGUI, I. J., *El principio de protección de las víctimas en el orden jurídico penal. Del olvido al reconocimiento,* Comares, Granada, 2006.

TAMARIT SUMALLA, J. M., *La reparación a la víctima en el derecho penal (Estudio y crítica de las nuevas tendencias político-criminales),* Fundación Jaume Callis, Barcelona, 1994.

TAMARIT SUMALLA, J. M., *La víctima en el Derecho Penal. De la victimodogmática a una dogmática de la víctima,* Aranzadi, Pamplona, 1998.

TAMARIT SUMALLA, J. M., «¿Hasta qué punto cabe pensar victimológicamente el sistema penal?», EL MISMO (coord.): *Estudios de Victimología. Actas del I Congreso Español de Victimología,* Tirant lo Blanch, Valencia, 2005, 27-45.

TAMARIT SUMALLA, J. «La articulación de la justicia restaurativa con el sistema de justicia penal», EL MISMO (coord.): *La justicia restaurativa: desarrollo y aplicaciones,* Comares, Granada, 2012, 61-88.

TAMARIT SUMALLA, J. M, «Paradojas y patologías en la construcción social, política y jurídica de la victimidad», *InDret, Revista para el Análisis del Derecho,* N° 1, enero 2013, 1-31.

TAMARIT SUMALLA, J. M, «Los derechos de las víctimas», J. M. TAMARIT SUMALLA (coord.): *El estatuto de las víctimas de Delitos. Comentarios a la Ley 4/2015,* Tirant lo Blanch, Valencia, 2015, 15-68.

TAMARIT SUMALLA, J. M., «Una lectura victimológica del Estatuto jurídico de las víctimas», *Cuadernos Penales José María Lidón,* Nº 13, 2017, 115-138.

TORÁN MUÑOZ, A., «La posición de la víctima en el sistema penal español», ECHANO BASALDÚA, J. I. (coord.): *Estudios Jurídicos en Memoria de José María Lidón,* Universidad de Deusto, Bilbao, 2002, 583-593.

TORRES, M. R./ JORDÁN, J., «Terrorismo», JORDÁN, J. (coord.), *Manual de Estudios Estratégicos y Seguridad Internacional,* Plaza y Valdés, México D.C., 2013, 307-328.

TORRES SORIANO, M., «El Estado y sus enemigos: el terrorismo», VÁZQUEZ GARCÍA, R. (ed.), *Teorías actuales sobre el Estado contemporáneo,* Universidad de Granada, Granada, 2011, 165-175.

UNODC, *La respuesta de la justicia penal en apoyo a las víctimas de actos del terrorismo,* Nueva York, 2012, en: http://www.unodc.org/documents/terrorism/Publications/Support_to_victims_of_terrorism/Spanish.pdf [Consulta: 08-01-24].

UNODC, *Buenas prácticas de apoyo a las víctimas del terrorismo en el marco de la justicia penal,* Nueva York, 2015, en: https://www.unodc.org/documents/terrorism/Publications/Good%20practices%20on%20victims/good_practices_victims_S.pdf [Consulta: 08-01-24].

VACAS FERNÁNDEZ, F., «Derechos humanos y víctimas del terrorismo: del reconocimiento internacional a la protección y garantía de los derechos de las víctimas del terrorismo en España», MARIÑO MENÉNDEZ, F. M. (coord.): *La aplicación del Derecho Internacional de los derechos humanos en el Derecho español,* Universidad Carlos III de Madrid y Boletín Oficial del Estado, Madrid, 2009, 221-288.

VALL RIUS, A., «El desarrollo de la Justicia restaurativa en Europa: Estudio comparado con la legislación española», *Diario La Ley,* Nº 6528, 18 de julio de 2006, 1412-1425.

VARONA MARTÍNEZ, G. «La fundamentación victimológica de una reparación reforzada en casos de victimización terrorista», LA MISMA (dir.): *Victimología: en busca de un enfoque integrador para repensar la intervención con víctimas,* Aranzadi, Cizur Menor (Navarra), 2018, 251-274.

VARONA MARTÍNEZ, G., «El impacto de la política victimal de la Unión Europea en el sistema penal español: estudio particular de los efectos reales de la Directiva 2012/29/UE sobre los derechos de las víctimas de delitos», DE LA CUESTA ARZAMENDI, J. L. (dir.)/ DE LA MATA BARRANCO, N. J (coord.): *Adaptación del Derecho penal español a la política criminal de la Unión Europea,* Arazandi, Cizur Menor (Navarra), 2017, 545-591.

VARONA MARTÍNEZ, G. (et al.), *Guía general de buenas prácticas en el trato con víctimas del terrorismo que evite la victimización secundaria,* Ed. Instituto Vasco de Criminología (IVAC-KREI), 2015, en: https://www.euskadi.eus/contenidos/proyecto/victimas_proyecto006/es_def/adjuntos/Guia_general_buenas_practicas.pdf [Consulta: 08-01-24].

VARONA MARTÍNEZ, G., «Justicia restaurativa en victimizaciones graves», DE LA CUESTA ARZAMENDI, J.L. (dir.): *Terrorismo e impunidad. Significado y respuestas desde la justicia victimal,* Dilex, Madrid, 2014, 99-202.

VÁZQUEZ-PORTOMEÑE SEIJAS, F., *La mediación-reparación en el Derecho penal de adultos,* Dykinson, Madrid, 2022.

VIDAL FERNÁNDEZ, B., «Reparación de las víctimas del delito en la Unión Europea: tutela por el Tribunal de Justicia de la UE del derecho a la indemnización», *Revista de Estudios Europeos,* N° 66, enero-junio, 2015, 1-24.

VIDAL FERNÁNDEZ, B., «Instrumentos procesales penales. Protección de las víctimas en el proceso penal», JIMENO BULNES, M. (coord.): *Nuevas aportaciones al espacio de libertad, seguridad y justicia: hacia un derecho procesal europeo de naturaleza civil y penal,* Comares, Granada, 2014, 153-173.

VILLAMERIEL PRESENCIO, L. P., «Ayudas y asistencia a las víctimas de delitos violentos y contra la libertad sexual: La Ley 35/1995, de 11 de diciembre», *Boletín de Información del Ministerio de Justicia,* N° 1769, 1 de marzo de 1996, 5-23.

WALLER, I., *Derechos para las víctimas del delito. Equilibrar la justicia,* Instituto Nacional de Ciencias Penales (INACIPE), México, 2013.

WALLER, I., «Rights of Victims of Crime and Abuse of Power: from Rhetoric to Realisation», BASSIOUNI, M. C. (ed.): *International protection of victims, Nouvelles Études Pénales,* Association Internationale de Droit Pénal, érès, Pau, 1988, 127-146.

JURISPRUDENCIA CONSULTADA

Tribunal de Justicia de la Unión Europea

— Sentencia TJUE de 28 de junio de 2007 (TOL4.627.404), Sala Tercera, Dell´ Orto, C-467/05 (ECLI:EU:C:2007:395).

— Sentencia TJUE de 21 de octubre de 2010 (TOL2.156.023), Sala Segunda, Eredics y Sápi, C-205/09 (ECLI:EU:C:2010:623).

— Sentencia TJUE de 16 de julio de 2020 (TOL8.012.483), Gran Sala, Presidenza del Consiglio dei Ministri y BV, C-129/19 (ECLI:EU:C:2020:566).

Tribunal Europeo de Derechos Humanos

— Sentencia TEDH de 18 de julio de 2019 (Sección Tercera). Demanda nº 7311/16 María Cristina LARRAÑAGA ARANDO v. España y otras tres demandas, *Boletín Ministerio de Justicia,* Nº 2221, julio de 2019, 2-23.

— Sentencia TEDH de 18 de julio de 2019 (Sección Tercera). Demanda nº 75529/16 y 79503/16 Karmele MARTÍNEZ AGIRRE y Nagoree OTEGI MARTÍNEZ v. España y María Antonia IBARGUREN ASTIGARRAGA v. España, *Boletín Ministerio de Justicia,* Nº 2222, septiembre de 2019, 2-24.

Tribunal Supremo

— Sentencia TS 1579/1997, de 19 de diciembre (TOL5.140.137), Sala de lo Penal, Ponente. Ilmo. Sr. D. José Antonio Martín Pallín (ECLI:ES:TS:1997:7880).

— Sentencia TS, de 1 de junio de 1999 (TOL1.716.127), Sala de lo Contecioso, Ponente. Ilmo. Sr. D. Juan Antonio Xiol Ríos (ECLI:ES:TS:1999:3844).

— Sentencia TS, de 1 de febrero de 2003 (TOL4.928.075), Sala de lo Contencioso, Ponente. Ilmo. Sr. D. Jesús Ernesto Peces Morate (ECLI:ES:TS:2003:598).

— Sentencia TS 900/2006, de 22 de septiembre (TOL1.025.762), Sala de lo Penal, Ponente. Ilmo. Sr. D. Juan Ramón Berdugo Gómez de la Torre (ECLI:ES:TS:2006:7939).

— Sentencia TS 12/2011, de 2 de febrero (TOL2.042.574), Sala de lo Penal, Ponente. Ilmo. Sr. D. Juan Ramón Berdugo Gómez de la Torre (ECLI:ES:TS:2011:392).

— Sentencia TS 783/2012, de 25 de octubre (TOL7.666.723), Sala de lo Penal, Ponente. Ilmo. Sr. D. Juan Ramón Berdugo Gómez de la Torre (ECLI:ES:TS:2012:6731).

Audiencia Nacional

— Sentencia AN 224/2015, de 15 de julio (TOL5.407.817), Sala de lo Contencioso Administrativo. Secc. 5ª, Ponente. Ilmo. Sr. D. José María Gil Sáez (ECLI:ES:AN:2015:2942).

— Sentencia AN 161/2015, de 24 de junio (TOL5.401.889), Sala de lo Contencioso Administrativo. Secc. 5ª, Ponente. Ilmo. Sr. D. Tomás García Gonzalo (ECLI:ES:AN:2015:2599).

— Sentencia AN 69/2023, de 18 de enero (TOL9.376.657), Sala de lo Contencioso Administrativo. Secc. 5ª, Ponente. Ilmo. Sr. D. Eduardo Hinojosa Martínez (ECLI:ES:AN:2023:69).

Tribunal Superior de Justicia de Andalucía

— Sentencia TSJA 3267/2016, de 27 de abril (TOL5.751.751), Sala de lo Contencioso. Secc. 1ª, Sede: Sevilla, Ponente. Ilmo. Sr. D. Pedro Luis Roas Martín (ECLI:ES:TSJAND:2016:3267).

— Sentencia TSJA 949/2016, de 19 de octubre (TOL5.899.037), Sala de lo Contencioso. Secc. 3ª, Sede: Sevilla, Ponente. Ilmo. Sr. D. José Guillermo del Pino Romero (ECLI:ES:TSJAND:2016:8404).

— Sentencia TSJA 1081/2016, de 23 de noviembre (TOL5.991.766), Sala de lo Contencioso. Secc. 3ª, Sede: Sevilla, Ponente. Ilmo. Sr. D. José Guillermo del Pino Romero (ECLI:ES:TSJAND:2016:14589).

— Sentencia TSJA 1119/2016, de 1 de diciembre (TOL5.988.516), Sala de lo Contencioso. Secc. 3ª, Sede: Sevilla, Ponente. Ilmo. Sr. D. Victoriano Valpuesta Bermúdez (ECLI:ES:TSJAND:2016:14590).

— Sentencia TSJA 1139/2016, de 15 de diciembre (TOL5.991.767), Sala de lo Contencioso. Secc. 3ª, Sede: Sevilla, Ponente. Ilmo. Sr. D. Pablo Vargas Cabrera (ECLI:ES:TSJAND:2016:14591).

— Sentencia TSJA 1154/2016, de 15 de diciembre (TOL5.988.551), Sala de lo Contencioso. Secc. 3ª, Sede: Sevilla, Ponente. Ilmo. Sr. D. Victoriano Valpuesta Bermúdez (ECLI:ES:TSJAND:2016:14592).

— Sentencia TSJA 2557/2017, de 18 de diciembre (TOL6.549.371), Sala de lo Contencioso. Secc. 1ª, Sede: Málaga, Ponente. Ilma. Sra. Dª. María Teresa Gómez Pastor (ECLI:ES:TSJAND:2017:15595).

— Sentencia TSJA 29/2018, de 11 de enero (TOL6.850.628), Sala de lo Contencioso. Secc. 3ª, Sede: Sevilla, Ponente. Ilmo. Sr. D. Victoriano Valpuesta Bermúdez (ECLI:ES:TSJAND:2018:7719).

— Sentencia TSJA 142/2018, de 8 de febrero (TOL6.850.642), Sala de lo Contencioso. Secc. 3ª, Sede: Sevilla, Ponente. Ilmo. Sr. D. Juan María Jiménez Jiménez (ECLI:ES:TSJAND:2018:7741).

— Sentencia TSJA 143/2018, de 8 de febrero (TOL6.850.637), Sala de lo Contencioso. Secc. 3ª, Sede: Sevilla, Ponente. Ilmo. Sr. D. Juan María Jiménez Jiménez (ECLI:ES:TSJAND:2018:7731).

— Sentencia TSJA 141/2018, de 12 de febrero (TOL6.850.630), Sala de lo Contencioso. Secc. 3ª, Sede: Sevilla, Ponente. Ilmo. Sr. D. Juan María Jiménez Jiménez (ECLI:ES:TSJAND:2018:7724).

— Sentencia TSJA 1193/2018, de 12 de diciembre (TOL7.049.505), Sala de lo Contencioso. Secc. 3ª, Sede: Sevilla, Ponente. Ilma. Sra. Dª. María José Pereira Maestre (ECLI:ES:TSJAND:2018:14430).

— Sentencia TSJA 1197/2018, de 12 de diciembre (TOL7.049.516), Sala de lo Contencioso. Secc. 3ª, Sede: Sevilla, Ponente. Ilma. Sra. Dª. María José Pereira Maestre (ECLI:ES:TSJAND:2018:14441).